AF690243

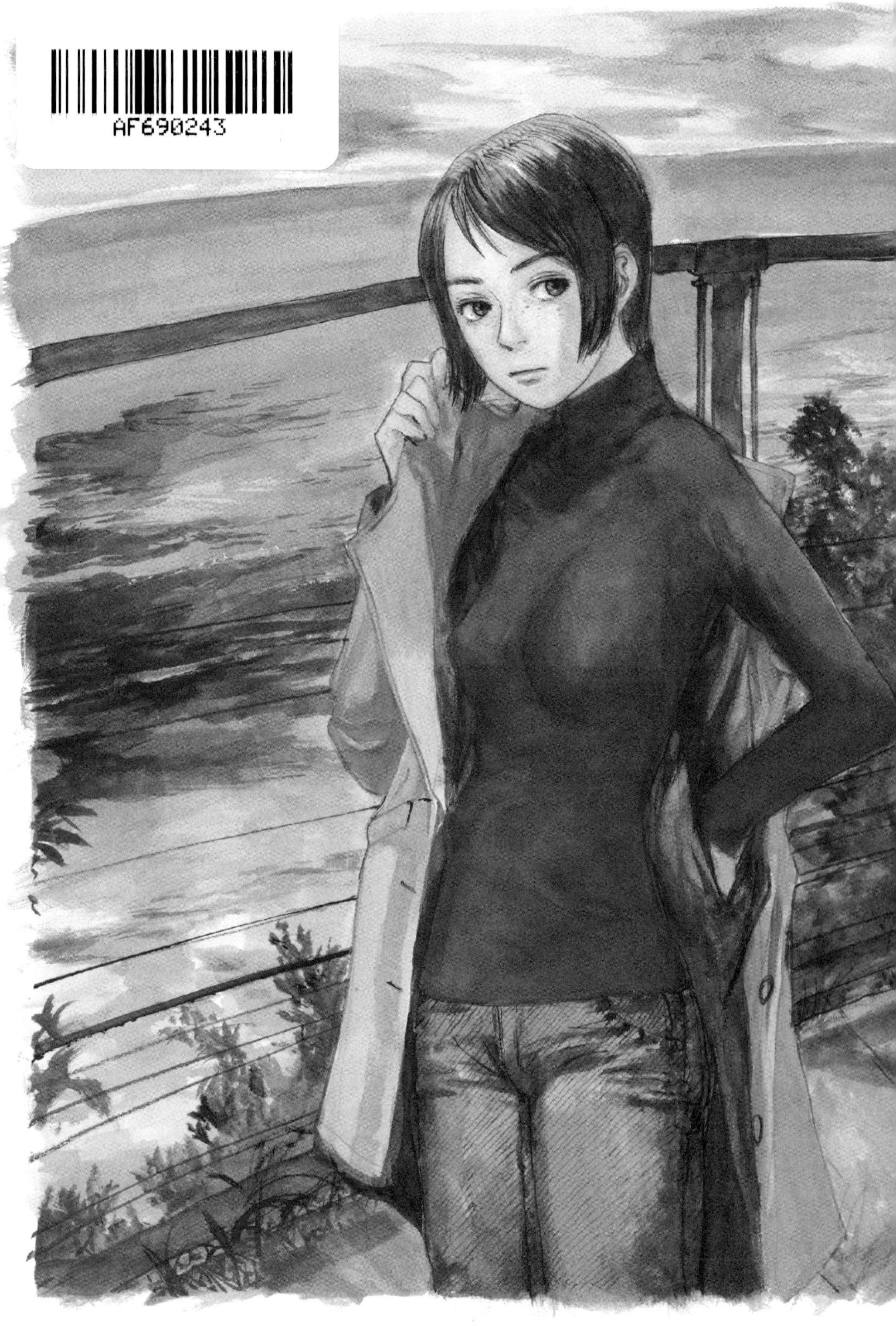

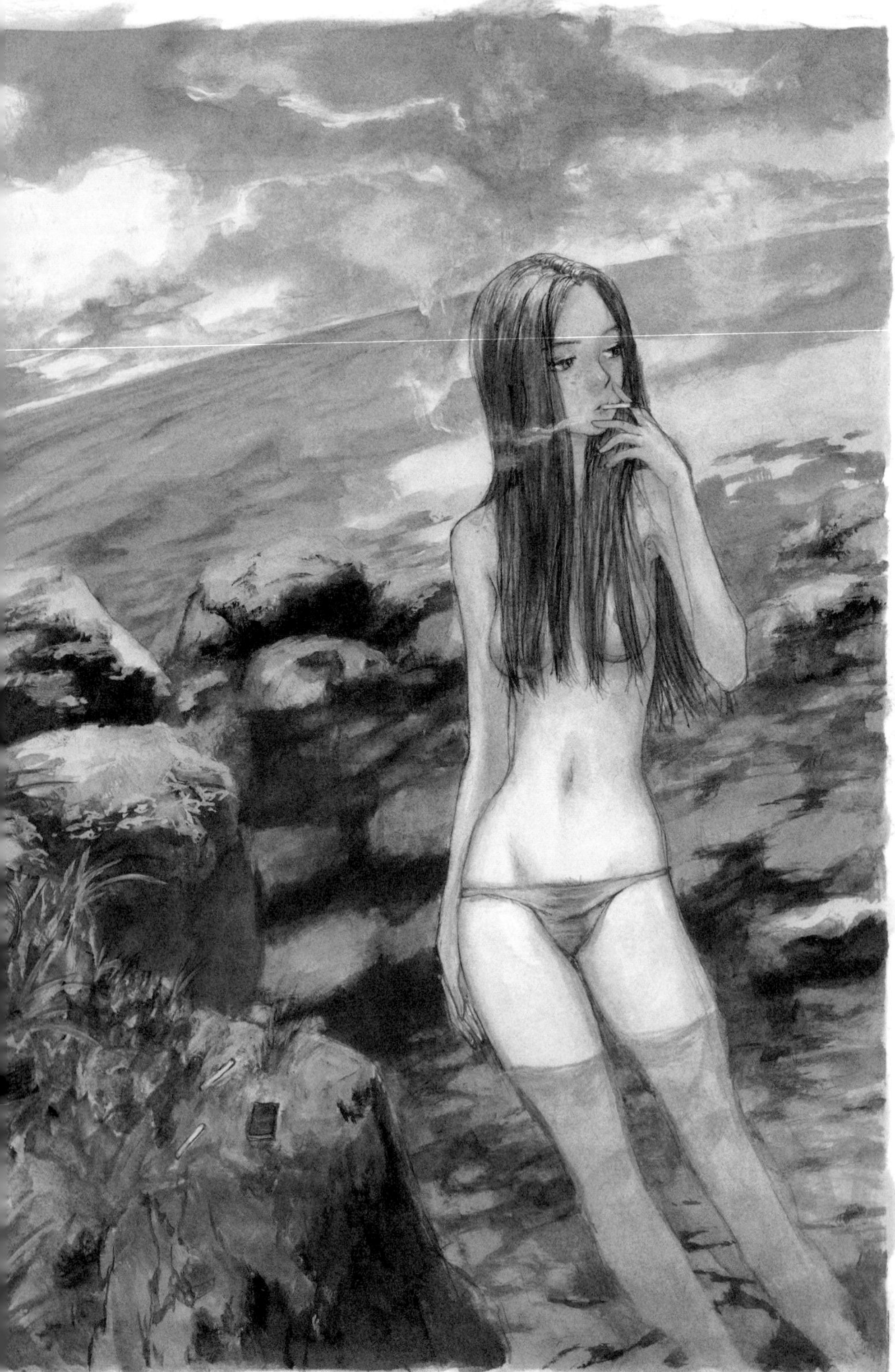

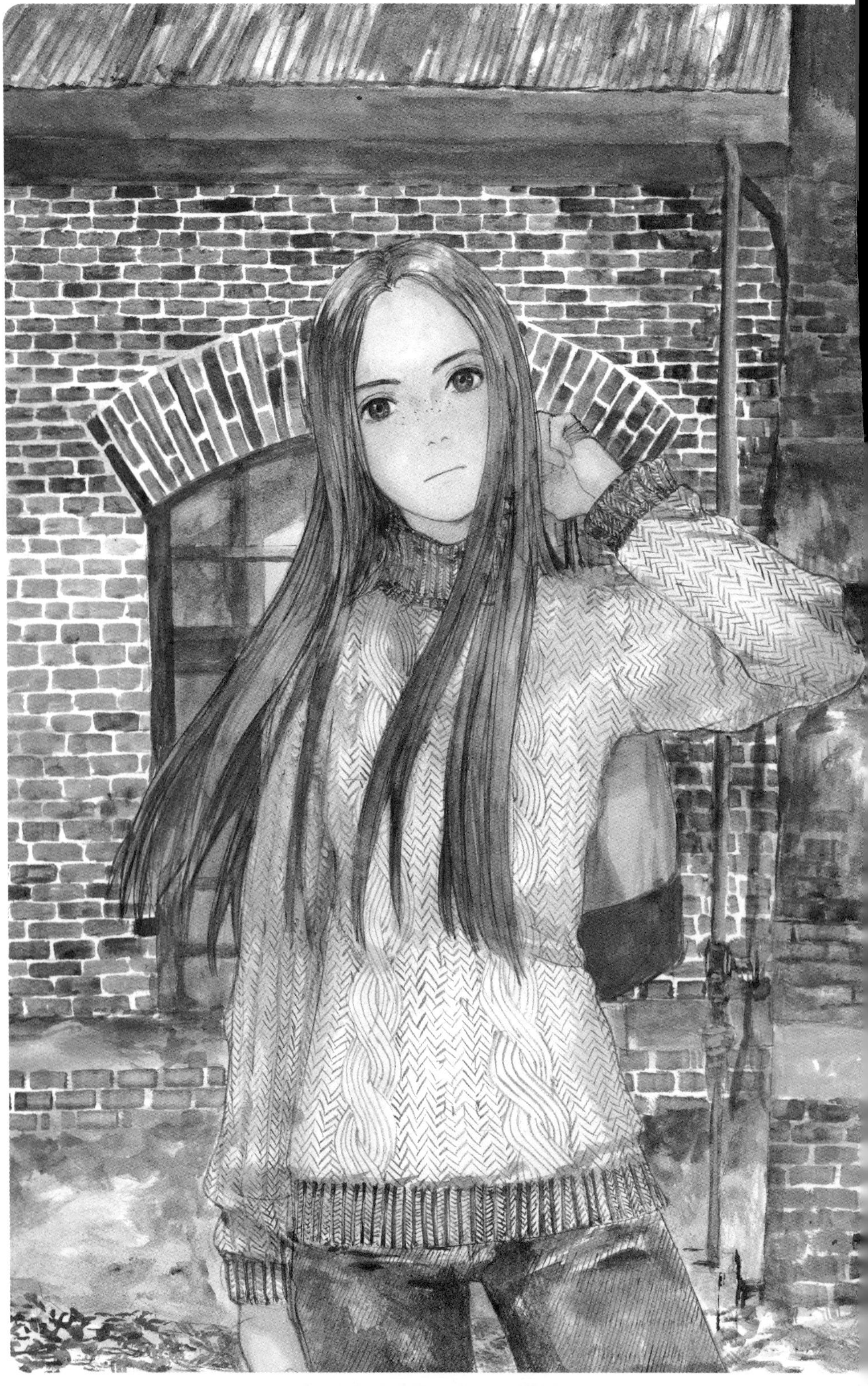

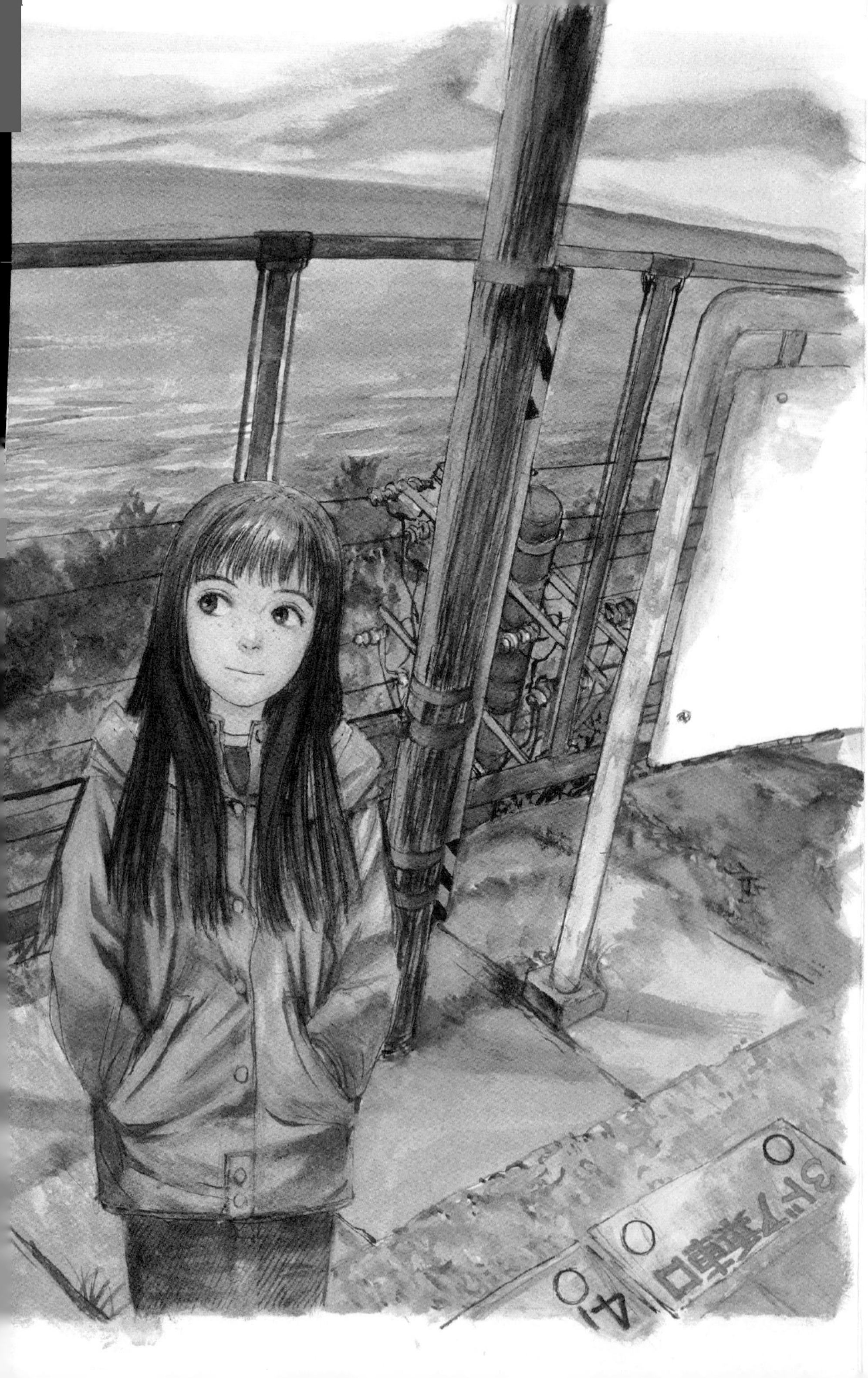

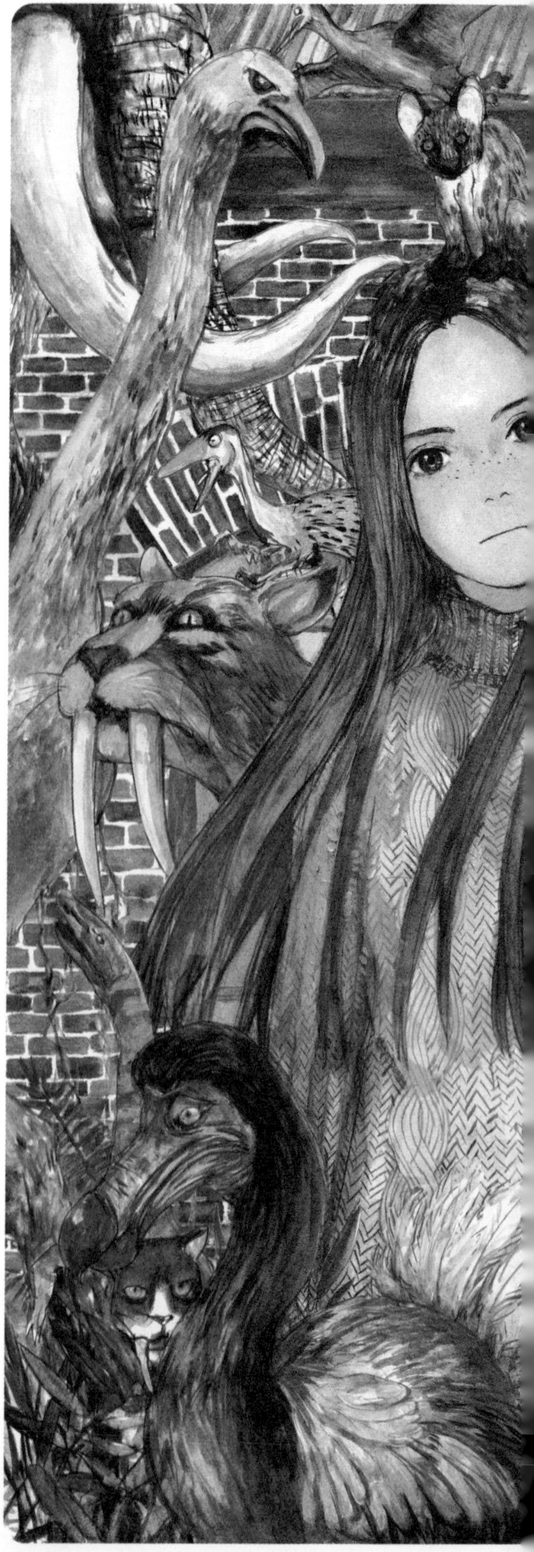

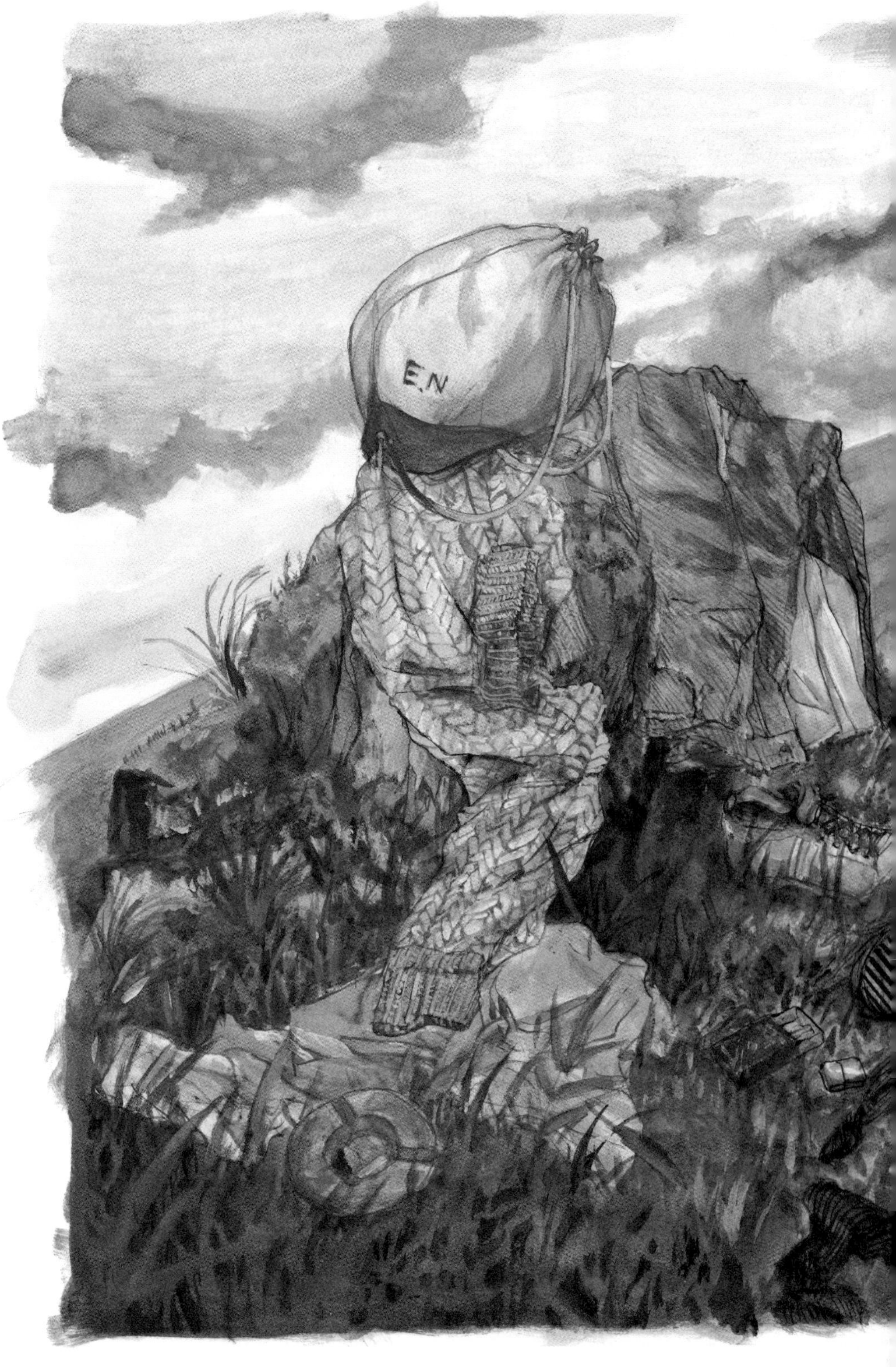
E.N

Inhalt

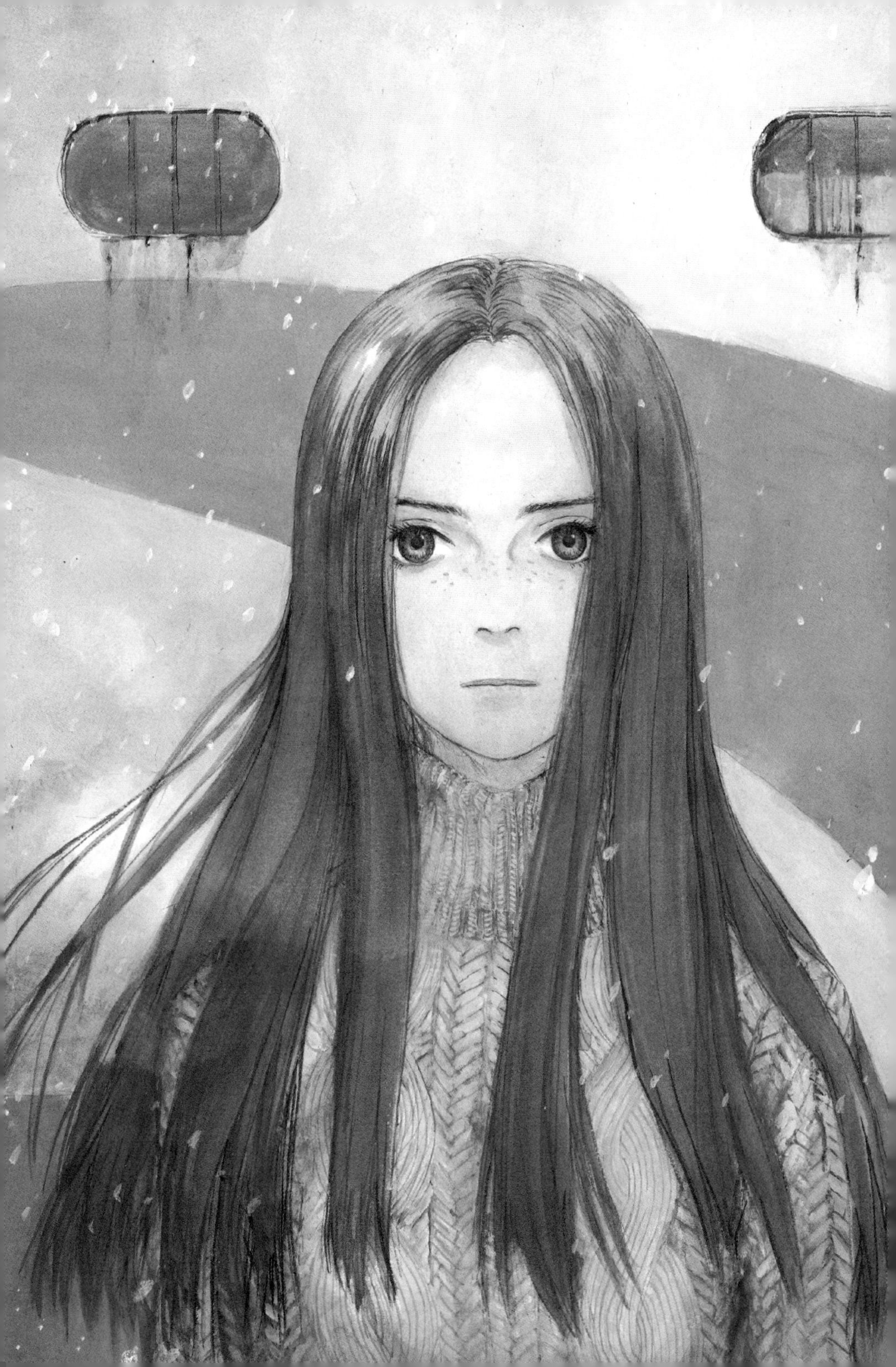

EMANON

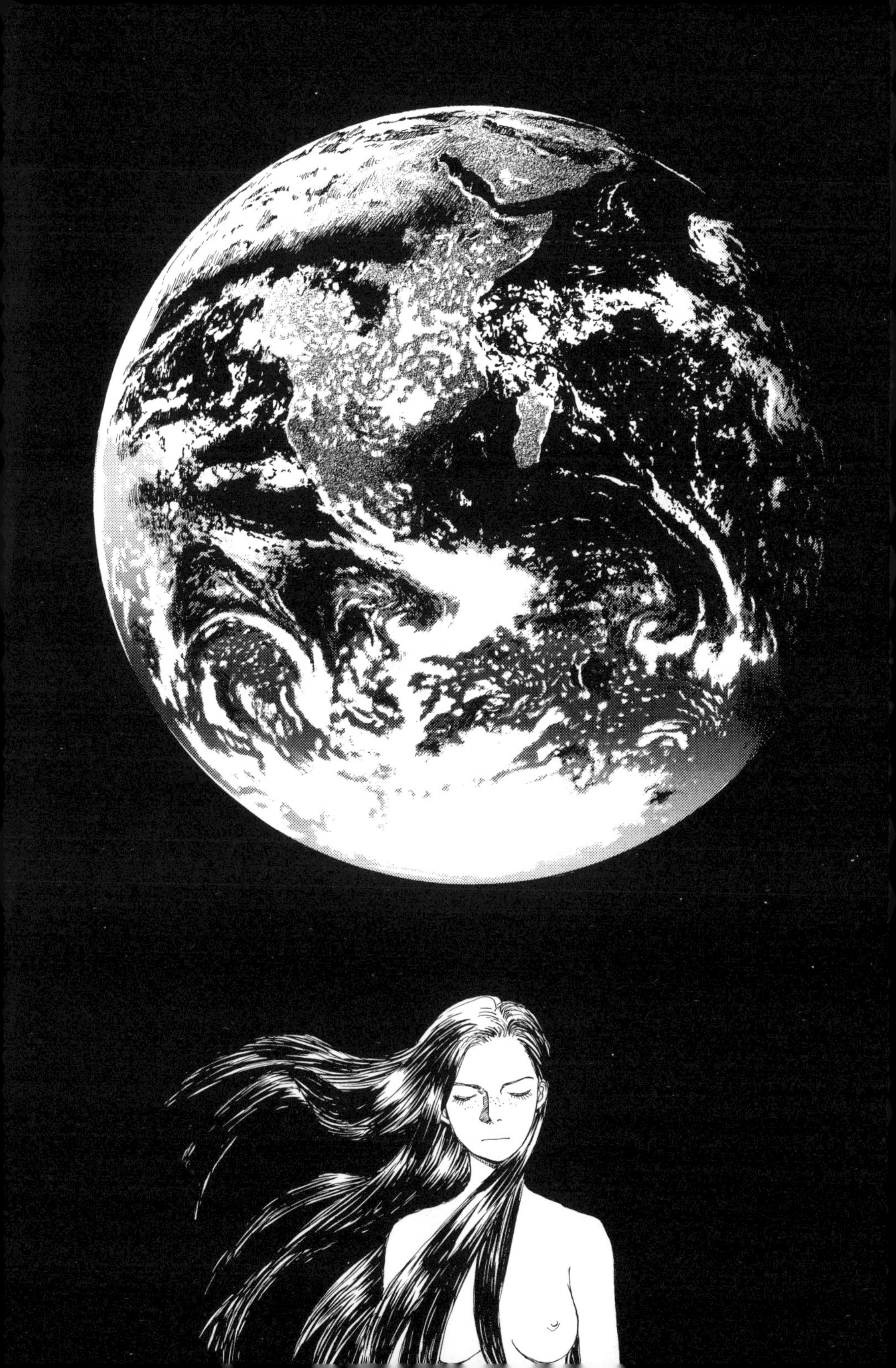

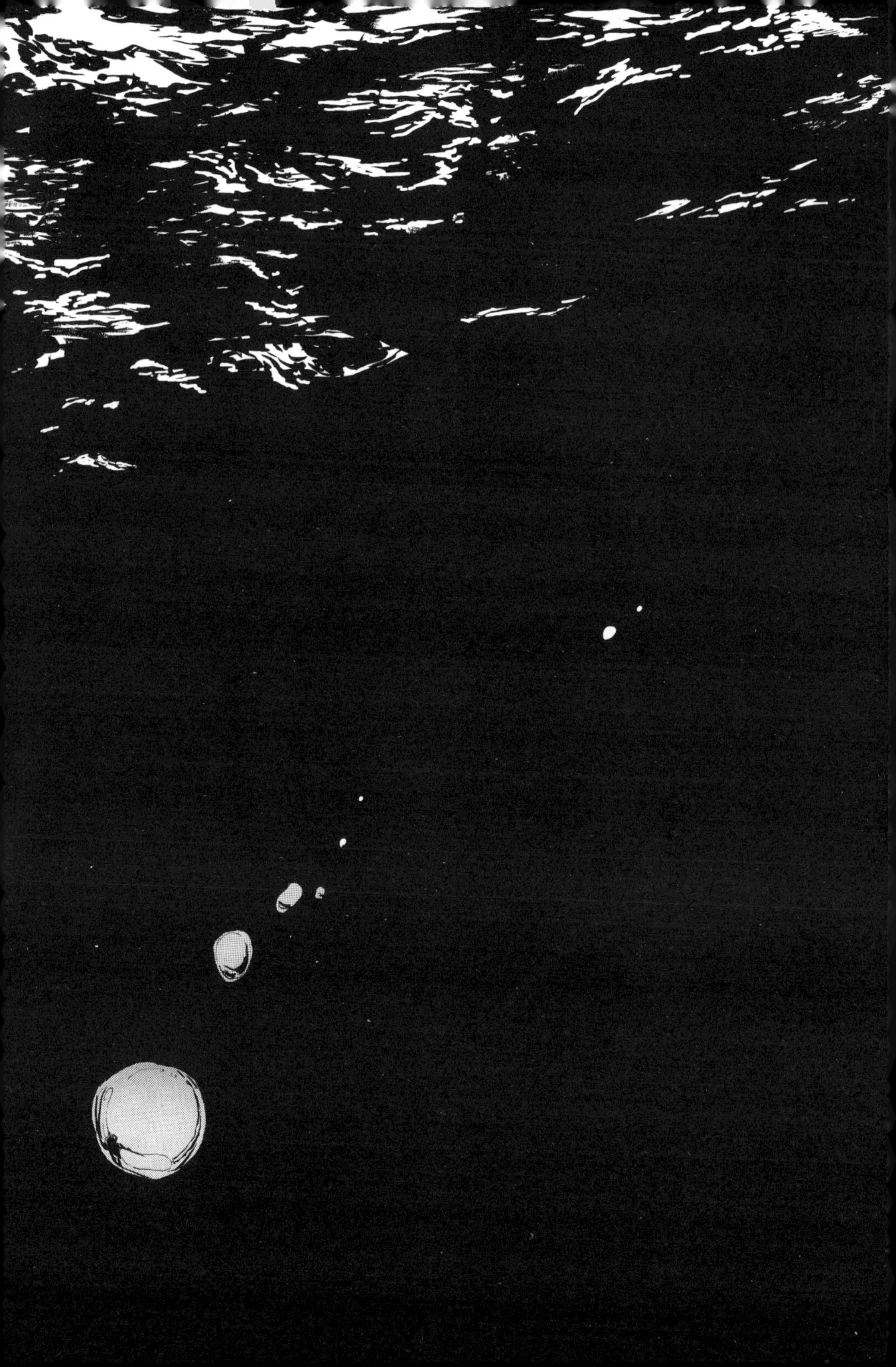

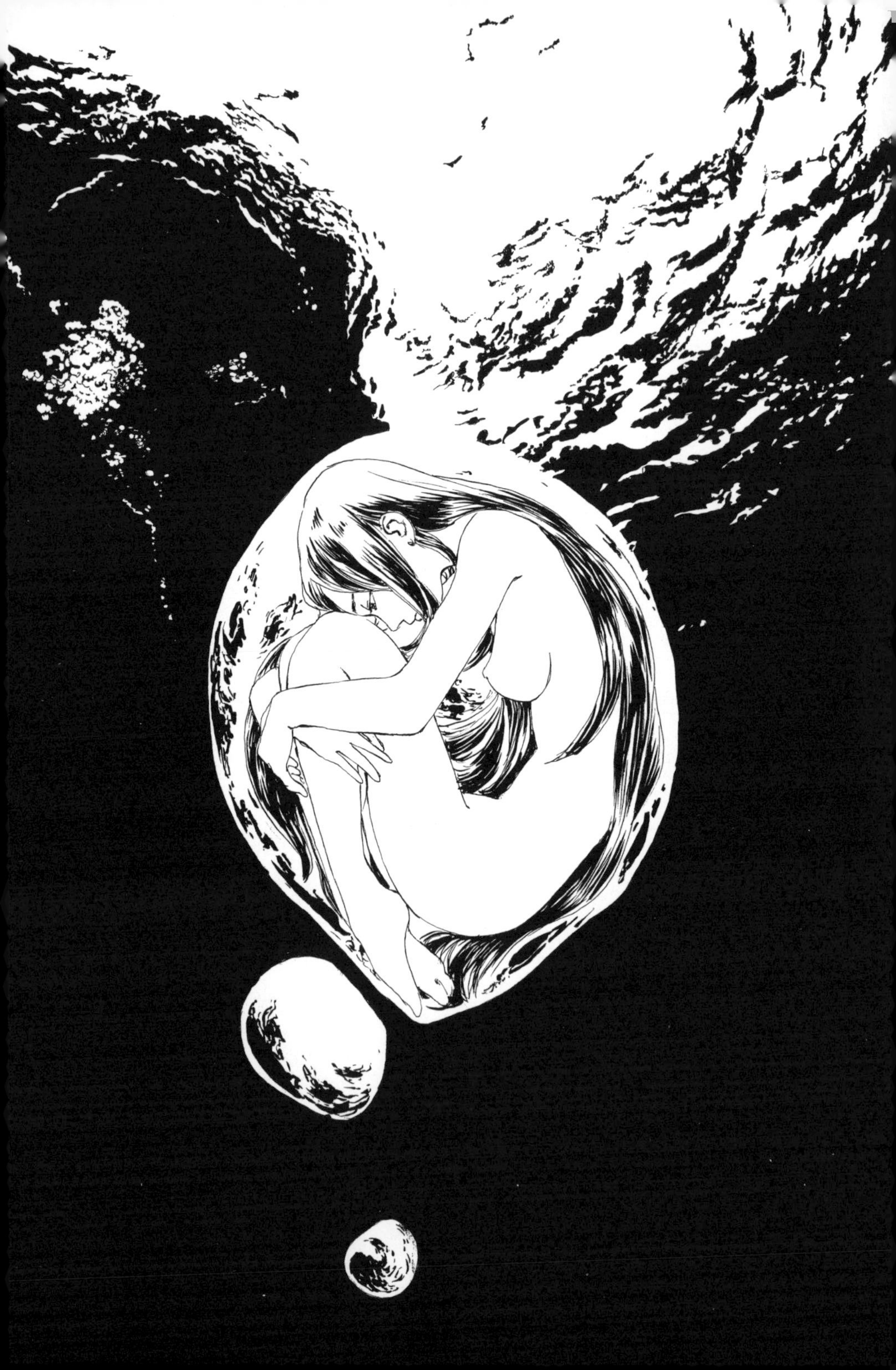

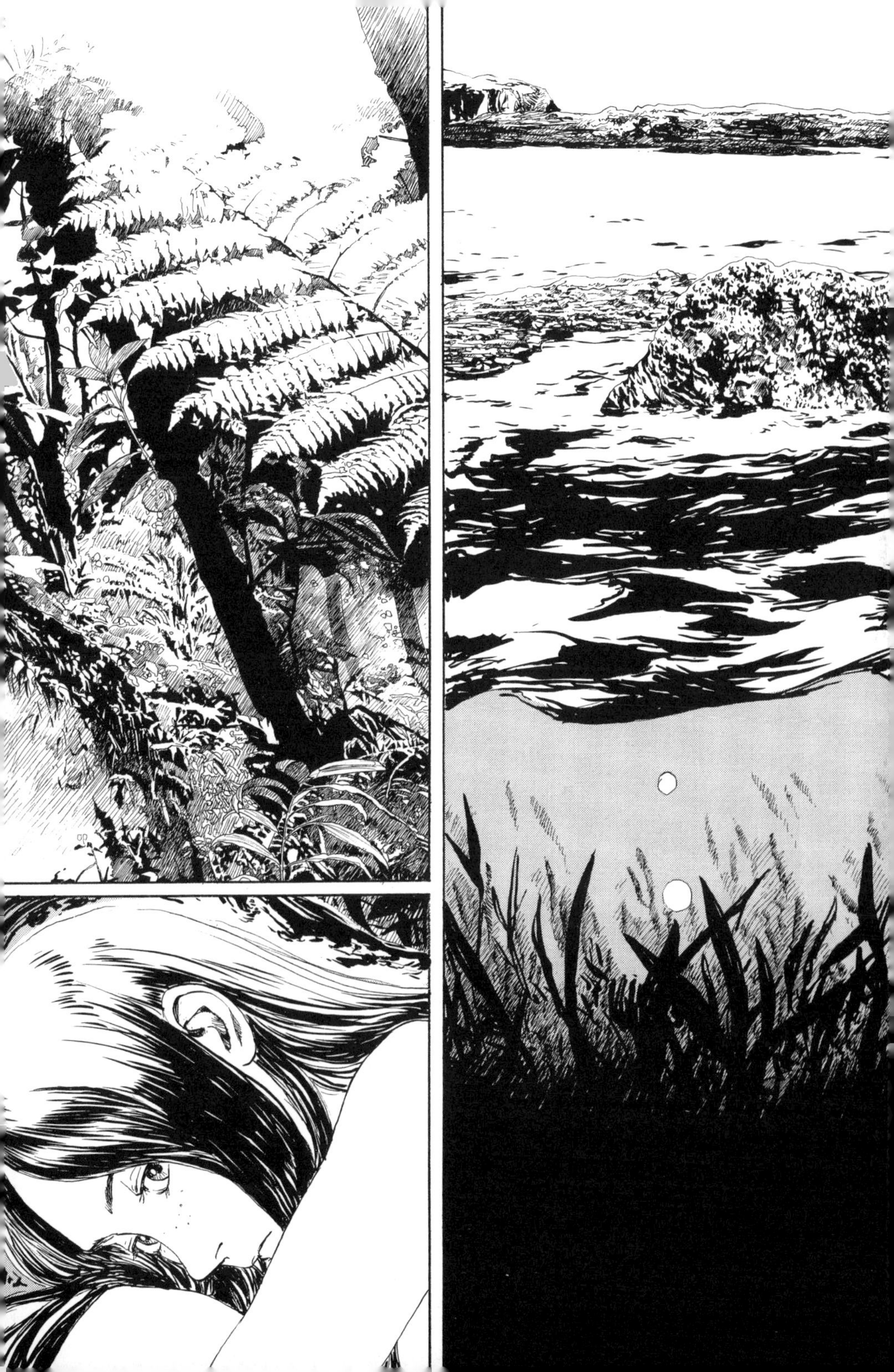

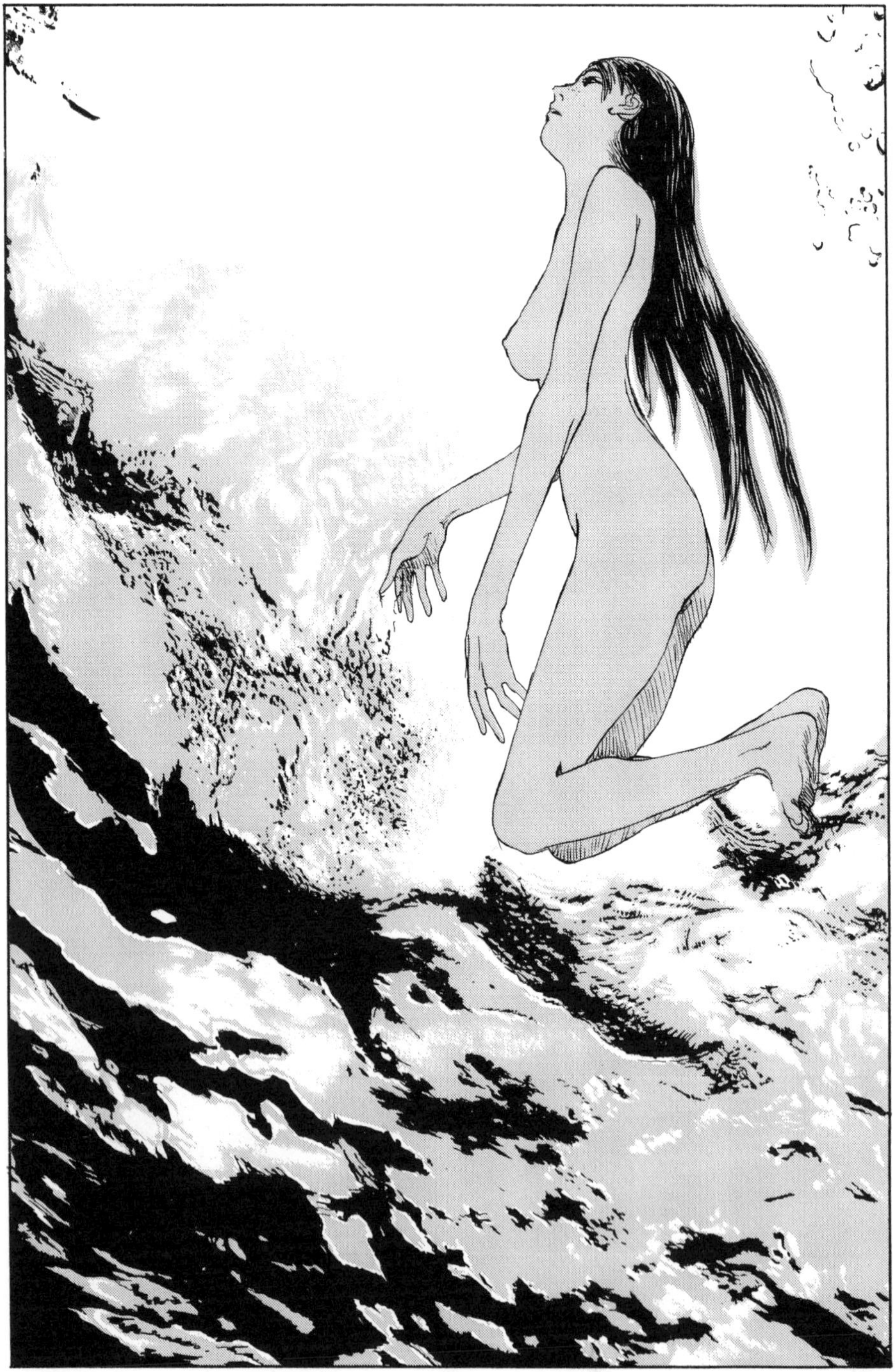

EMAИON

24. Februar 1967, nachmittags

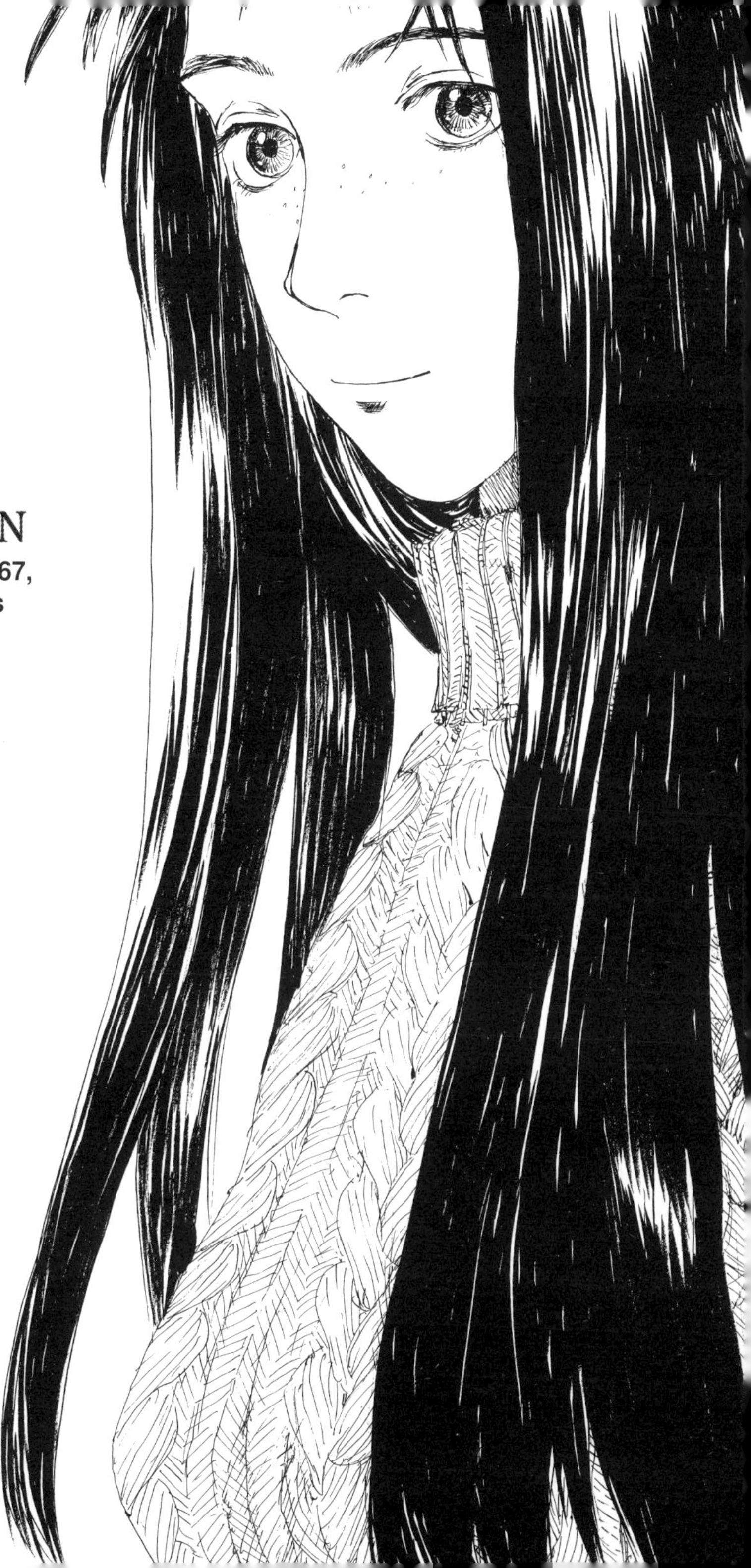

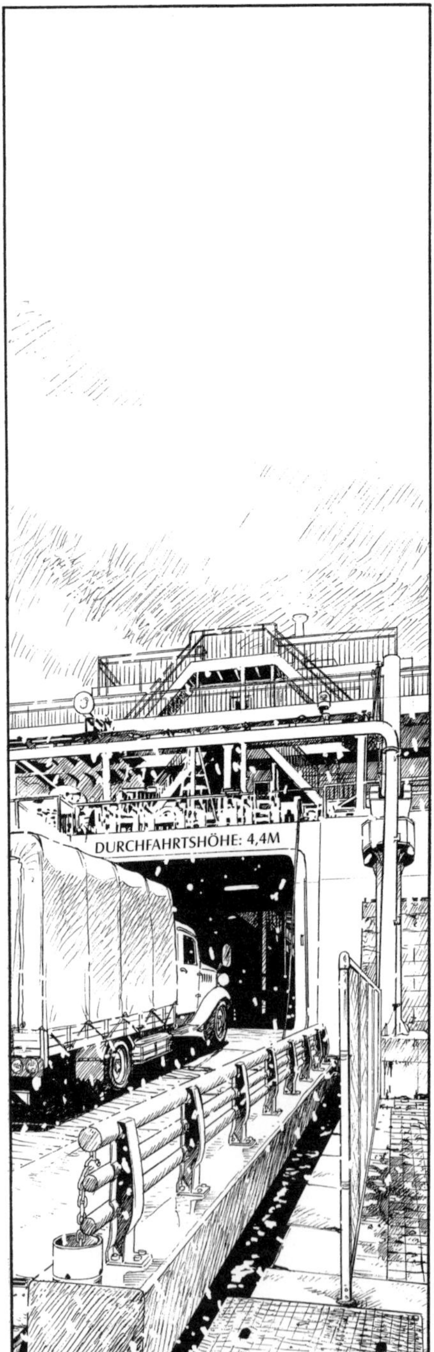
DURCHFAHRTSHÖHE: 4,4M
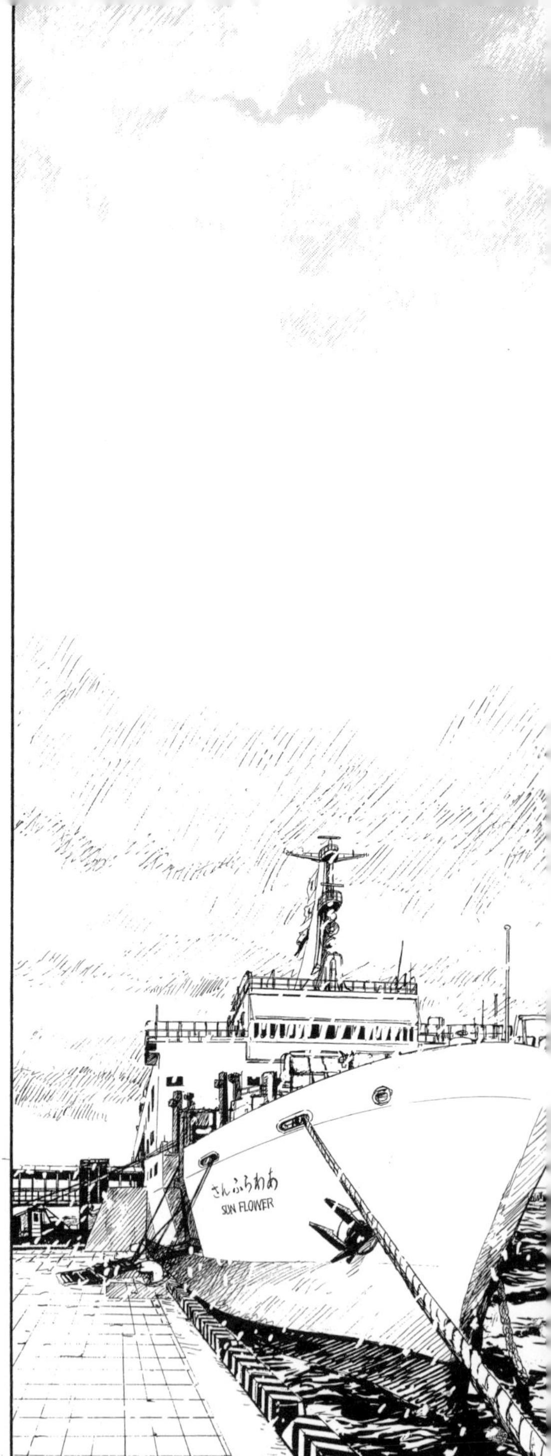
さんふらわあ
SUN FLOWER

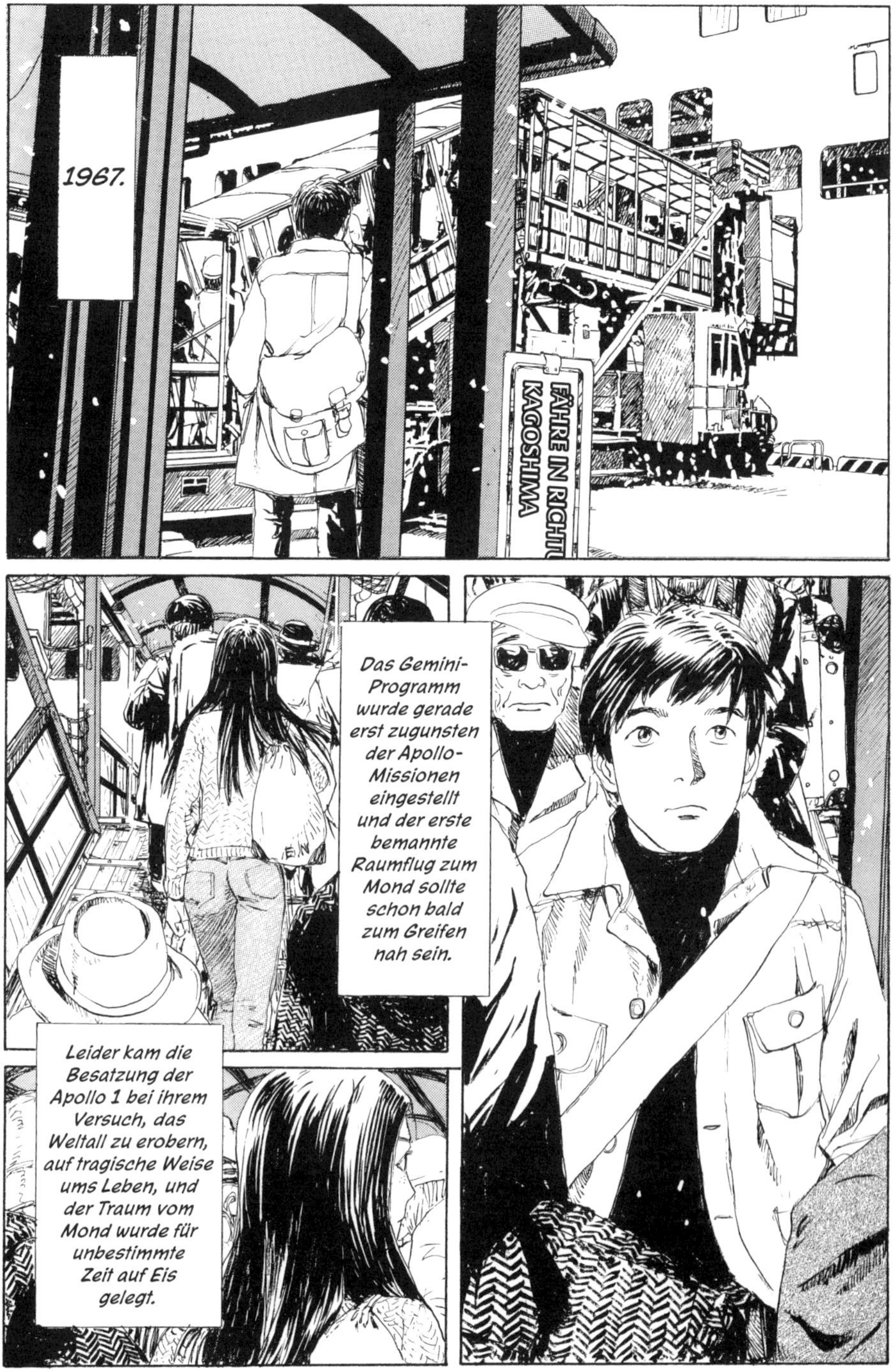
1967.
FÄHRE IN RICHTU
KAGOSHIMA
Das Gemini-Programm wurde gerade erst zugunsten der Apollo-Missionen eingestellt und der erste bemannte Raumflug zum Mond sollte schon bald zum Greifen nah sein.
Leider kam die Besatzung der Apollo 1 bei ihrem Versuch, das Weltall zu erobern, auf tragische Weise ums Leben, und der Traum vom Mond wurde für unbestimmte Zeit auf Eis gelegt.

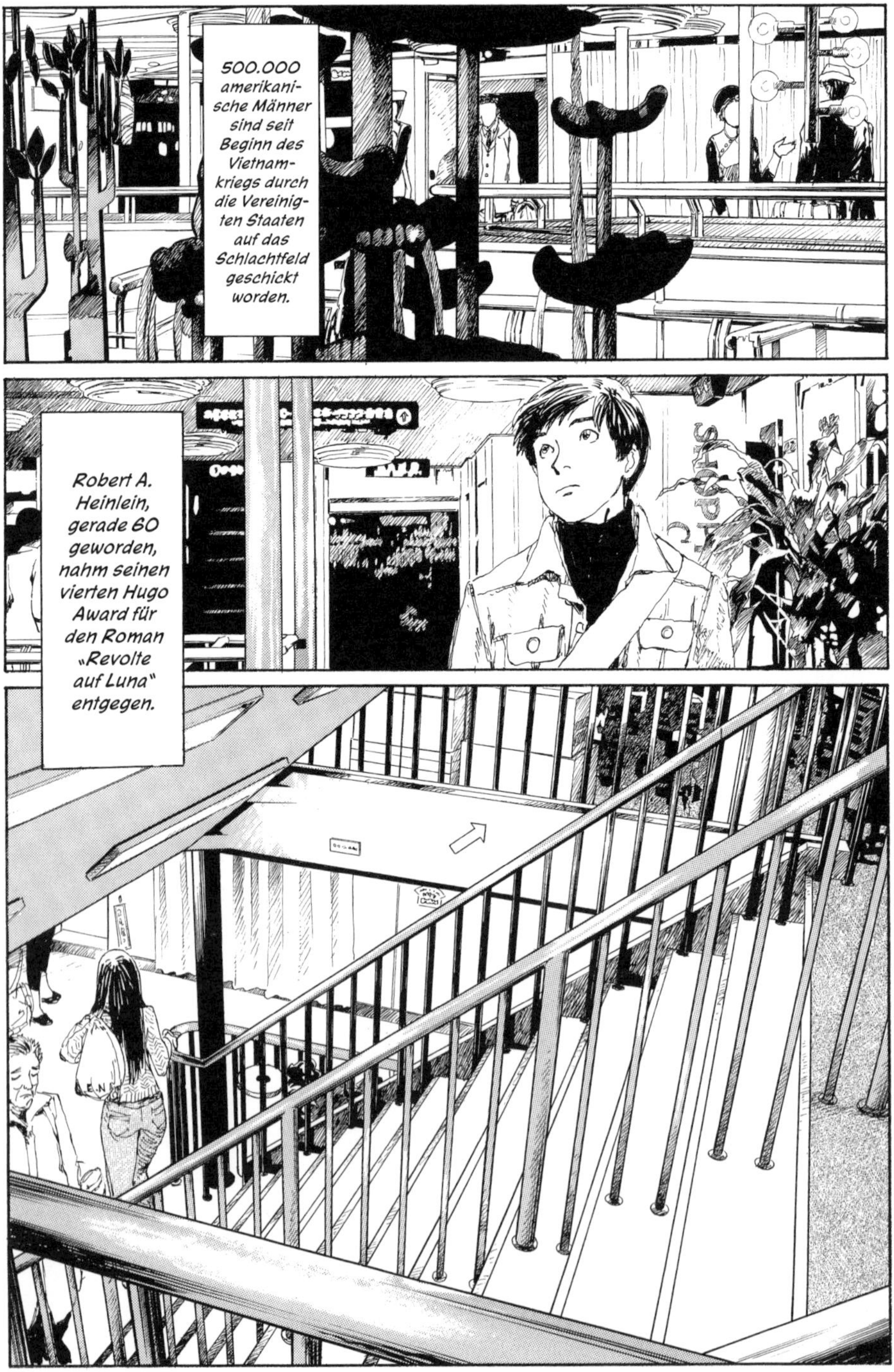
500.000 amerikanische Männer sind seit Beginn des Vietnamkriegs durch die Vereinigten Staaten auf das Schlachtfeld geschickt worden.
Robert A. Heinlein, gerade 60 geworden, nahm seinen vierten Hugo Award für den Roman „Revolte auf Luna“ entgegen.

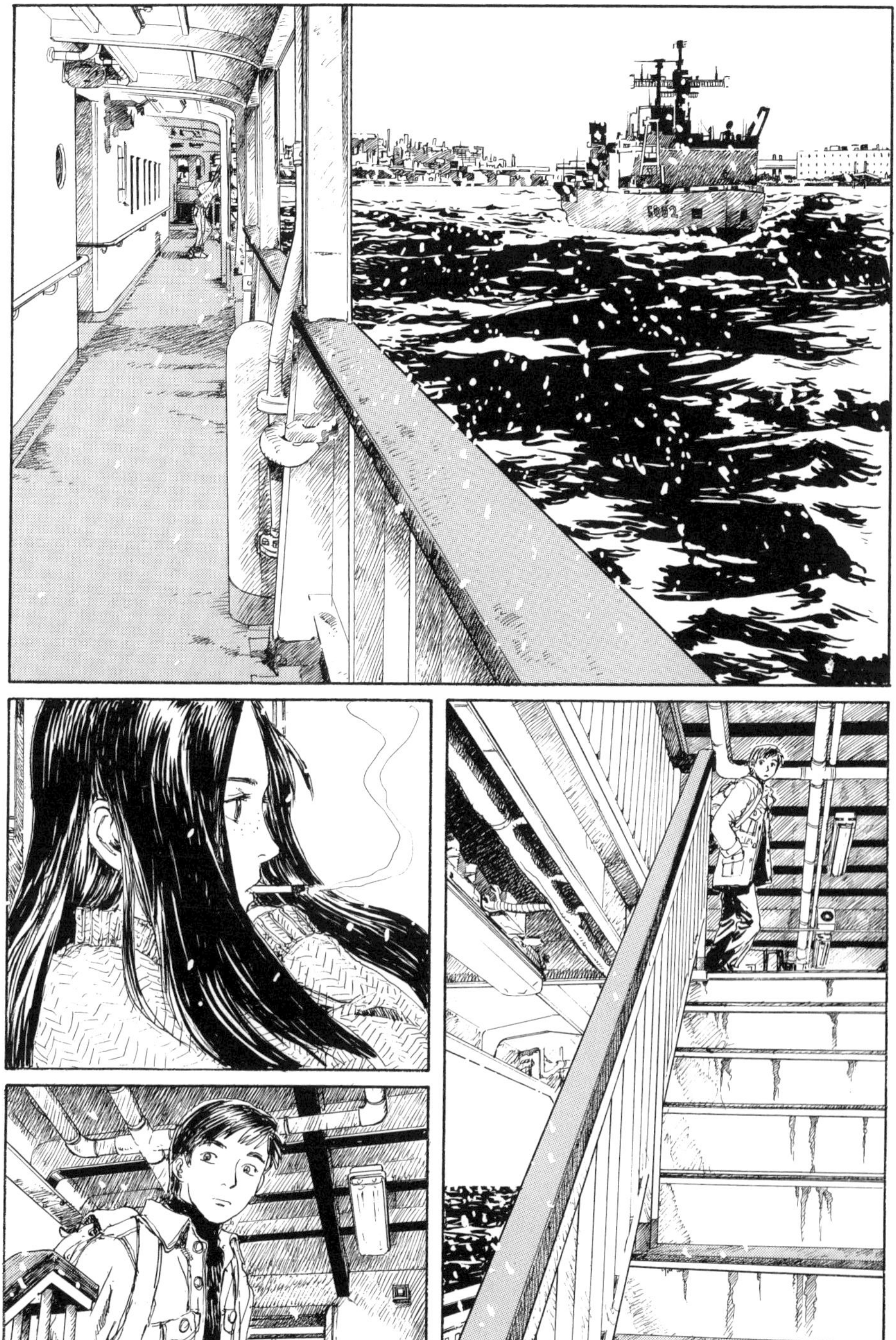

*Dt. „Der Trunkenbold kehrt heim“

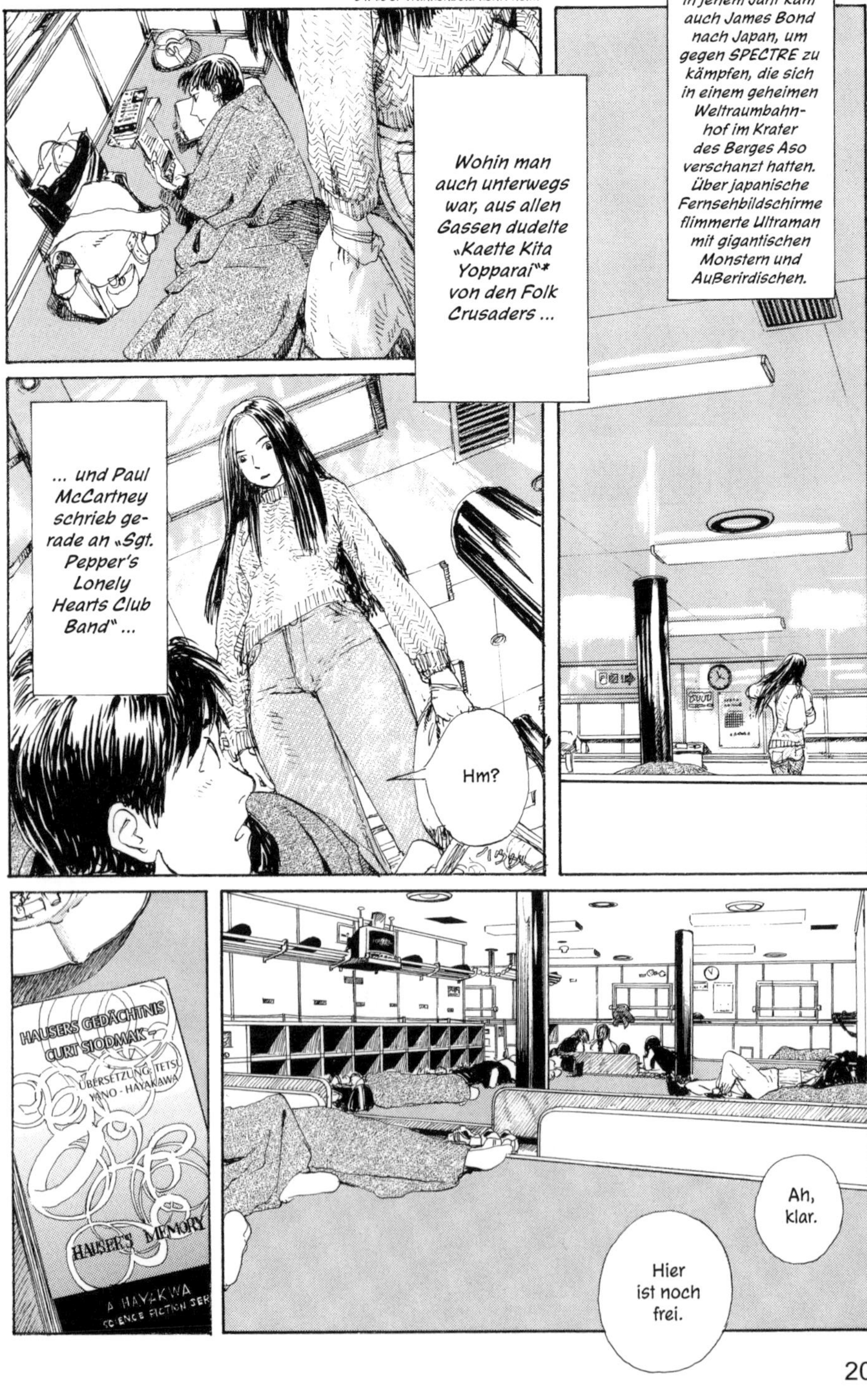

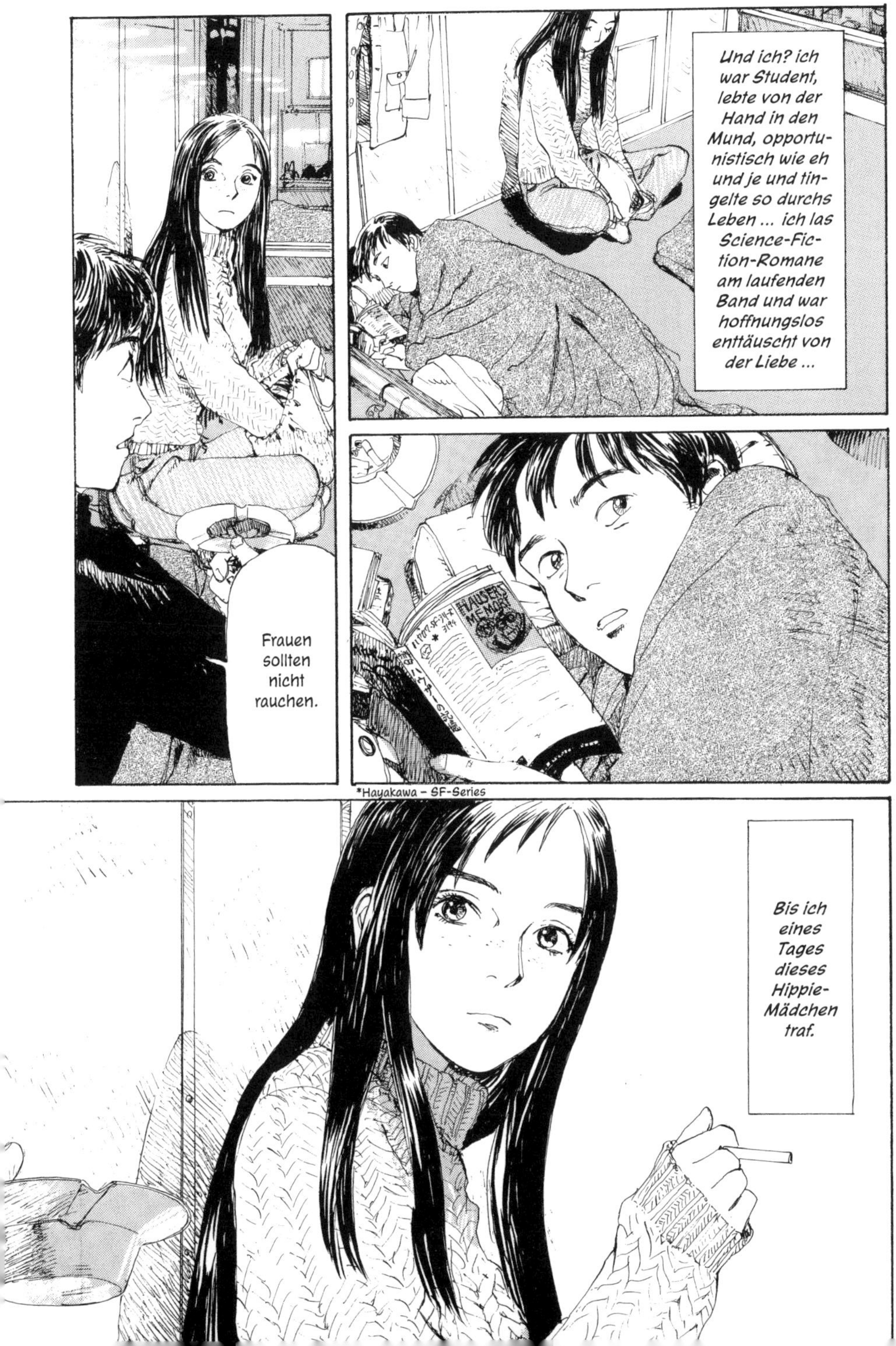

Und ich? ich war Student, lebte von der Hand in den Mund, opportunistisch wie eh und je und tingelte so durchs Leben ... ich las Science-Fiction-Romane am laufenden Band und war hoffnungslos enttäuscht von der Liebe ...
*Hayakawa – SF-Series
Frauen sollten nicht rauchen.
Bis ich eines Tages dieses Hippie-Mädchen traf.

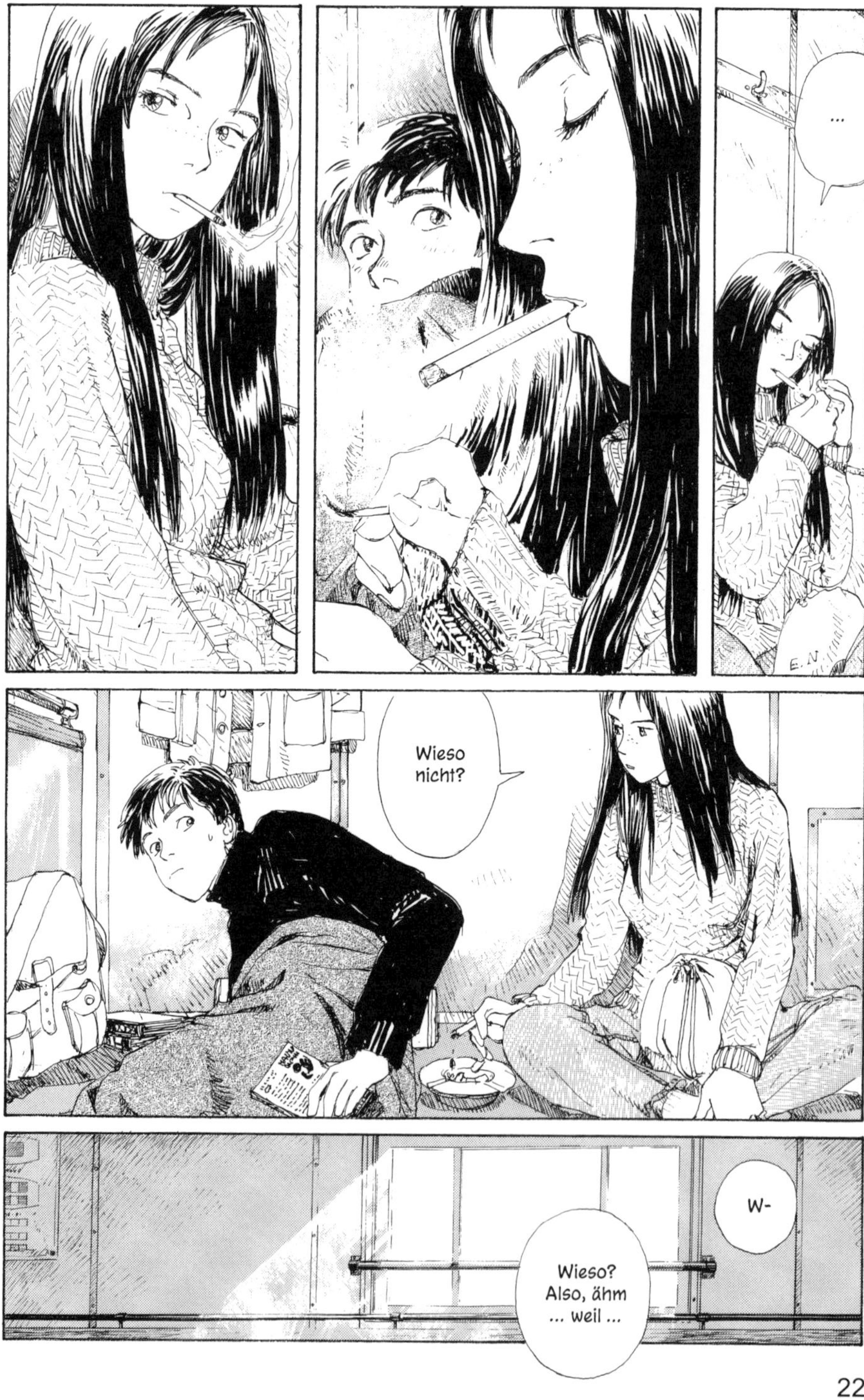
...
Wieso nicht?
W-
Wieso? Also, ähm ... weil ...

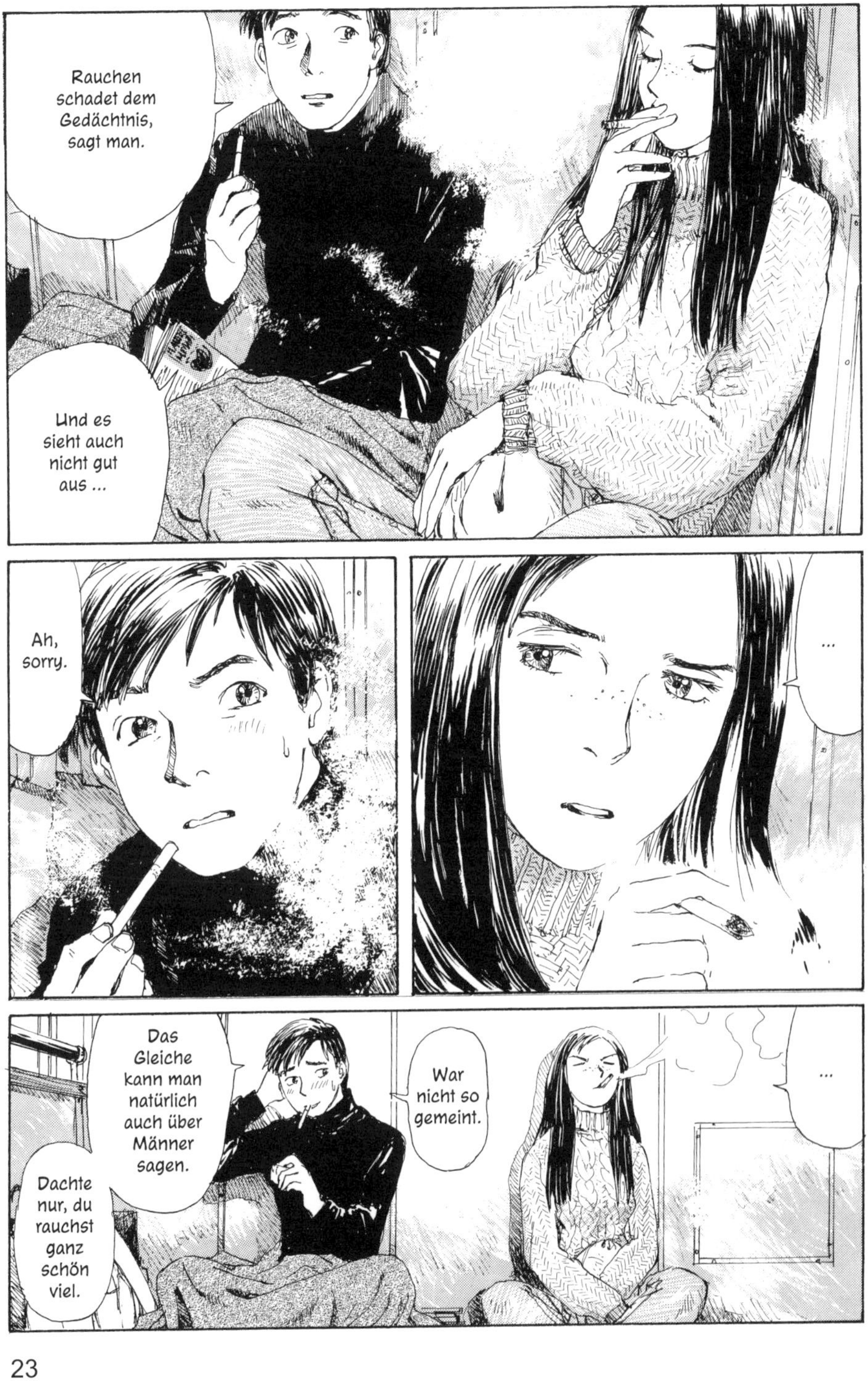
Rauchen schadet dem Gedächtnis, sagt man.
Und es sieht auch nicht gut aus ...
...
Ah, sorry.
...
War nicht so gemeint.
Das Gleiche kann man natürlich auch über Männer sagen.
Dachte nur, du rauchst ganz schön viel.

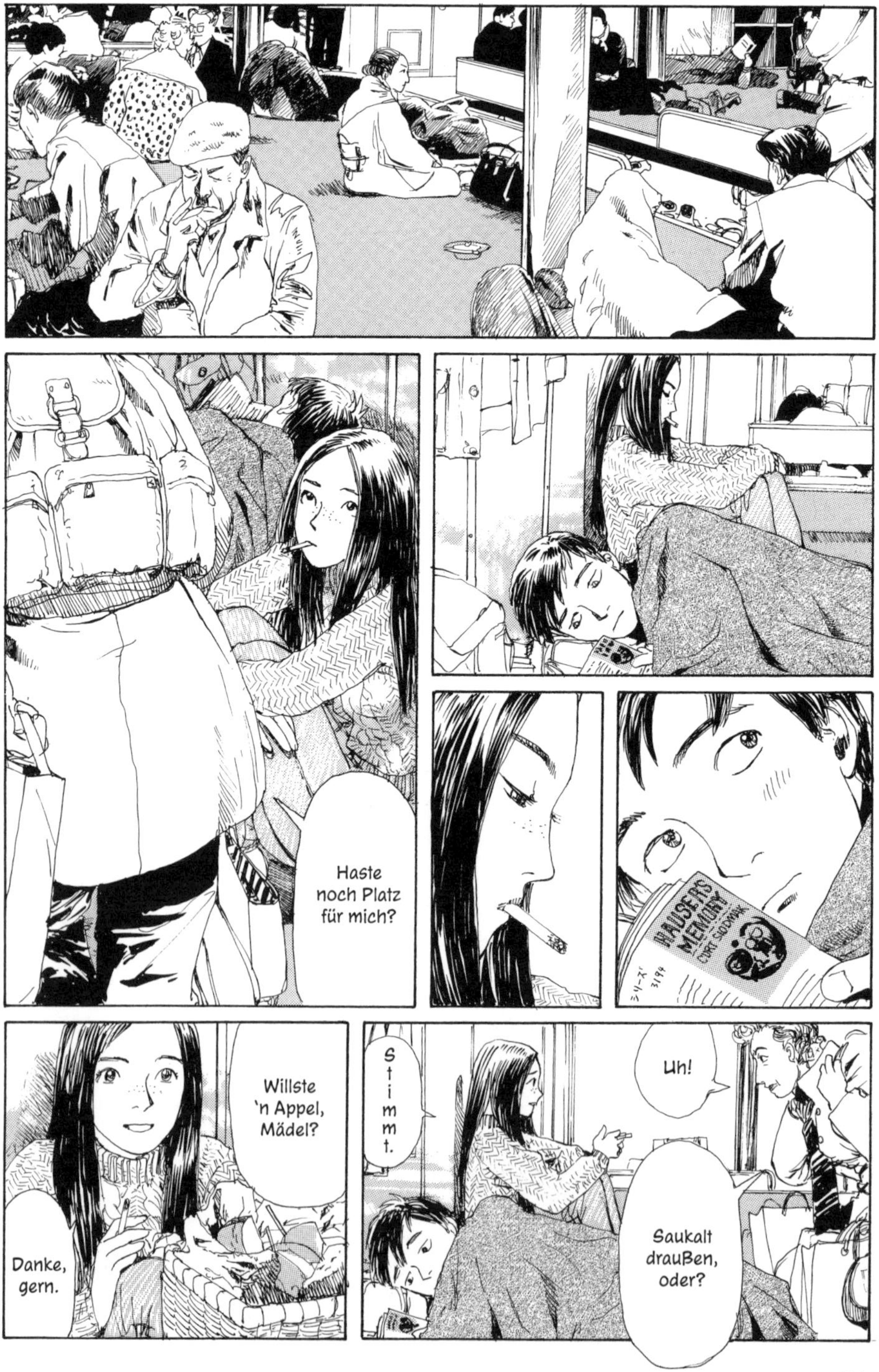
Haste noch Platz für mich?
Uh!
Saukalt draußen, oder?
Stimmt.
Willste 'n Appel, Mädel?
Danke, gern.

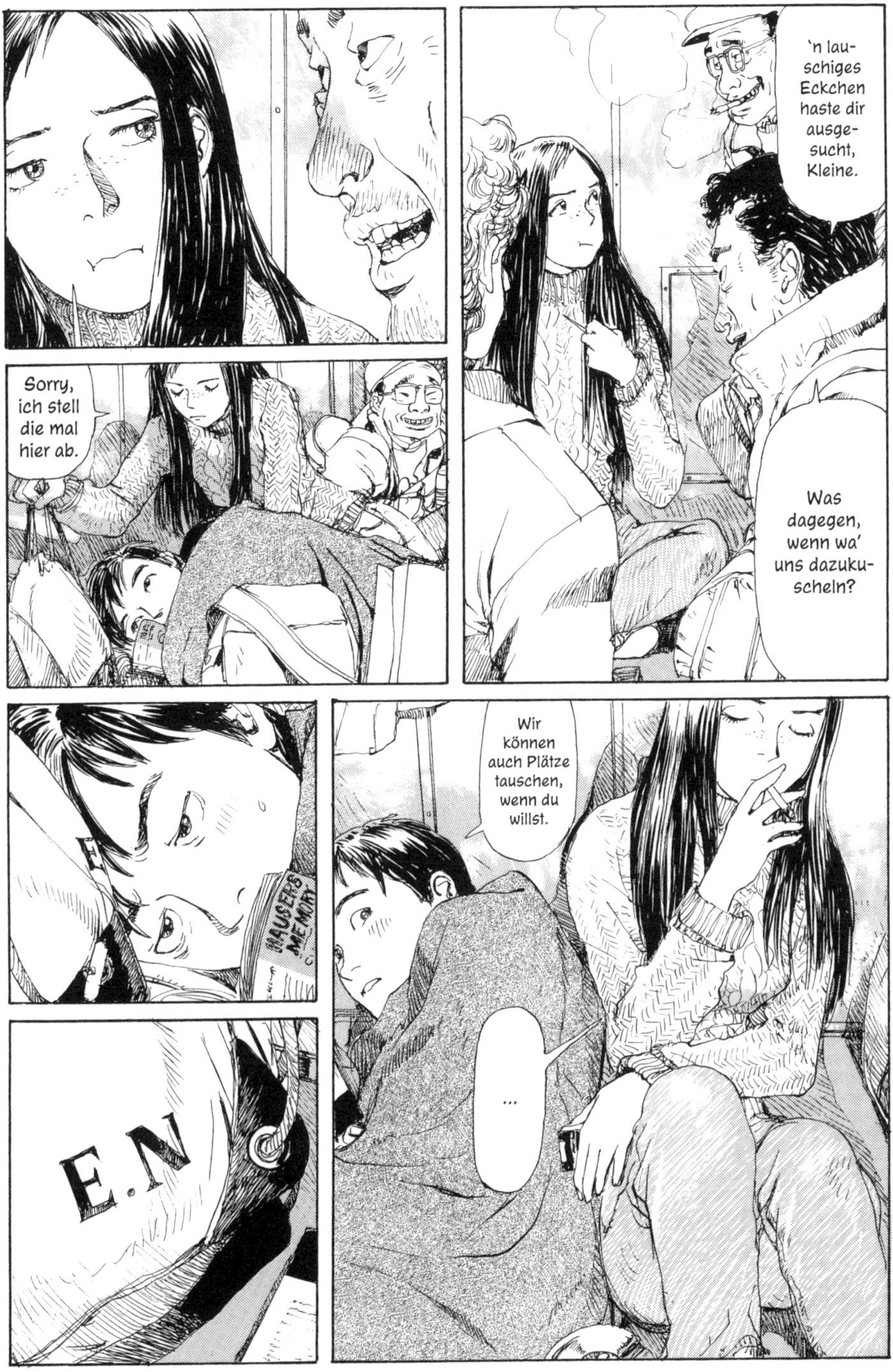
'n lauschiges Eckchen haste dir ausgesucht, Kleine.
Was dagegen, wenn wa' uns dazukuscheln?
Sorry, ich stell die mal hier ab.
MAUSER'S MEMORY
Wir können auch Plätze tauschen, wenn du willst.
...
E.N

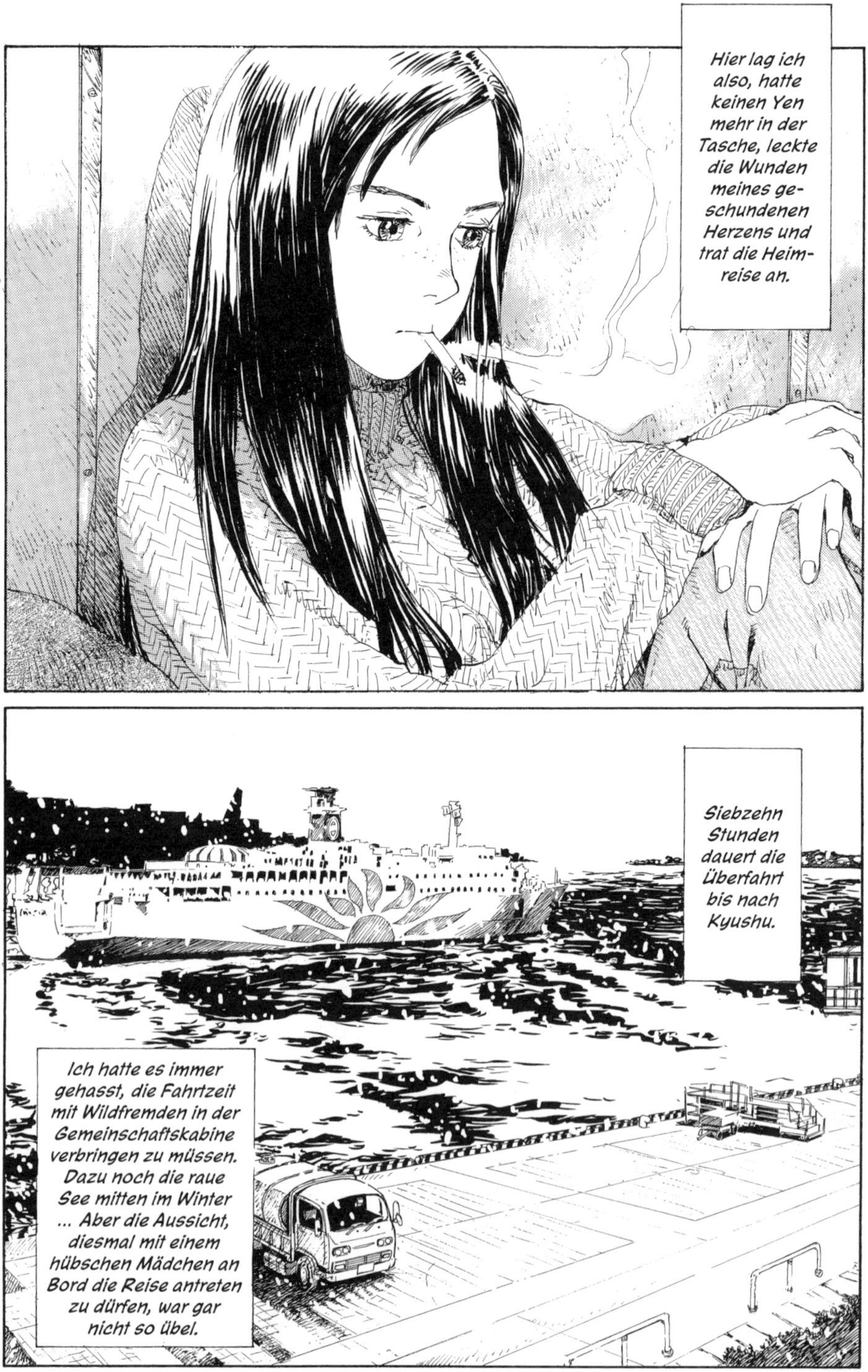
Hier lag ich also, hatte keinen Yen mehr in der Tasche, leckte die Wunden meines geschundenen Herzens und trat die Heimreise an.
Siebzehn Stunden dauert die Überfahrt bis nach Kyushu.
Ich hatte es immer gehasst, die Fahrtzeit mit Wildfremden in der Gemeinschaftskabine verbringen zu müssen. Dazu noch die raue See mitten im Winter ... Aber die Aussicht, diesmal mit einem hübschen Mädchen an Bord die Reise antreten zu dürfen, war gar nicht so übel.

EMANON

Nachmittags, 17:50 Uhr

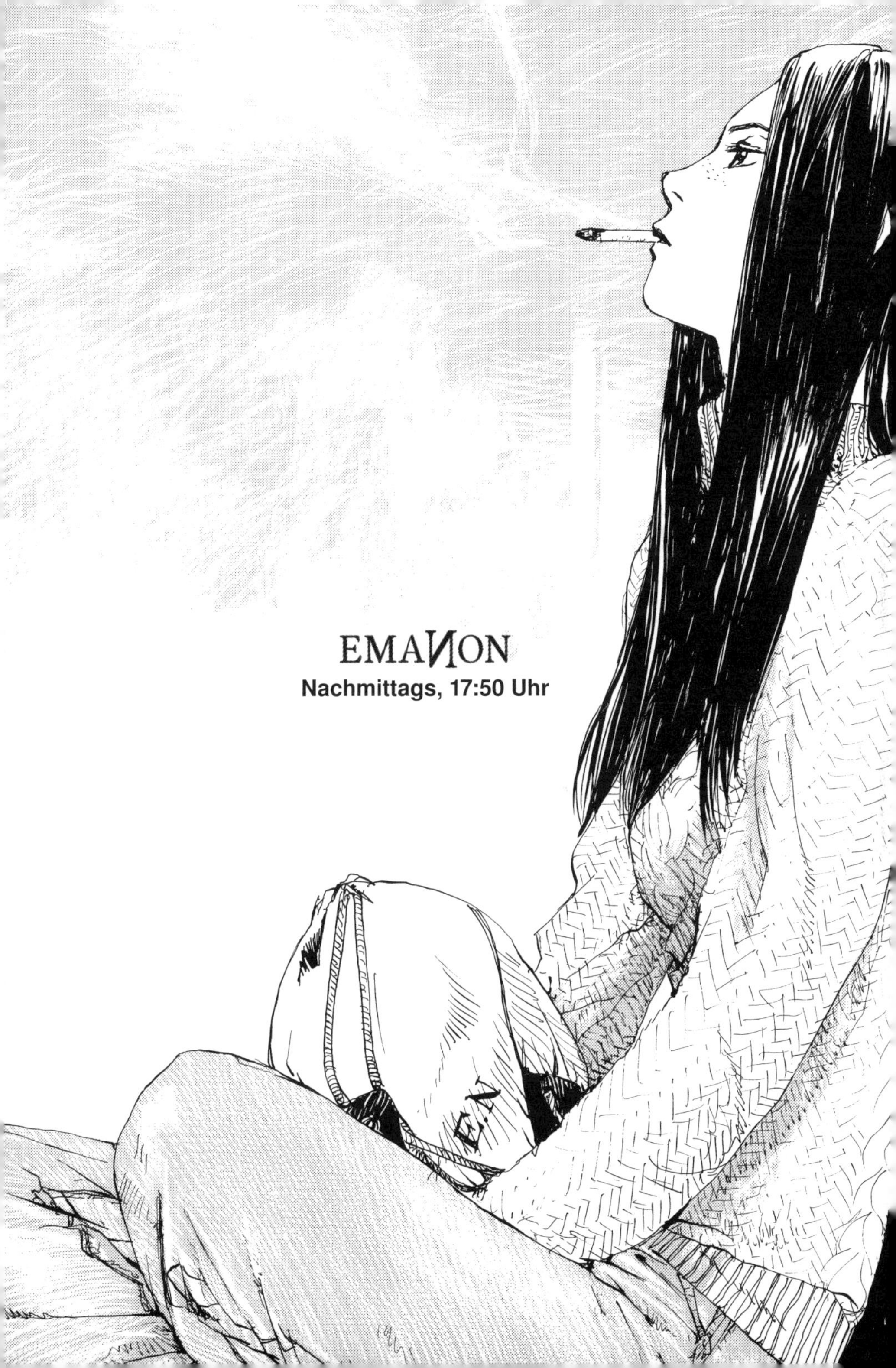

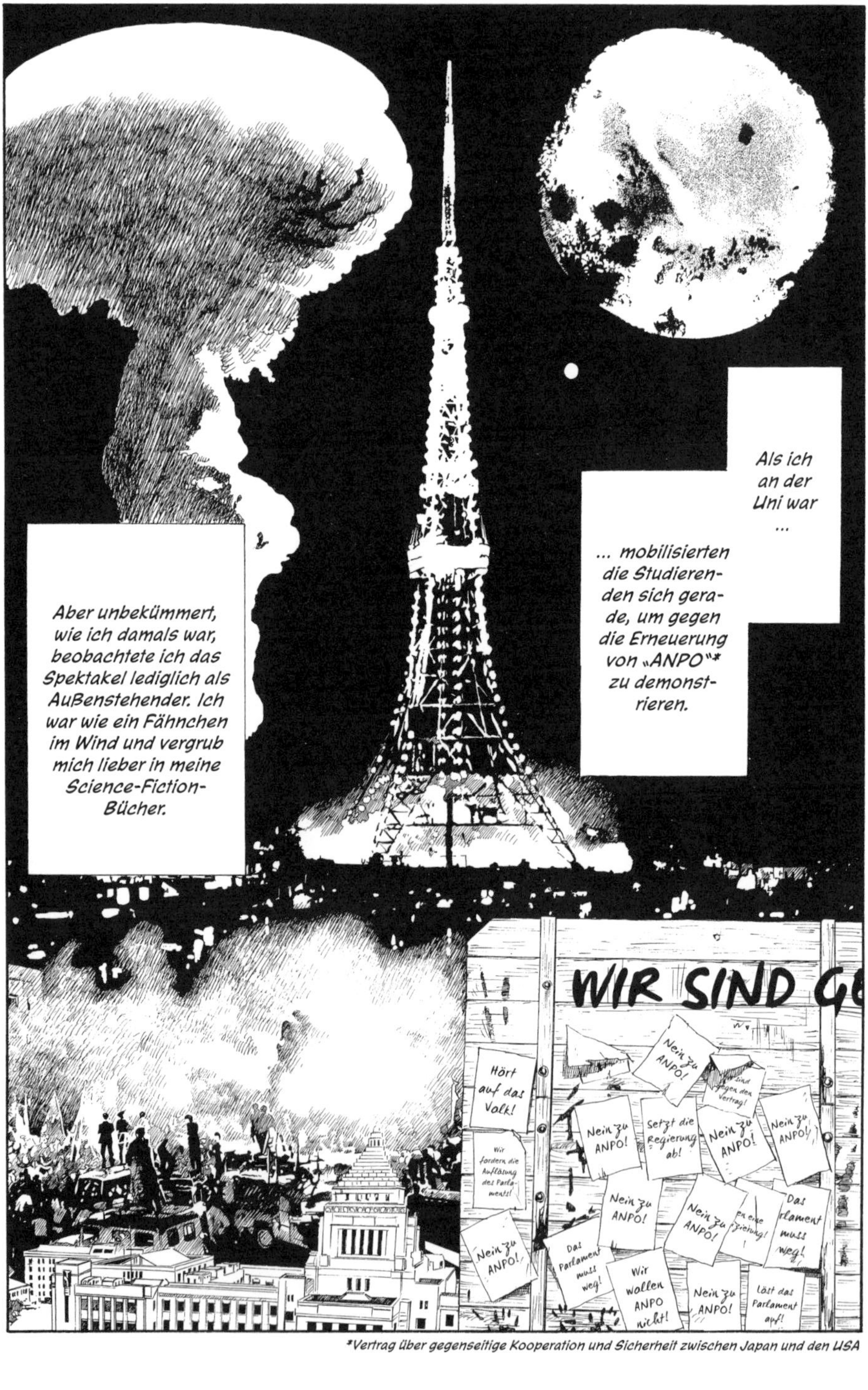

*Vertrag über gegenseitige Kooperation und Sicherheit zwischen Japan und den USA

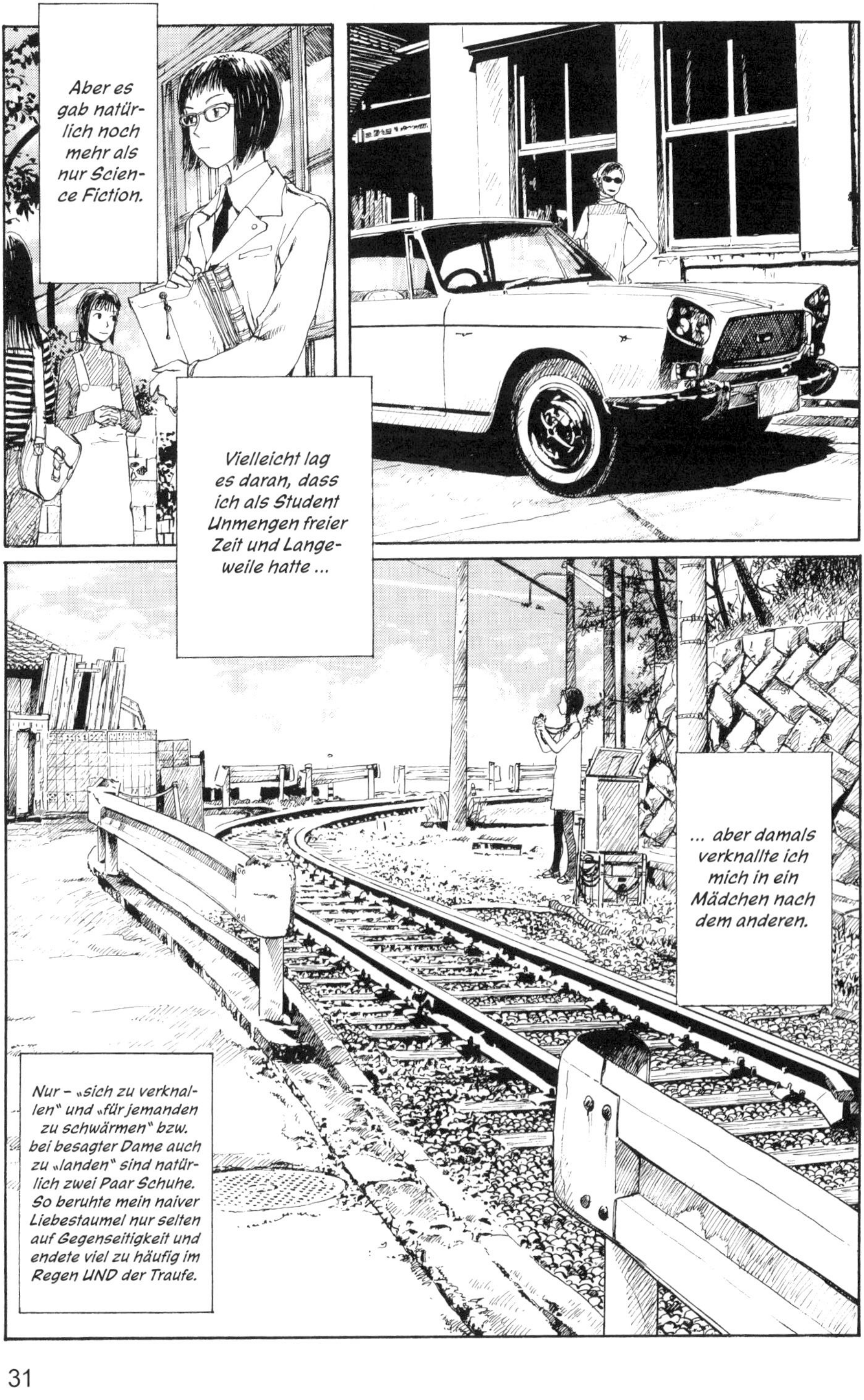
Aber es gab natürlich noch mehr als nur Science Fiction.
Vielleicht lag es daran, dass ich als Student Unmengen freier Zeit und Langeweile hatte ...
... aber damals verknallte ich mich in ein Mädchen nach dem anderen.
Nur – „sich zu verknallen“ und „für jemanden zu schwärmen“ bzw. bei besagter Dame auch zu „landen“ sind natürlich zwei Paar Schuhe. So beruhte mein naiver Liebestaumel nur selten auf Gegenseitigkeit und endete viel zu häufig im Regen UND der Traufe.

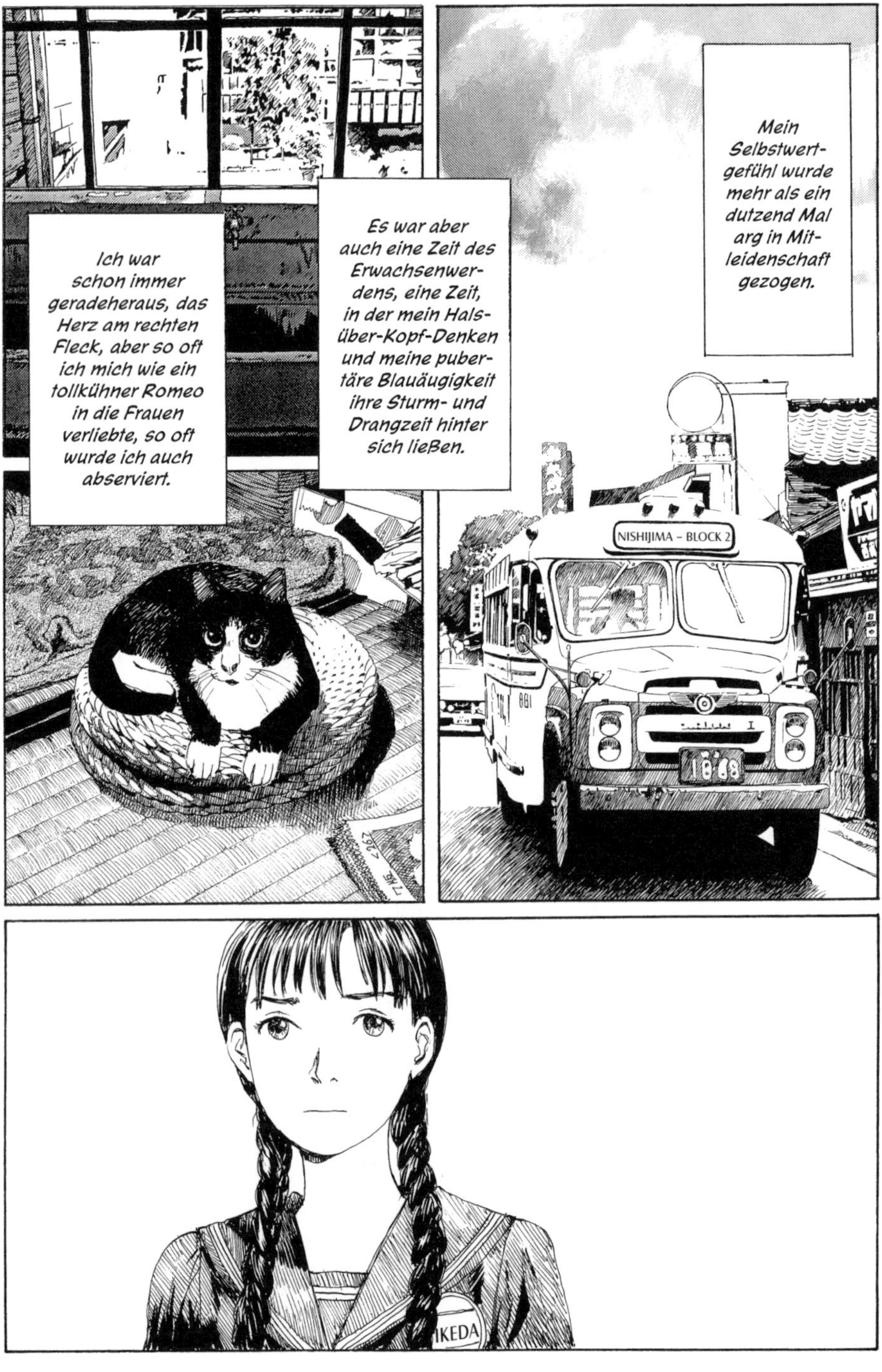
Ich war schon immer geradeheraus, das Herz am rechten Fleck, aber so oft ich mich wie ein tollkühner Romeo in die Frauen verliebte, so oft wurde ich auch abserviert.
Es war aber auch eine Zeit des Erwachsenwerdens, eine Zeit, in der mein Hals-über-Kopf-Denken und meine pubertäre Blauäugigkeit ihre Sturm- und Drangzeit hinter sich ließen.
Mein Selbstwertgefühl wurde mehr als ein dutzend Mal arg in Mitleidenschaft gezogen.
NISHIJIMA – BLOCK 2
IKEDA

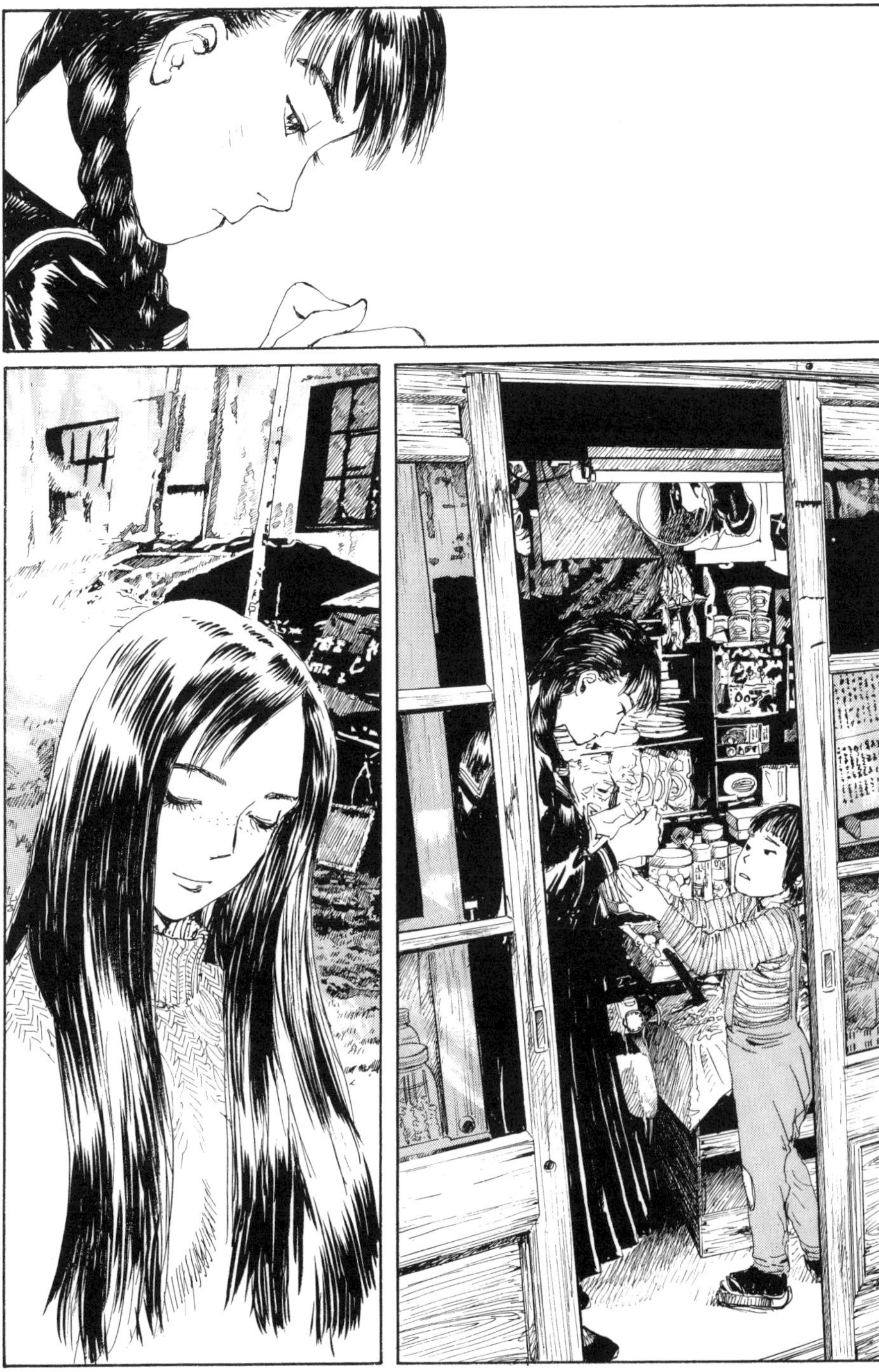

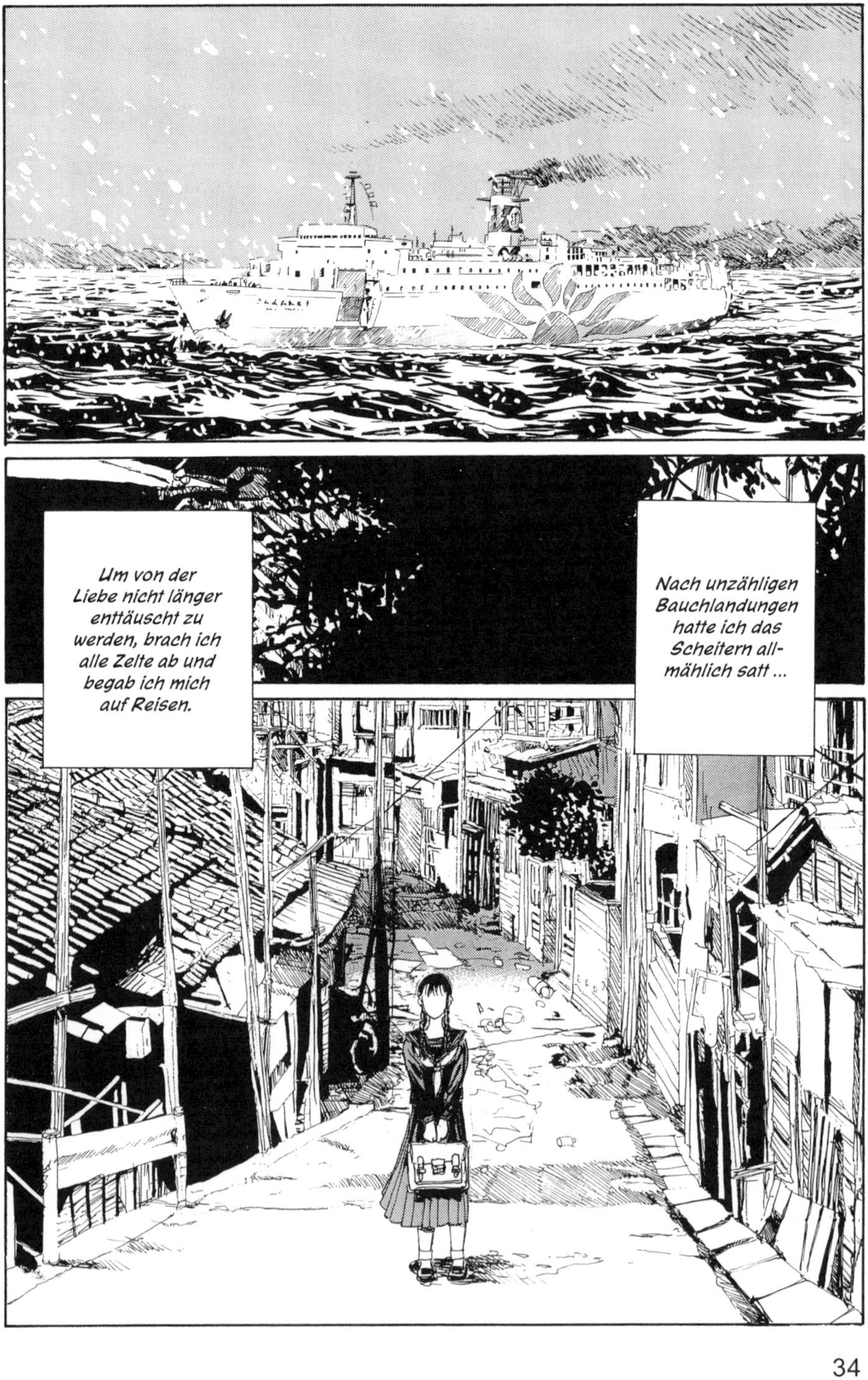
Nach unzähligen Bauchlandungen hatte ich das Scheitern allmählich satt ...
Um von der Liebe nicht länger enttäuscht zu werden, brach ich alle Zelte ab und begab ich mich auf Reisen.

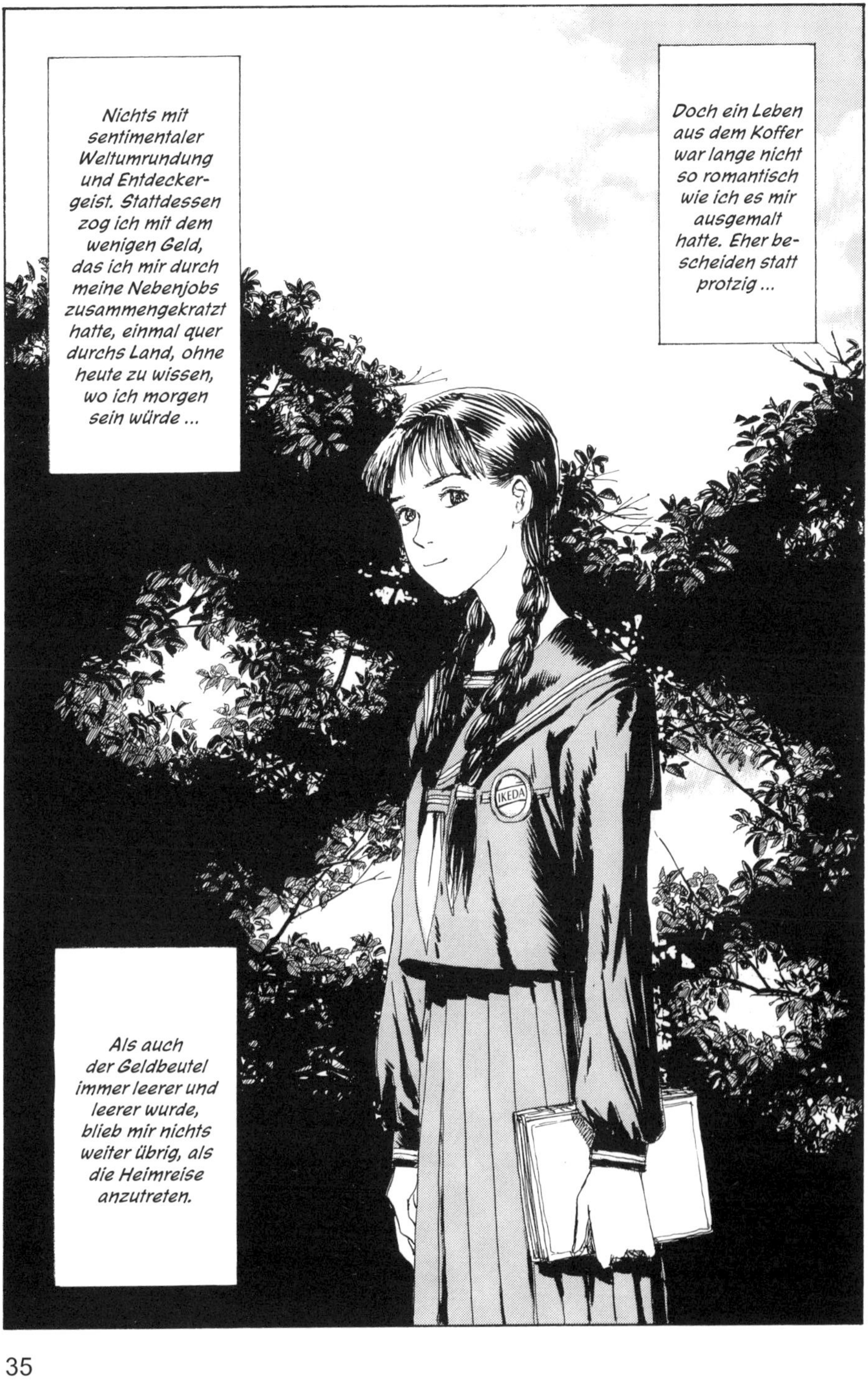
Doch ein Leben aus dem Koffer war lange nicht so romantisch wie ich es mir ausgemalt hatte. Eher bescheiden statt protzig ...
Nichts mit sentimentaler Weltumrundung und Entdeckergeist. Stattdessen zog ich mit dem wenigen Geld, das ich mir durch meine Nebenjobs zusammengekratzt hatte, einmal quer durchs Land, ohne heute zu wissen, wo ich morgen sein würde ...
IKEDA
Als auch der Geldbeutel immer leerer und leerer wurde, blieb mir nichts weiter übrig, als die Heimreise anzutreten.

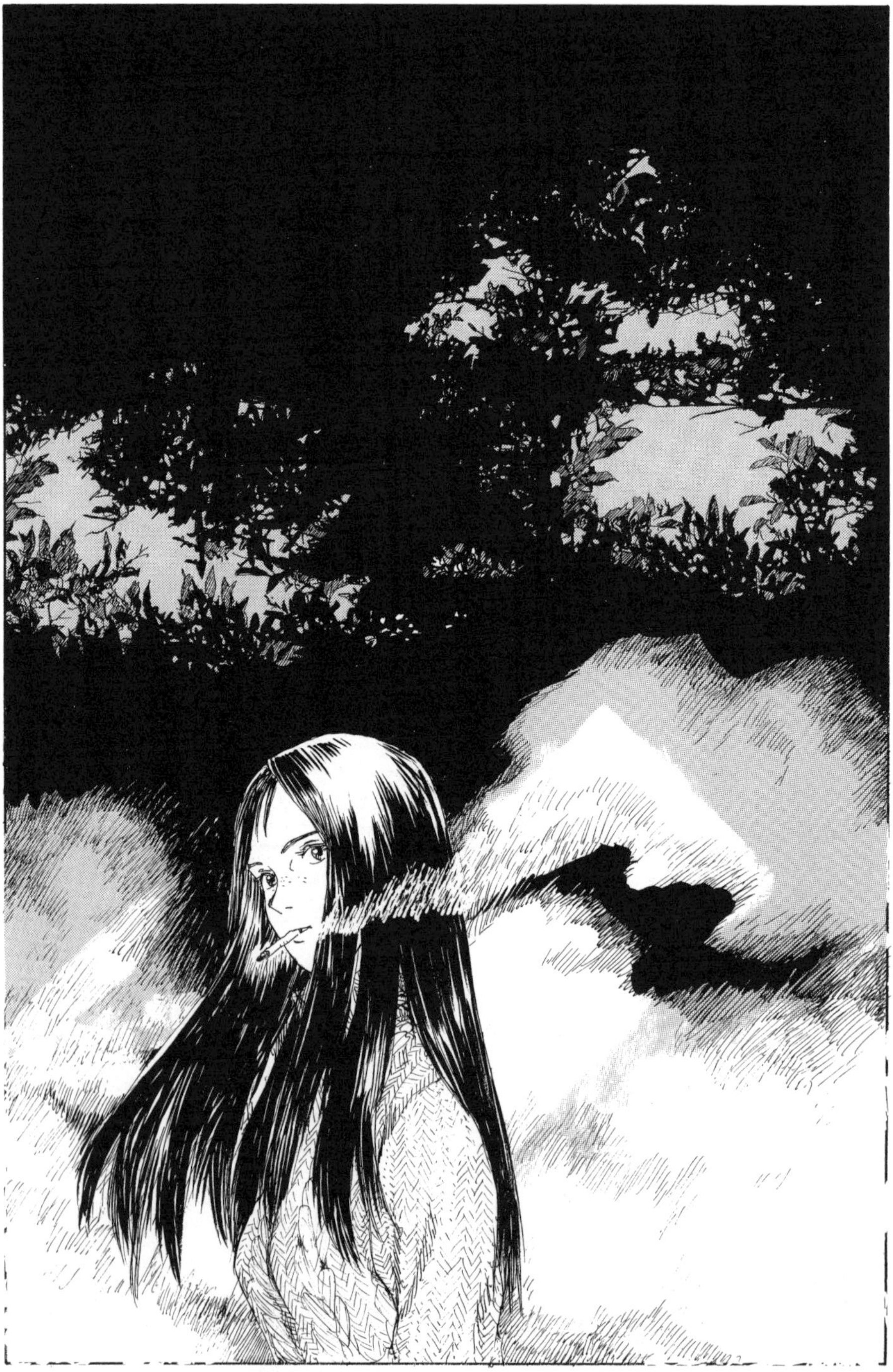

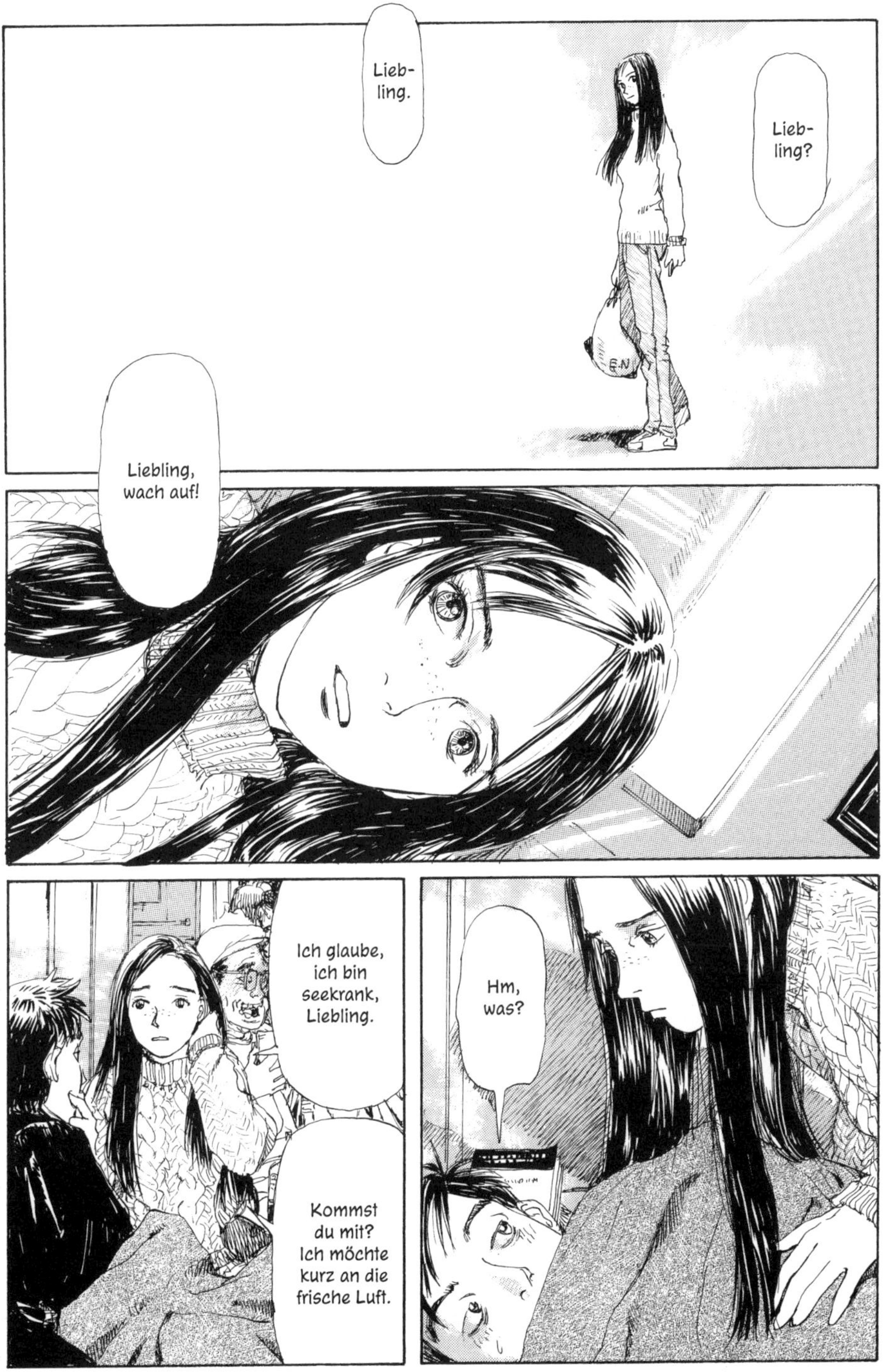

Lieb-ling?
Lieb-ling.
Liebling, wach auf!
Hm, was?
Ich glaube, ich bin seekrank, Liebling.
Kommst du mit? Ich möchte kurz an die frische Luft.

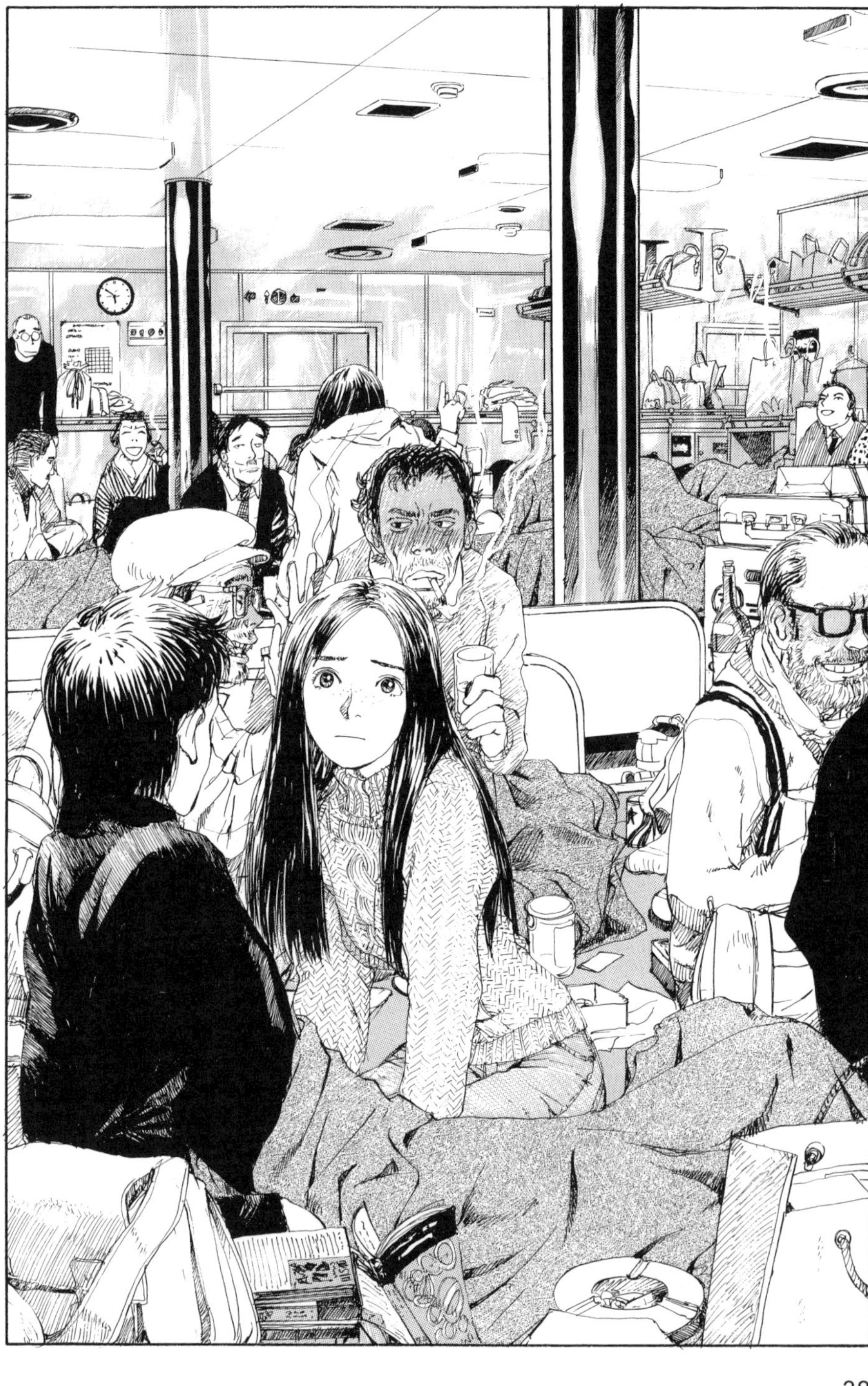

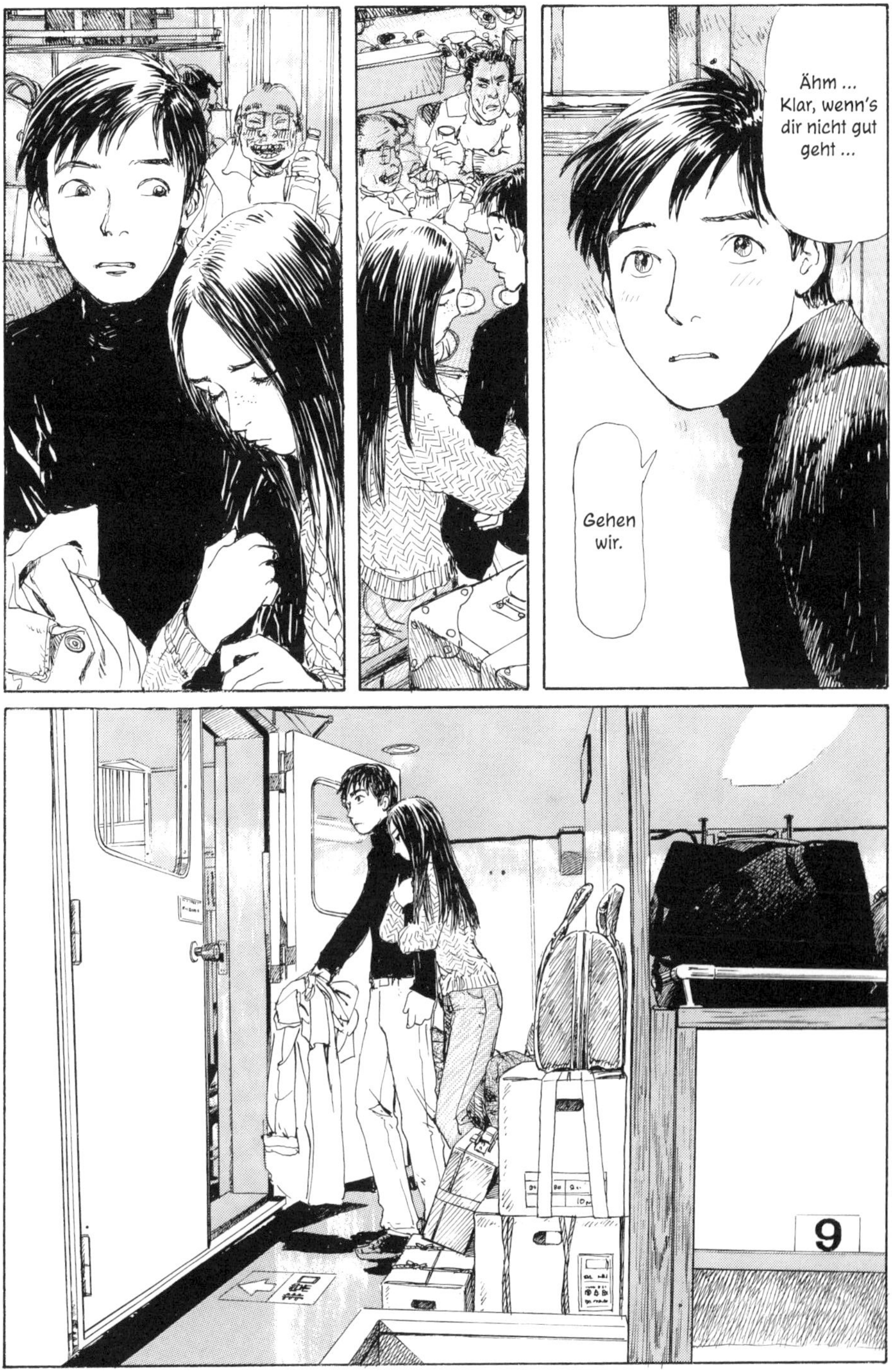
Ähm ... Klar, wenn's dir nicht gut geht ...
Gehen wir.

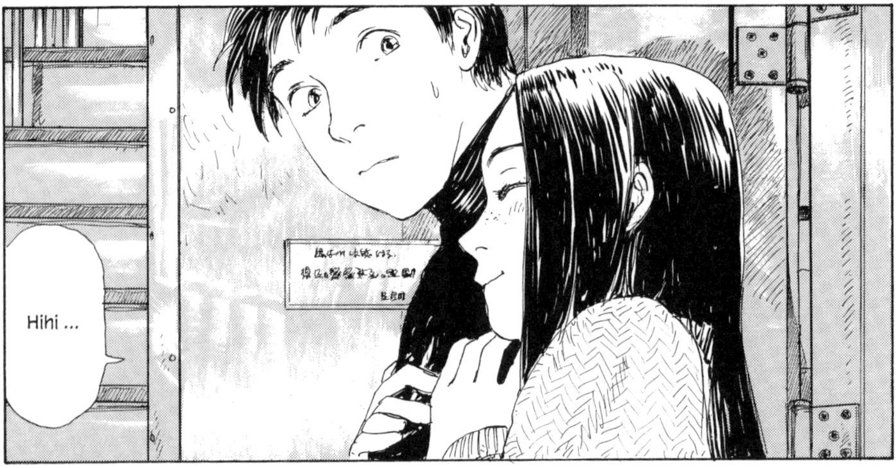
Hihi ...

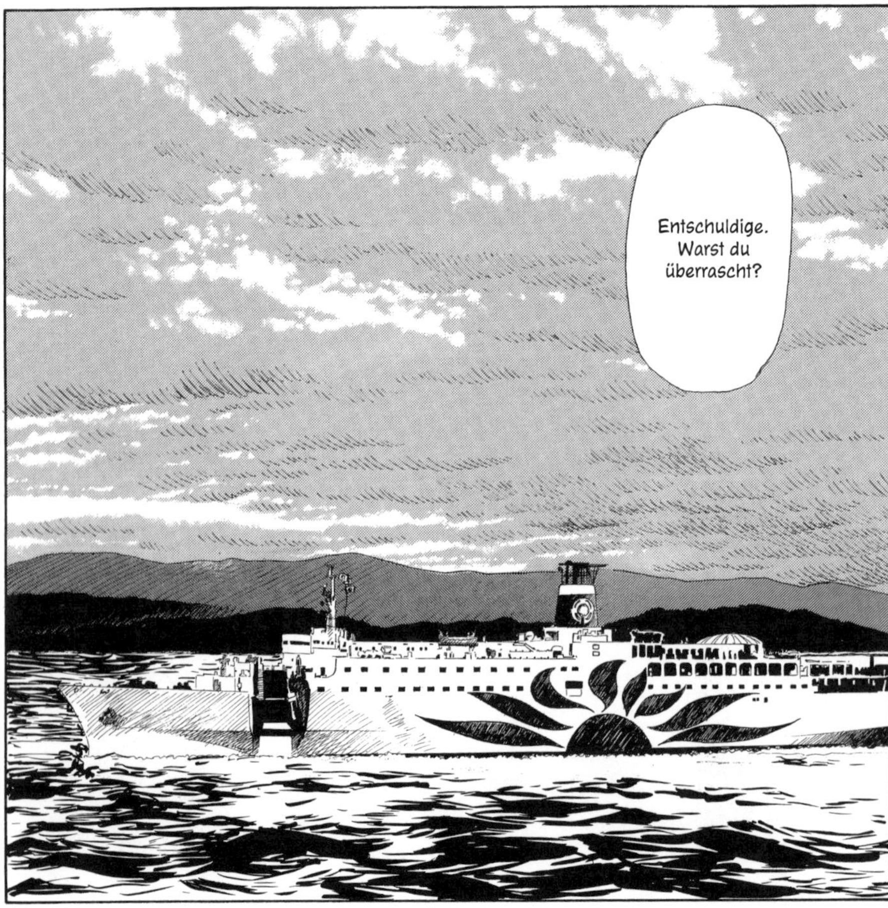
Entschuldige. Warst du überrascht?

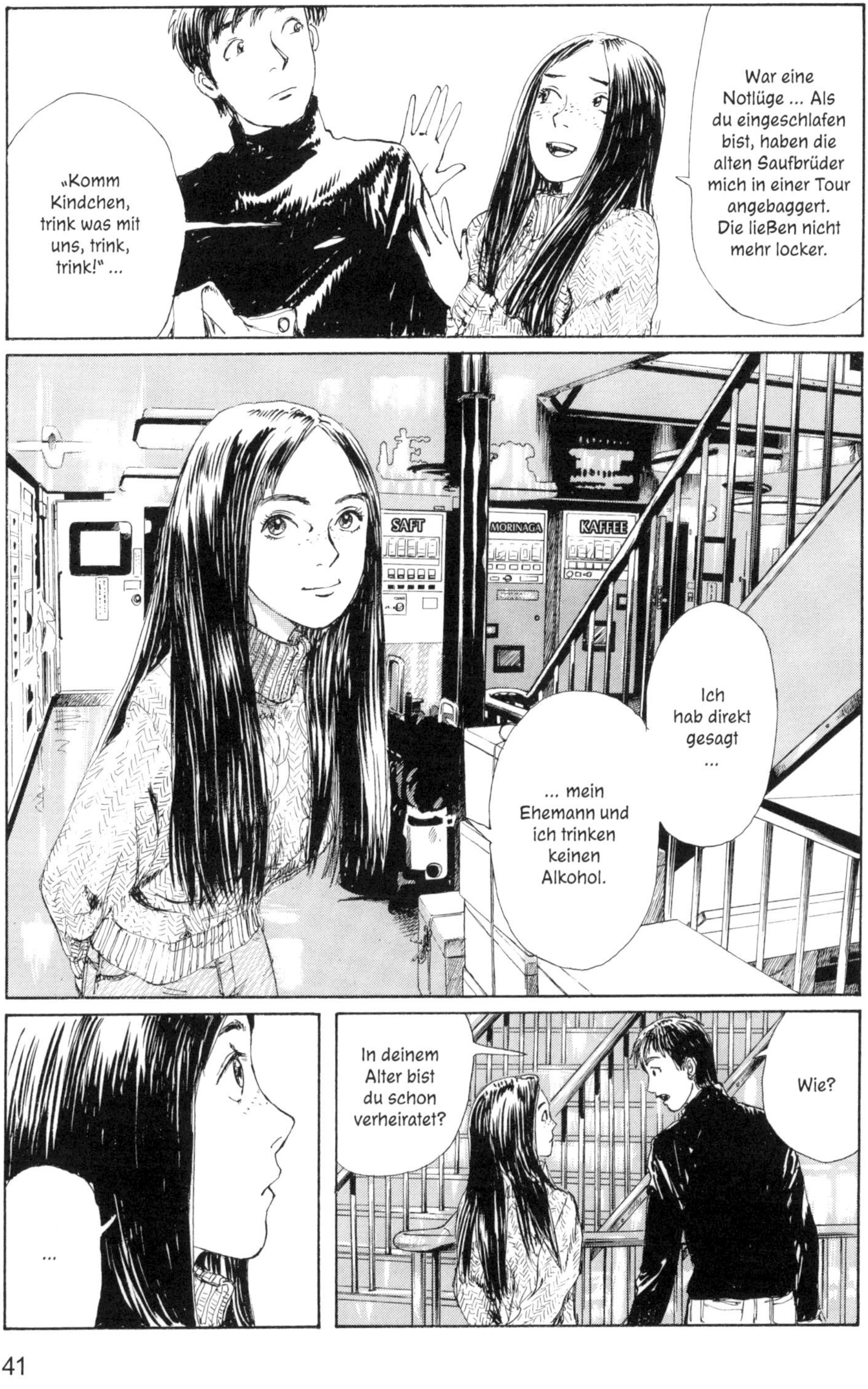

War eine Notlüge ... Als du eingeschlafen bist, haben die alten Saufbrüder mich in einer Tour angebaggert. Die ließen nicht mehr locker.
„Komm Kindchen, trink was mit uns, trink, trink!“ ...
SAFT
MORINAGA
KAFFEE
Ich hab direkt gesagt ...
... mein Ehemann und ich trinken keinen Alkohol.
Wie?
In deinem Alter bist du schon verheiratet?
...

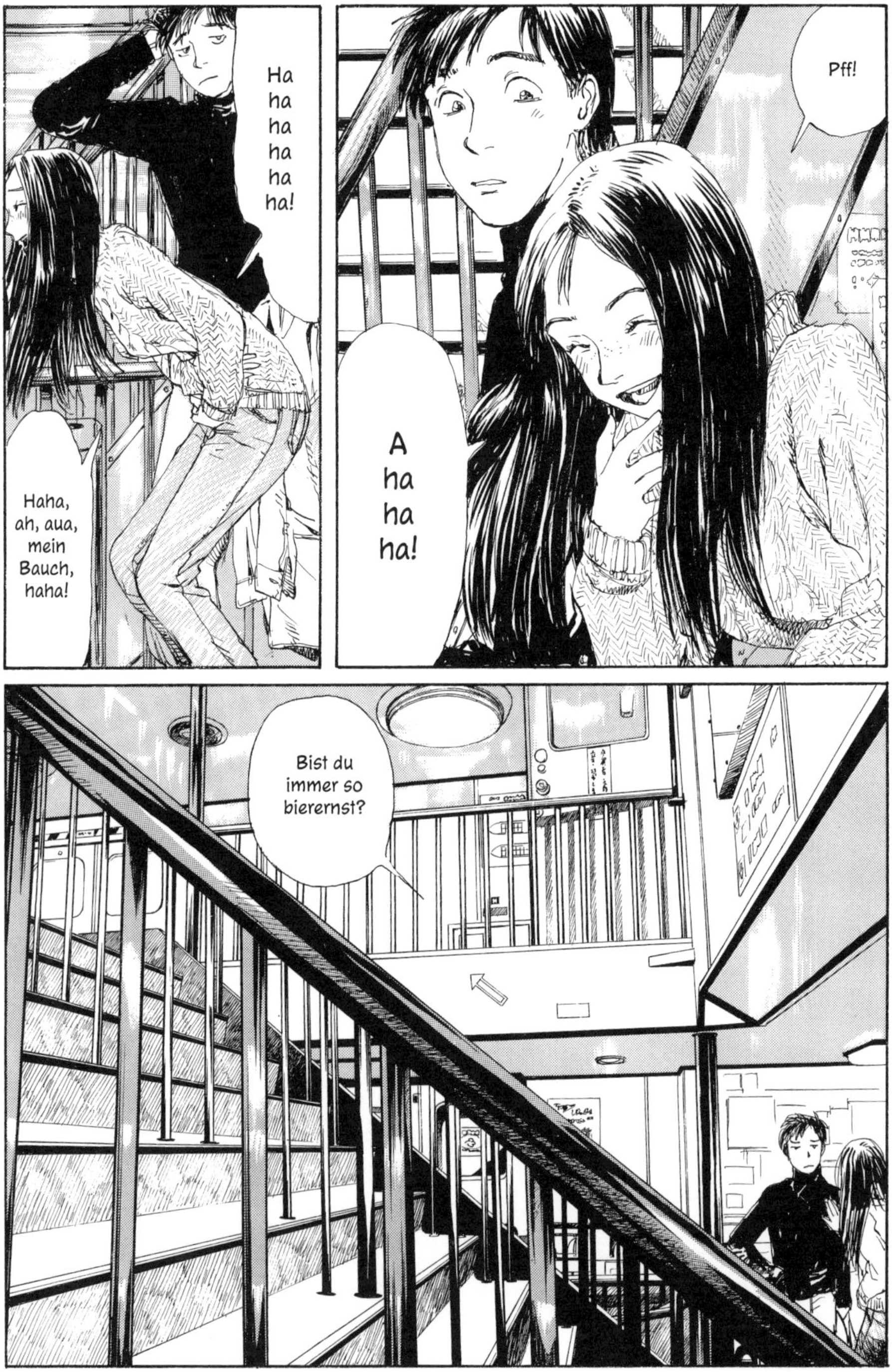
Pff!
A ha ha ha!
Ha ha ha ha ha ha!
Haha, ah, aua, mein Bauch, haha!
Bist du immer so bierernst?

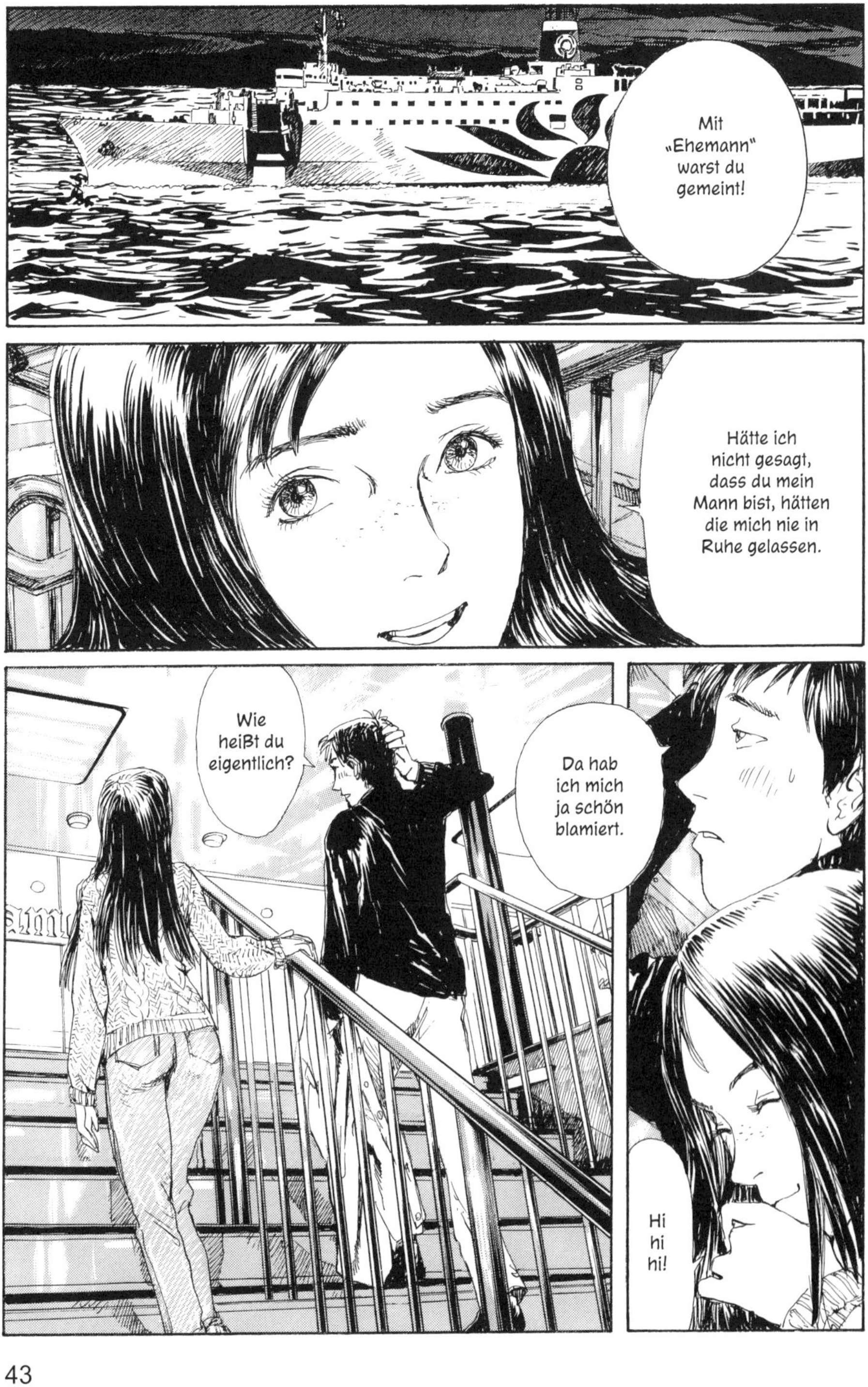
Mit „Ehemann" warst du gemeint!
Hätte ich nicht gesagt, dass du mein Mann bist, hätten die mich nie in Ruhe gelassen.
Wie heißt du eigentlich?
Da hab ich mich ja schön blamiert.
Hi hi hi!

* Notausgang

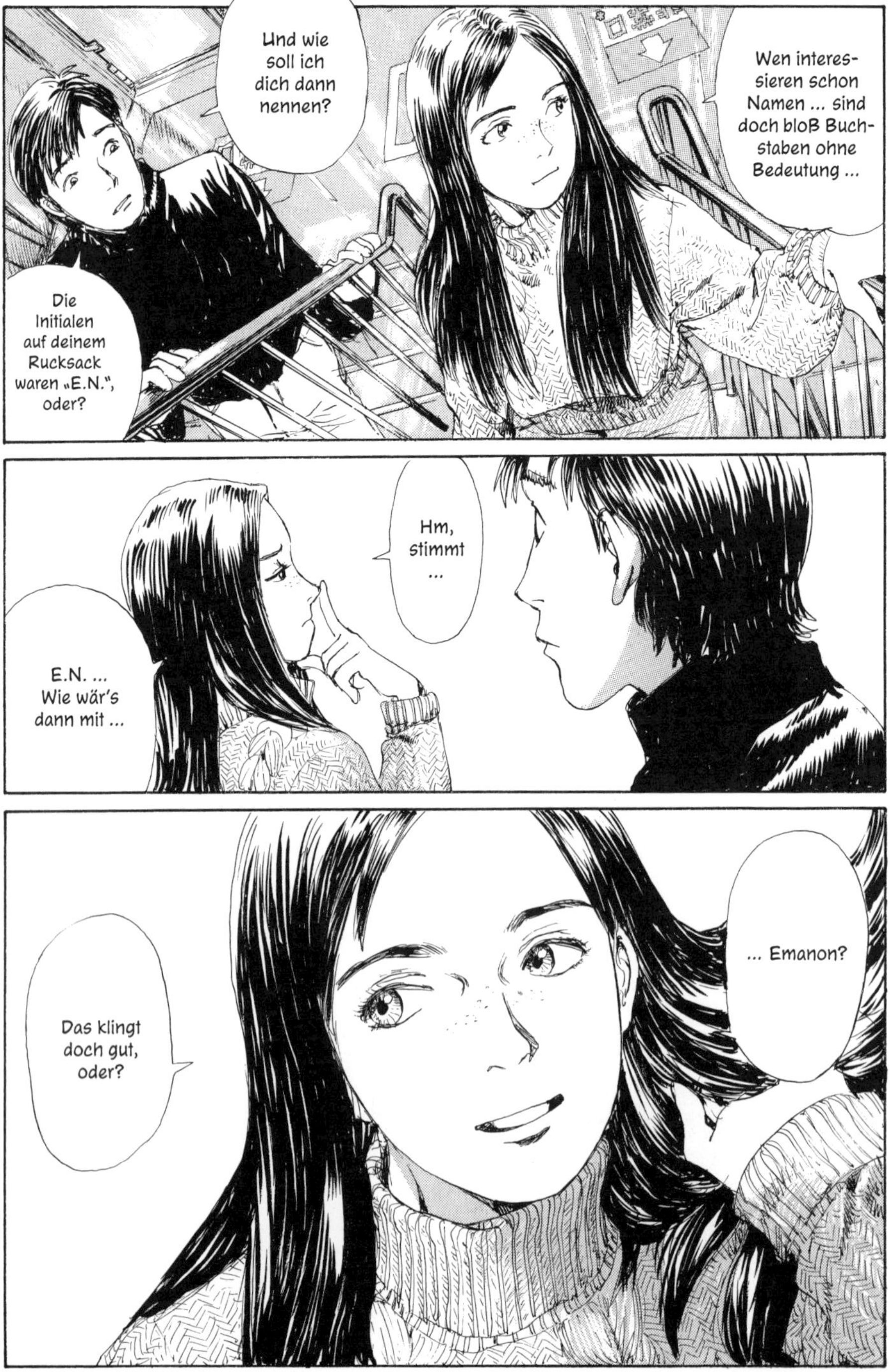
Wen interessieren schon Namen ... sind doch bloß Buchstaben ohne Bedeutung ...
Und wie soll ich dich dann nennen?
Die Initialen auf deinem Rucksack waren „E.N.“, oder?
Hm, stimmt ...
E.N. ... Wie wär's dann mit ...
... Emanon?
Das klingt doch gut, oder?

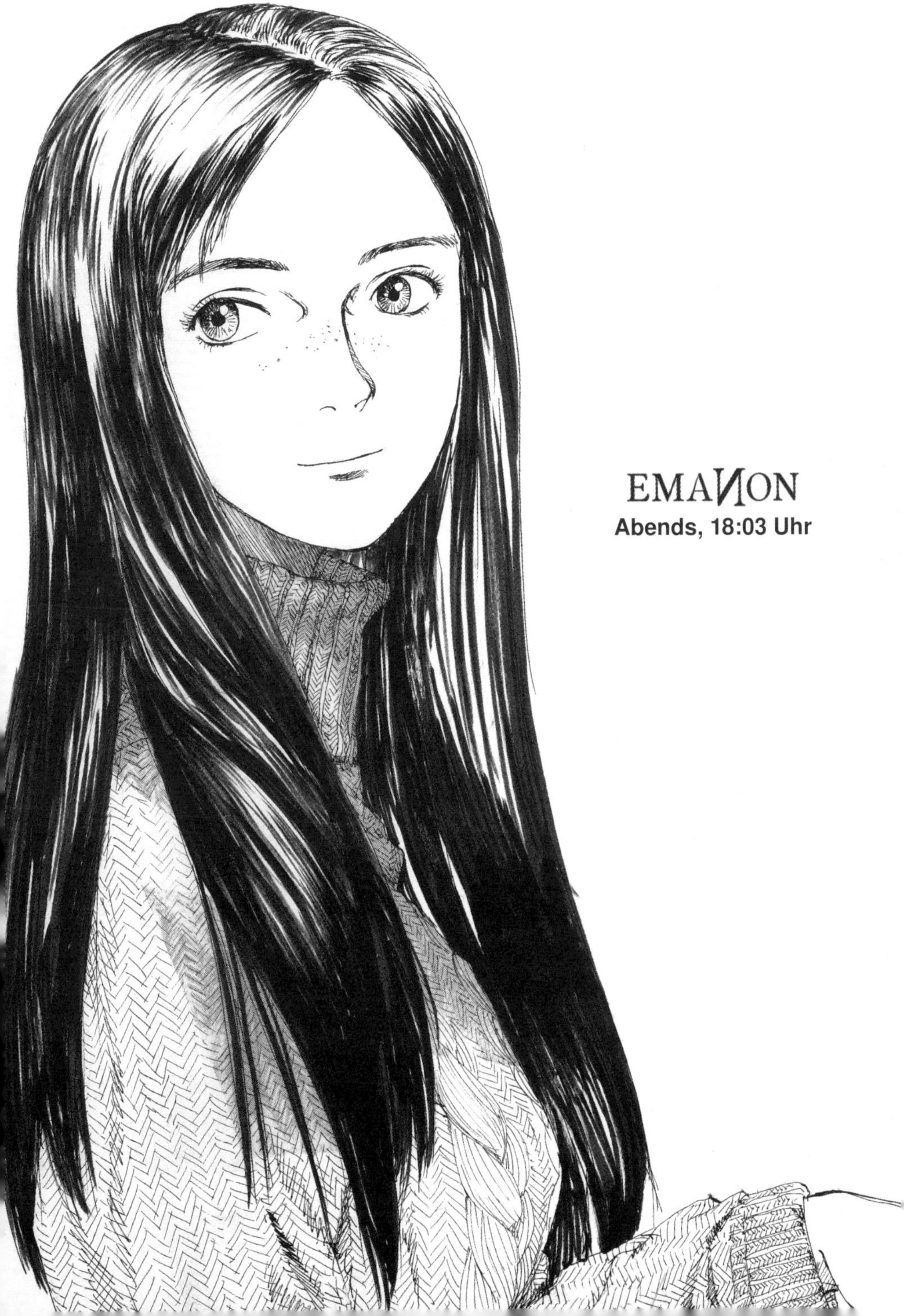

EMANON

Abends, 18:03 Uhr

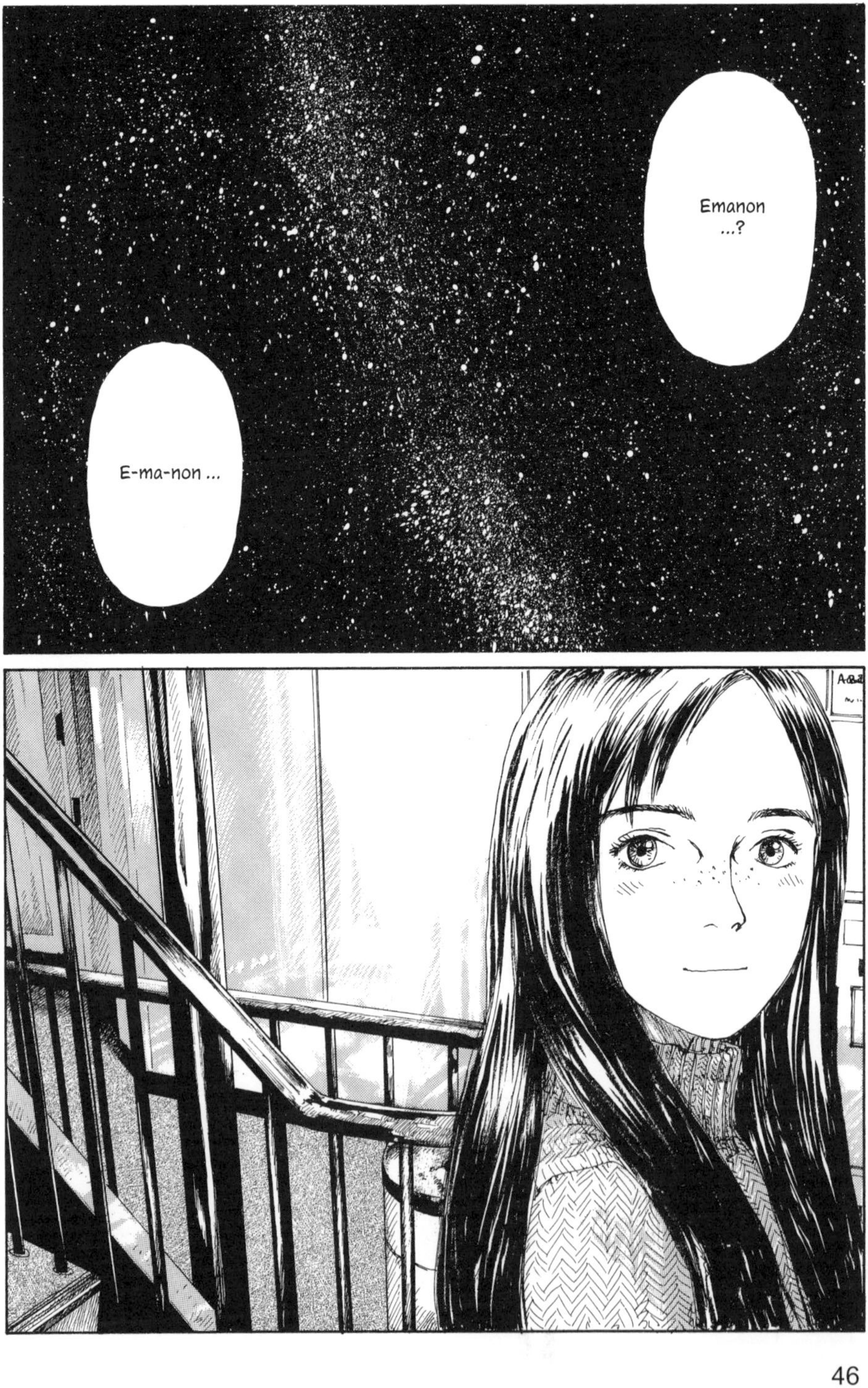
Emanon ...?
E-ma-non ...

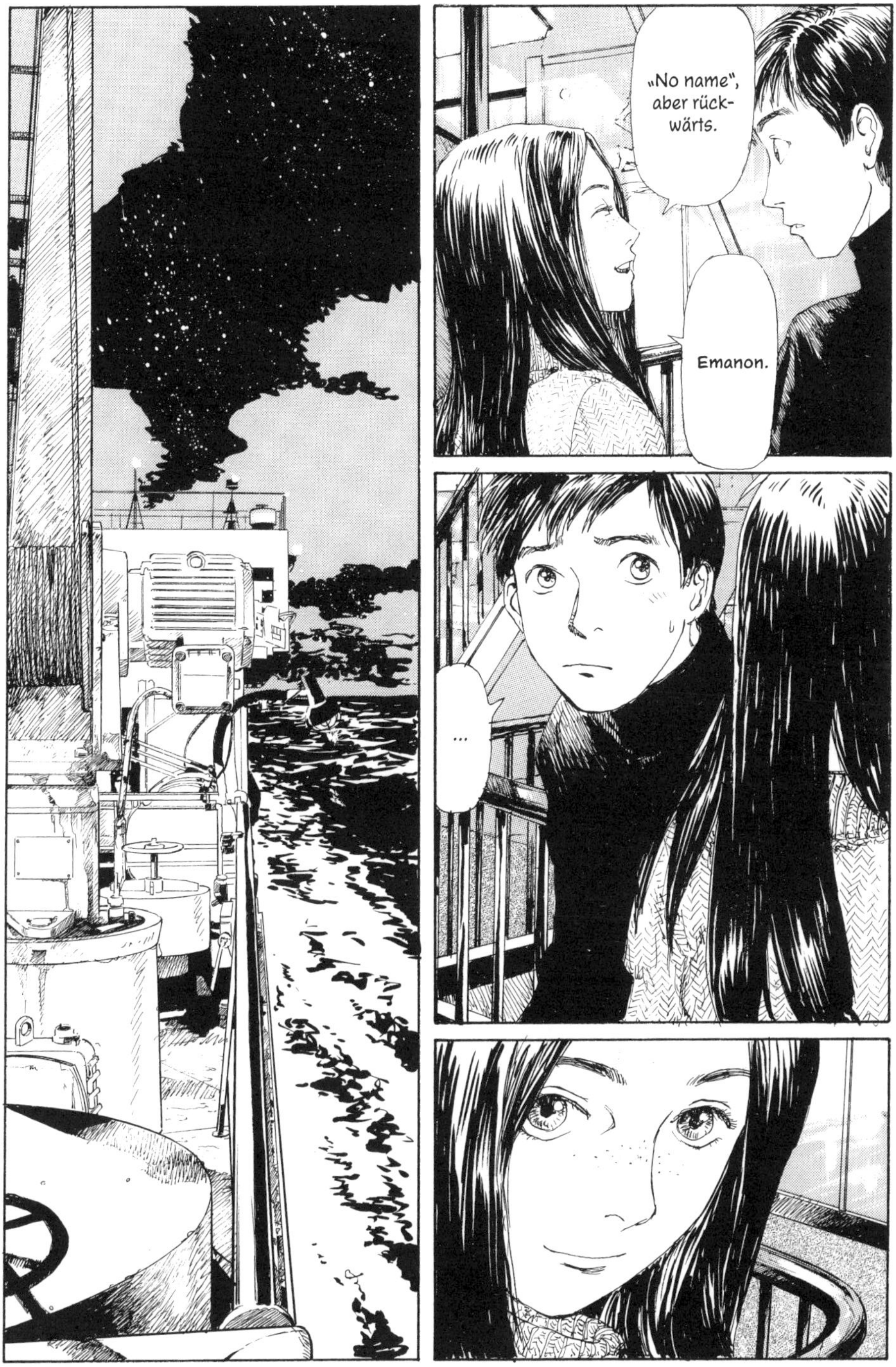
„No name", aber rückwärts.
Emanon.
...

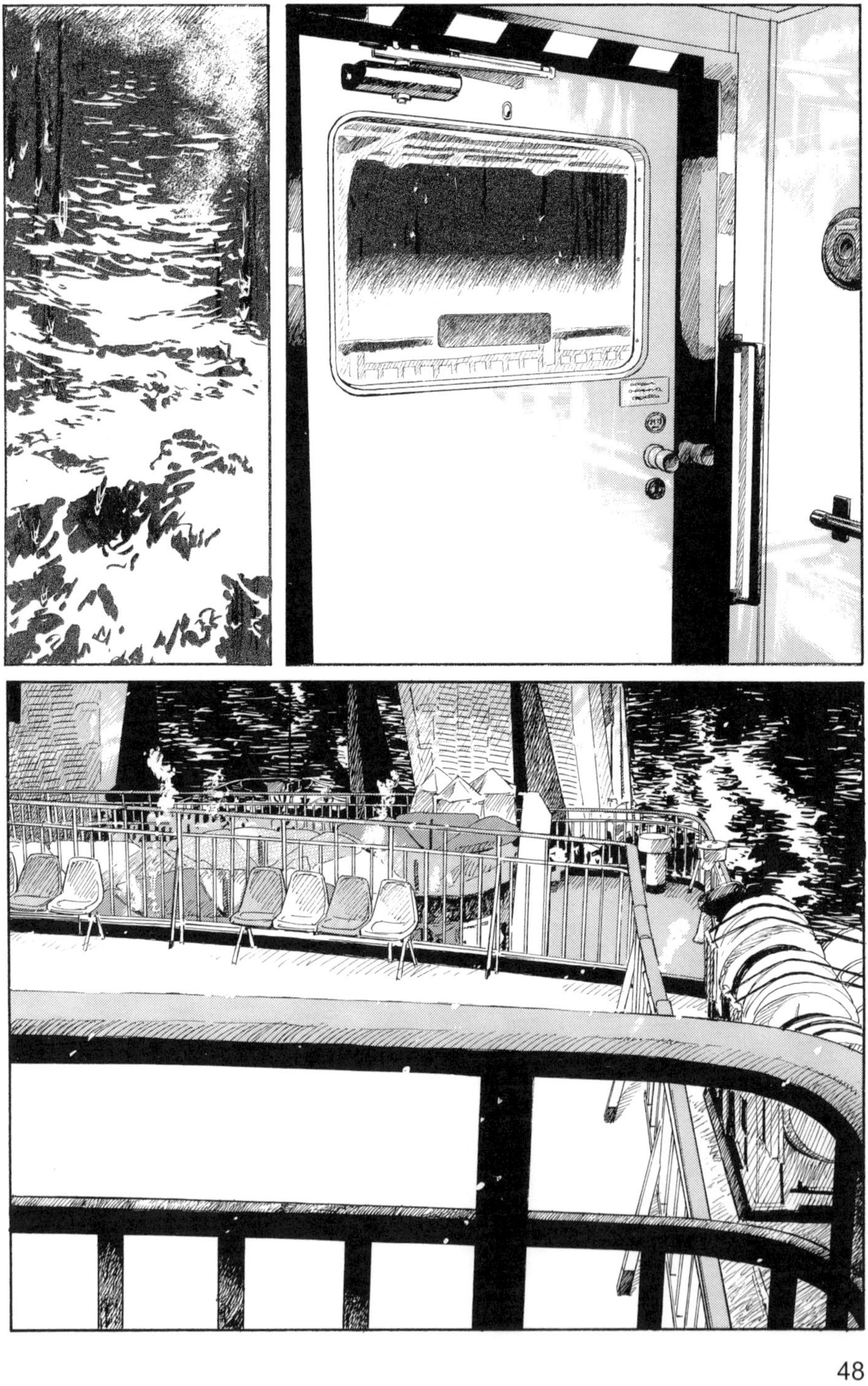

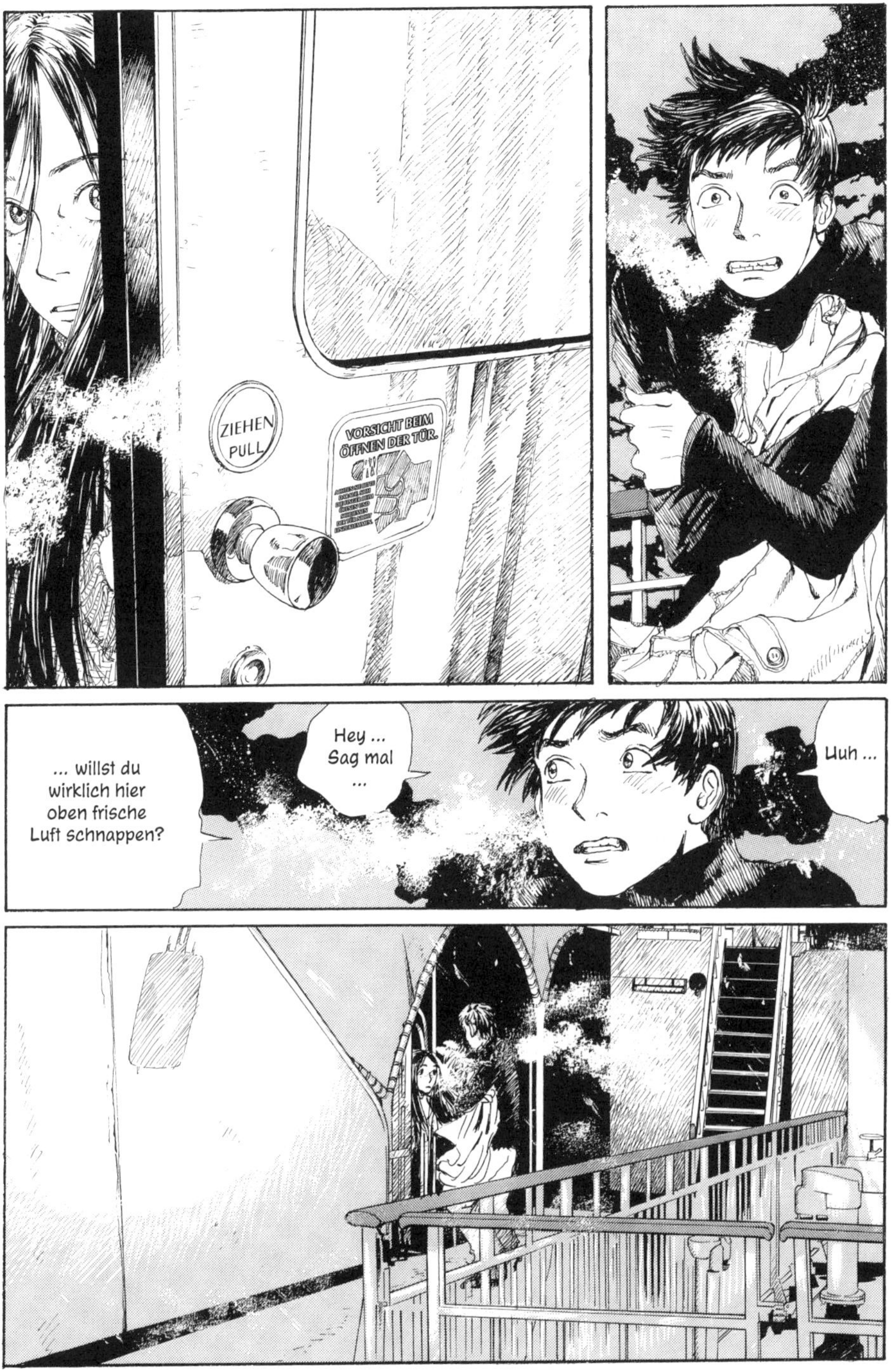
ZIEHEN
PULL
VORSICHT BEIM ÖFFNEN DER TÜR.
Uuh ...
Hey ... Sag mal ...
... willst du wirklich hier oben frische Luft schnappen?

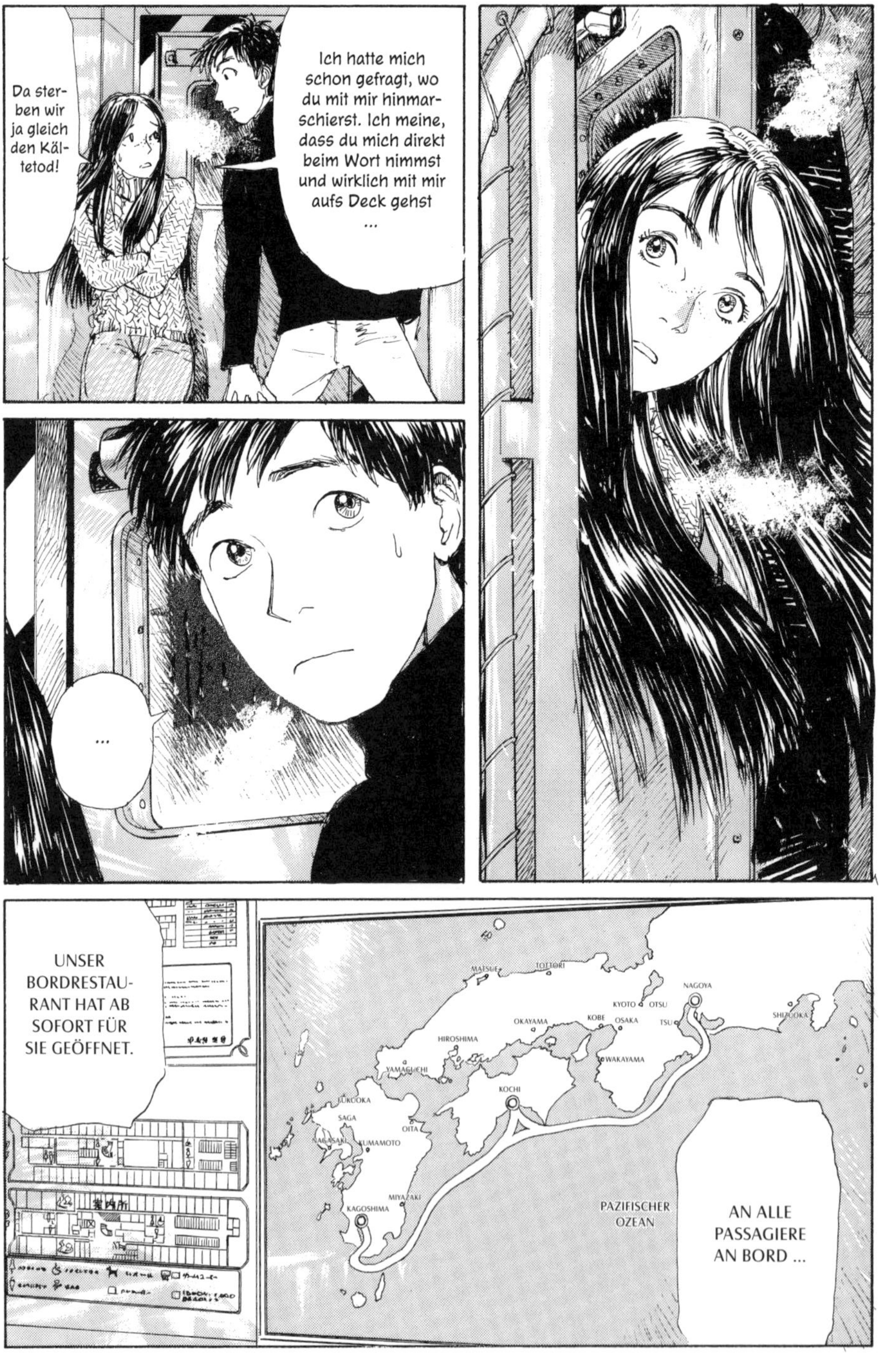
Ich hatte mich schon gefragt, wo du mit mir hinmarschierst. Ich meine, dass du mich direkt beim Wort nimmst und wirklich mit mir aufs Deck gehst ...
Da sterben wir ja gleich den Kältetod!
...
AN ALLE PASSAGIERE AN BORD ...
UNSER BORDRESTAURANT HAT AB SOFORT FÜR SIE GEÖFFNET.
MATSUE
TOTTORI
NAGOYA
KYOTO
OTSU
OKAYAMA
KOBE
OSAKA
TSU
SHIZUOKA
HIROSHIMA
WAKAYAMA
KOCHI
SAGA
OITA
KUMAMOTO
MIYAZAKI
KAGOSHIMA
PAZIFISCHER OZEAN

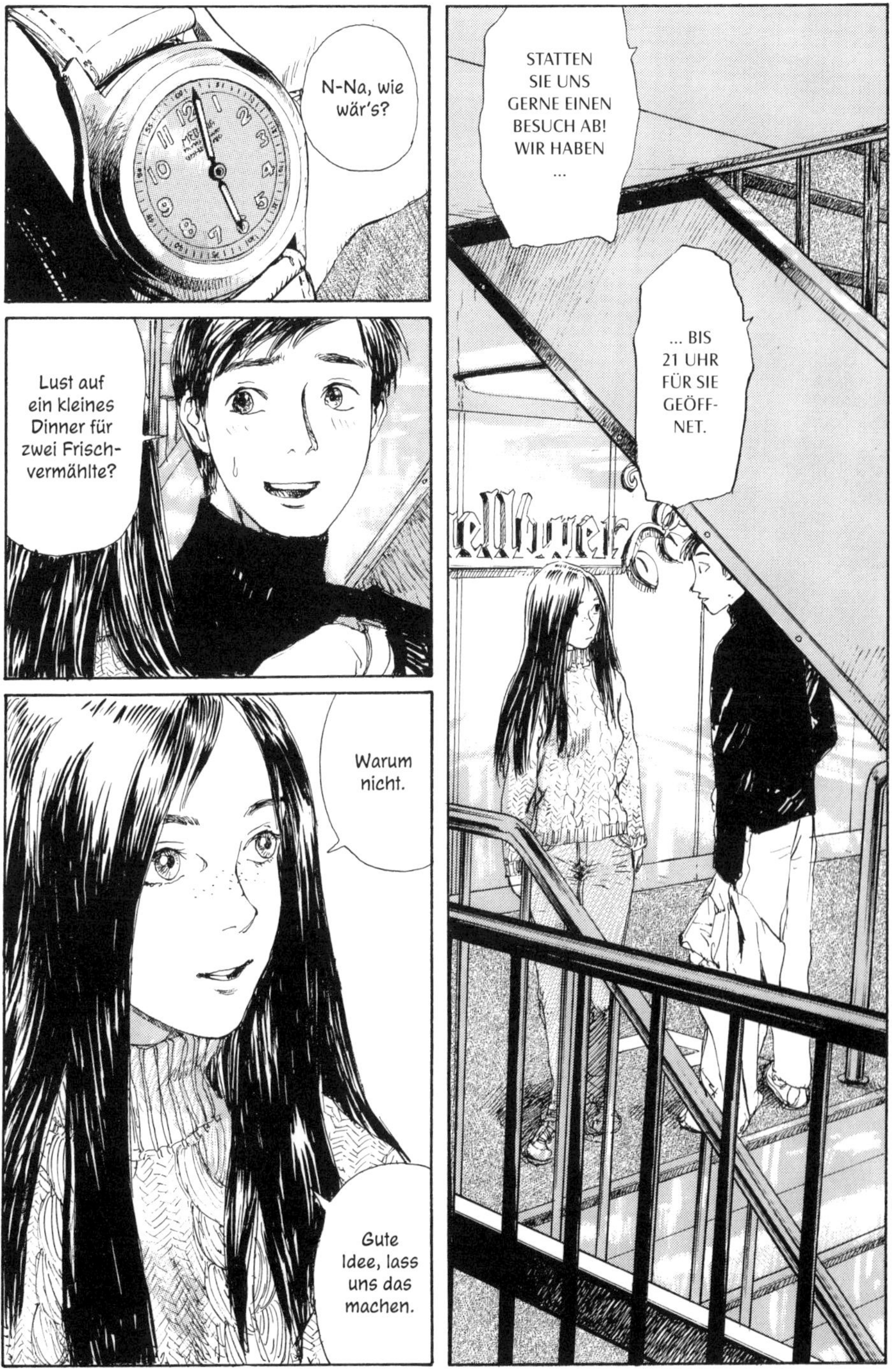
STATTEN SIE UNS GERNE EINEN BESUCH AB! WIR HABEN ...
... BIS 21 UHR FÜR SIE GEÖFF-NET.
N-Na, wie wär's?
Lust auf ein kleines Dinner für zwei Frisch-vermählte?
Warum nicht.
Gute Idee, lass uns das machen.

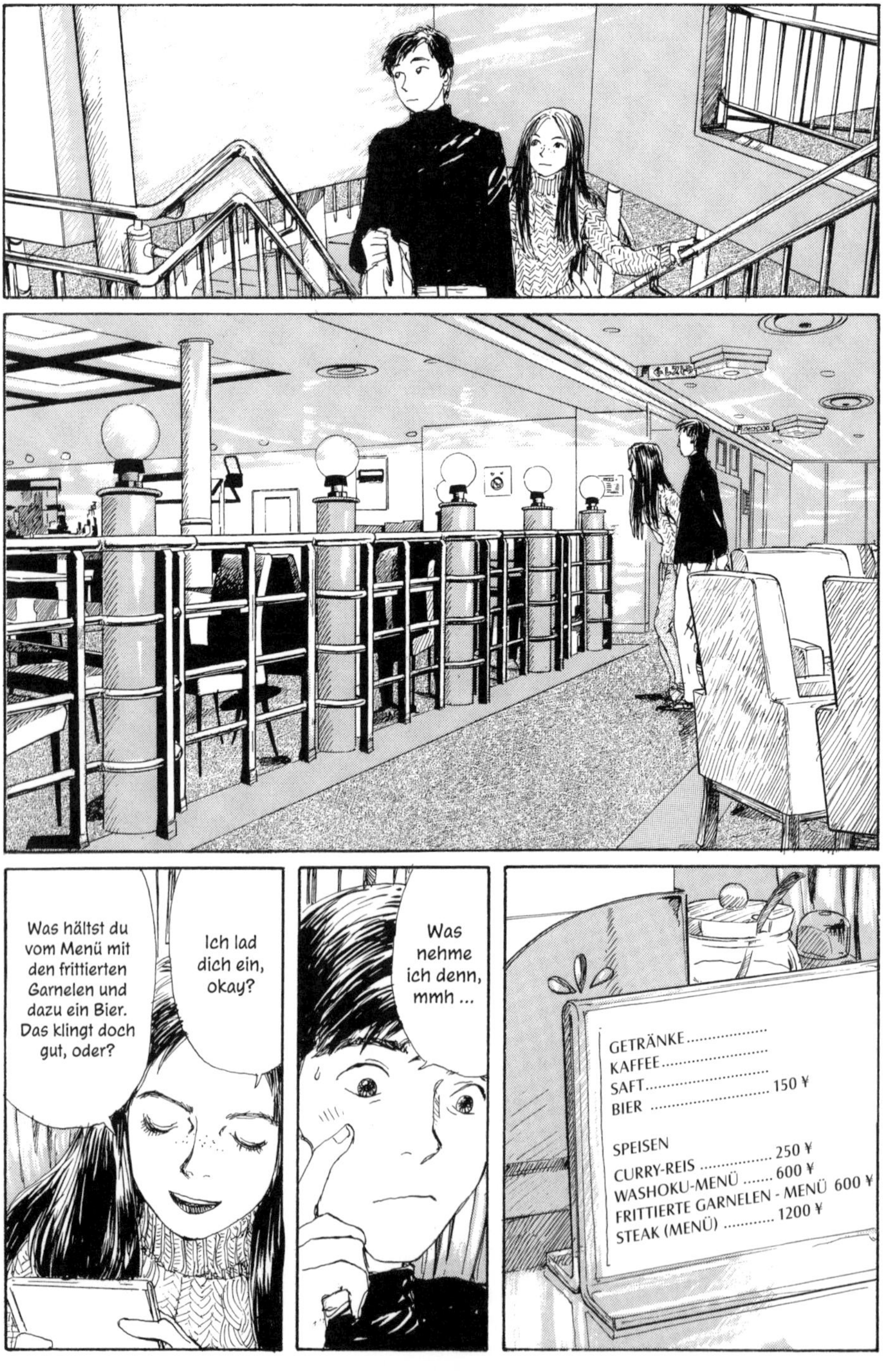
GETRÄNKE
KAFFEE
SAFT 150 ¥
BIER
SPEISEN
CURRY-REIS 250 ¥
WASHOKU-MENÜ 600 ¥
FRITTIERTE GARNELEN - MENÜ 600 ¥
STEAK (MENÜ) 1200 ¥
Was nehme ich denn, mmh ...
Was hältst du vom Menü mit den frittierten Garnelen und dazu ein Bier. Das klingt doch gut, oder?
Ich lad dich ein, okay?

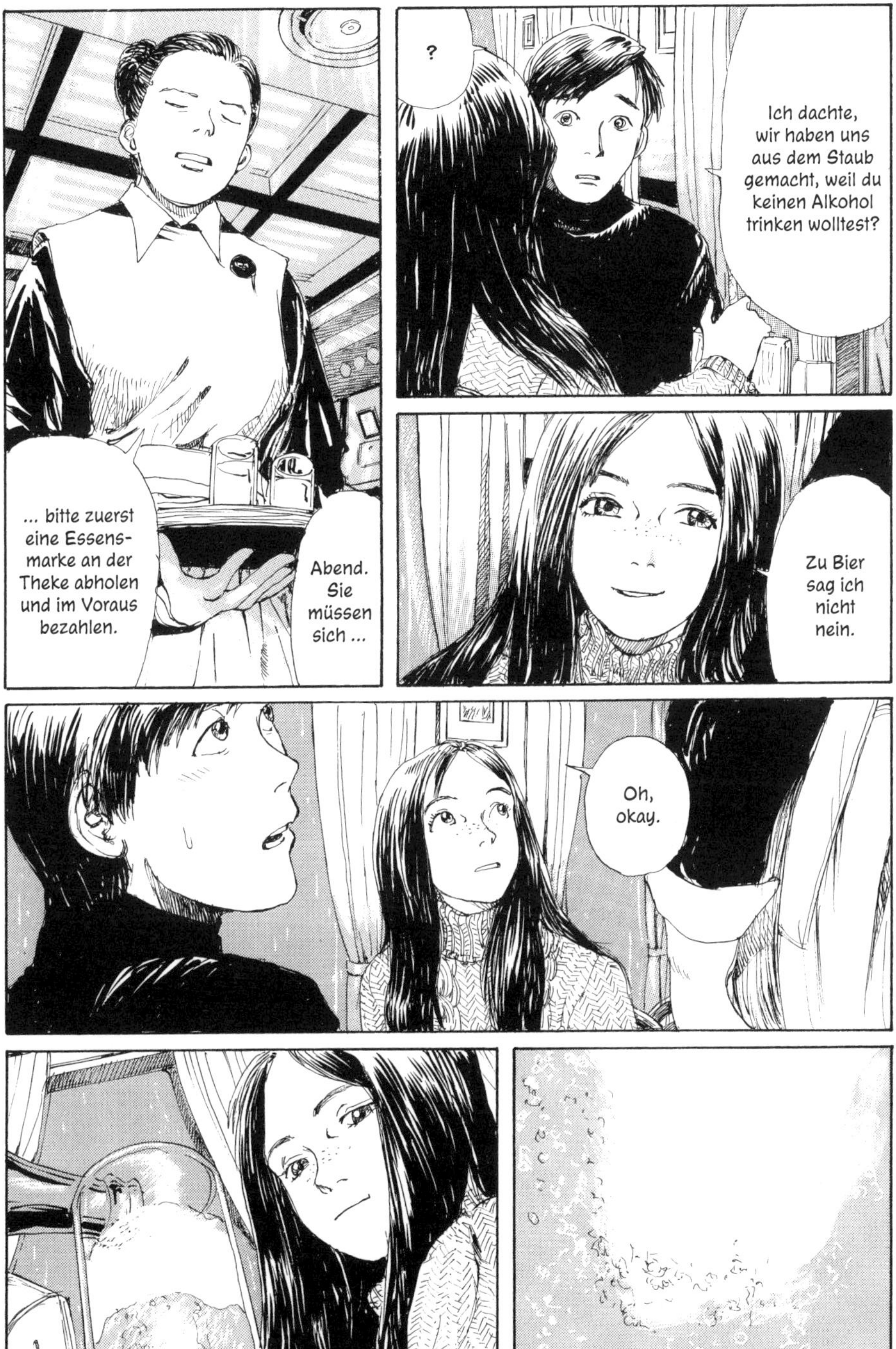
?
Ich dachte, wir haben uns aus dem Staub gemacht, weil du keinen Alkohol trinken wolltest?
Zu Bier sag ich nicht nein.
Abend. Sie müssen sich ...
... bitte zuerst eine Essens-marke an der Theke abholen und im Voraus bezahlen.
Oh, okay.

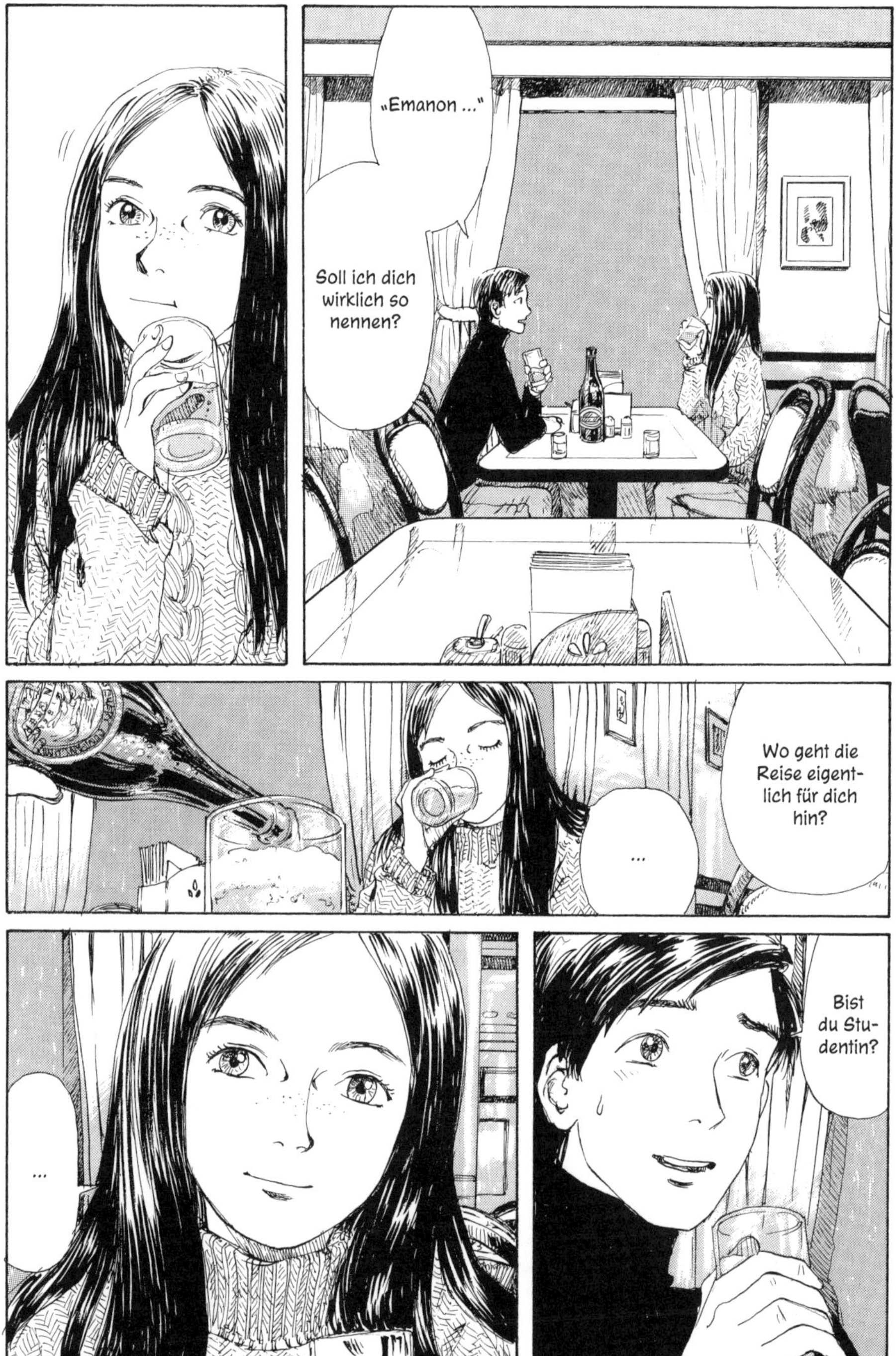

„Emanon ..."
Soll ich dich wirklich so nennen?
Wo geht die Reise eigentlich für dich hin?
...
Bist du Studentin?
...

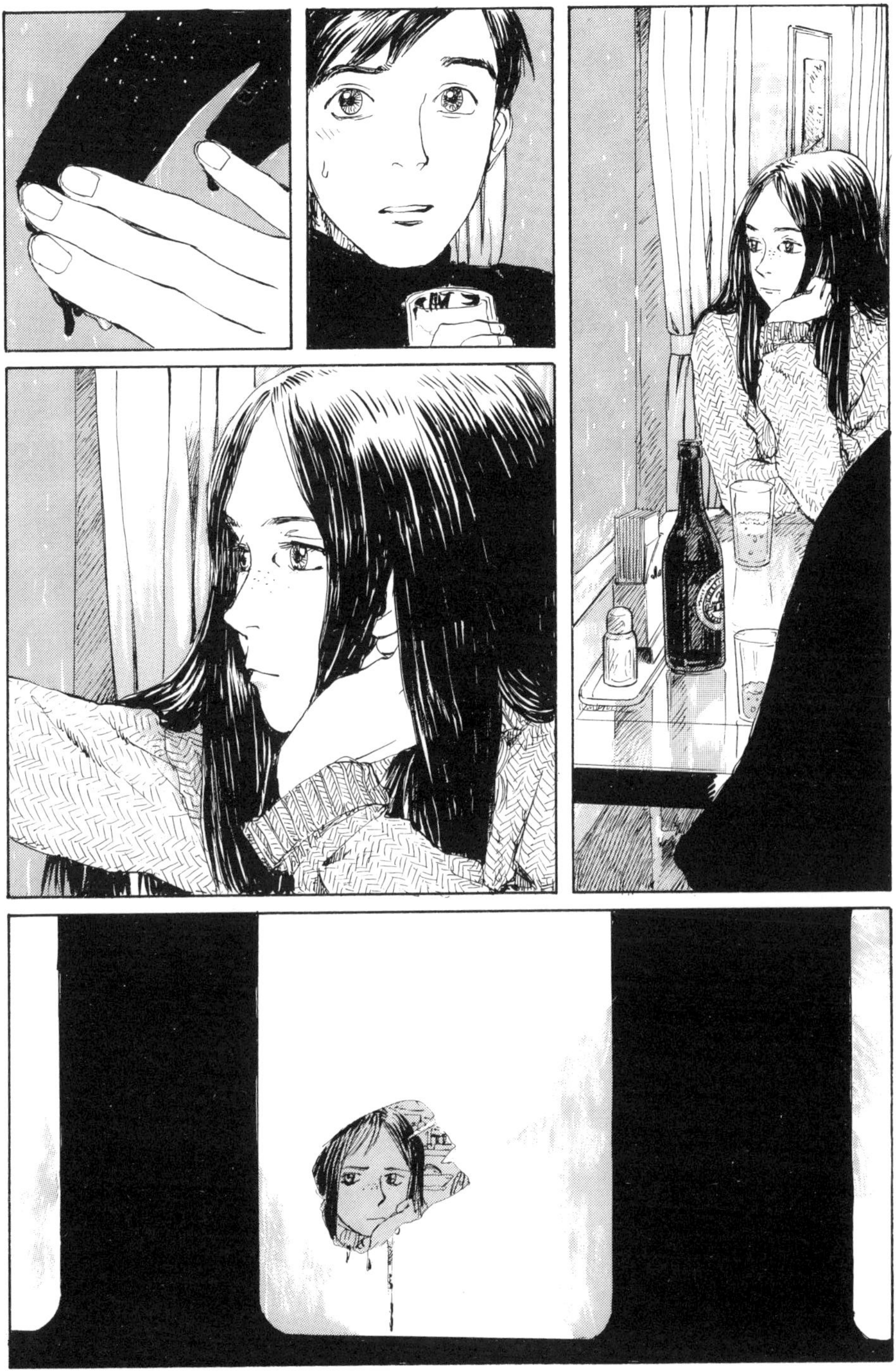

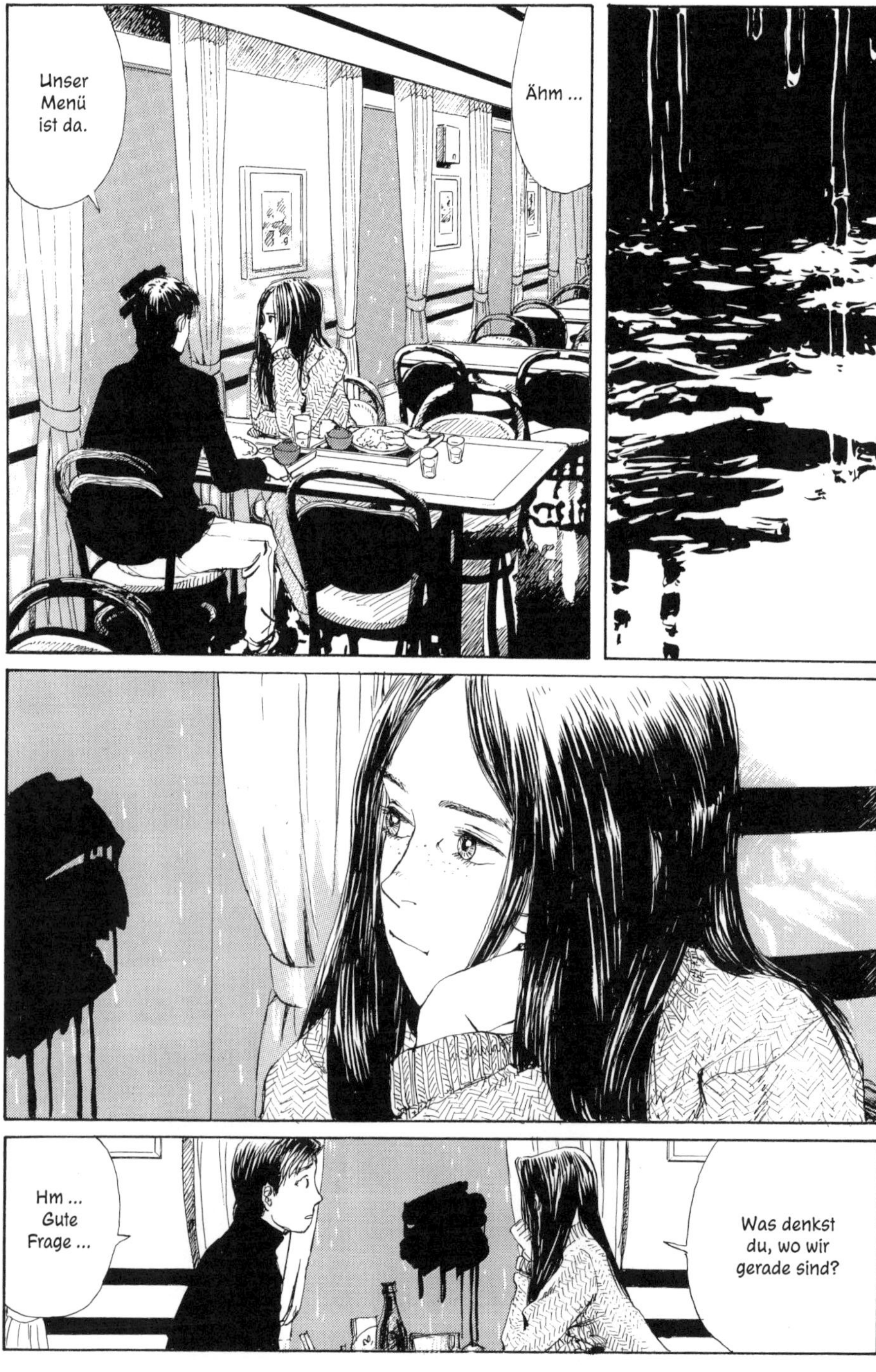
Ähm ...
Unser Menü ist da.
Was denkst du, wo wir gerade sind?
Hm ... Gute Frage ...

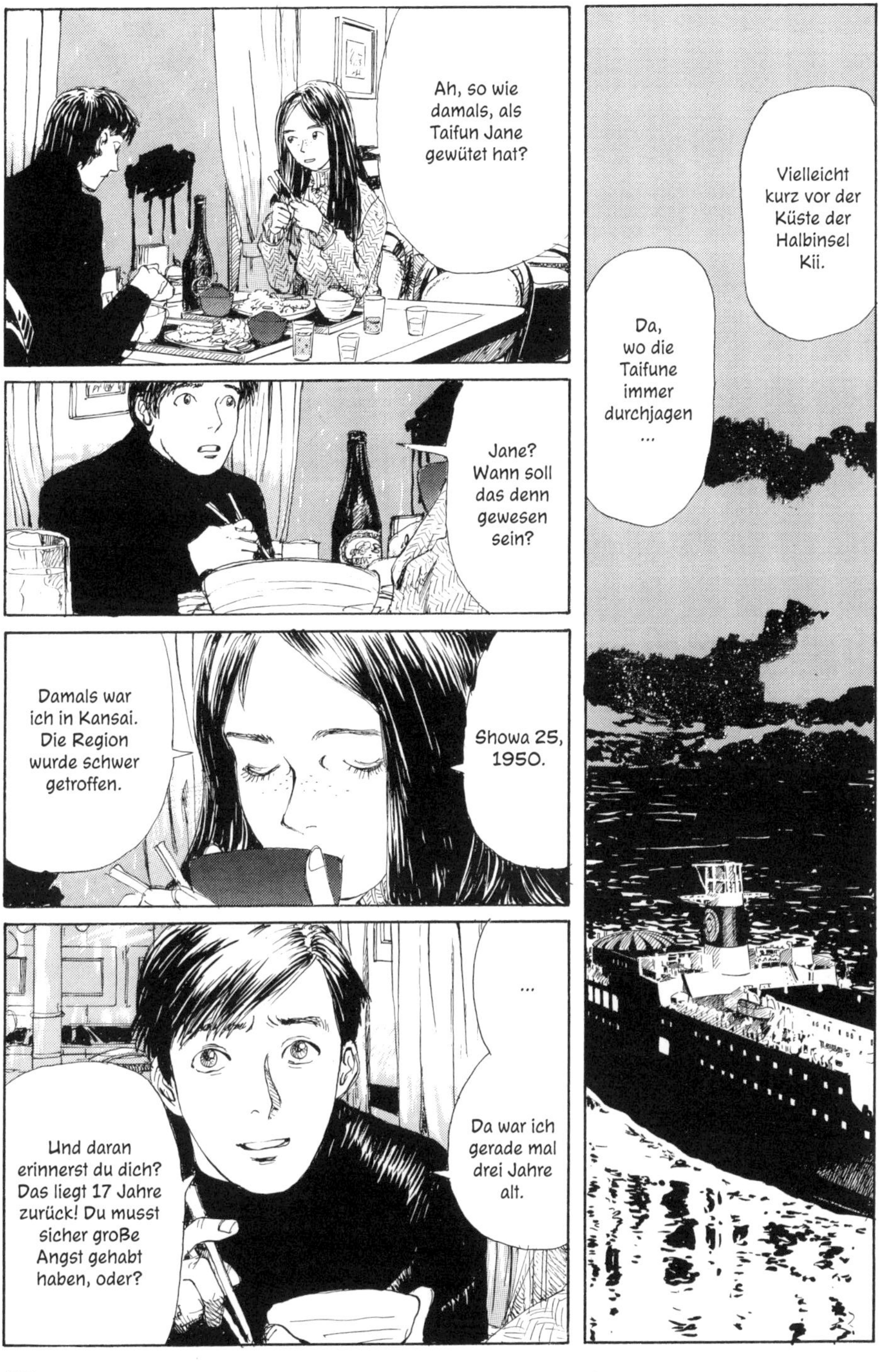
Vielleicht kurz vor der Küste der Halbinsel Kii.
Da, wo die Taifune immer durchjagen ...
Ah, so wie damals, als Taifun Jane gewütet hat?
Jane? Wann soll das denn gewesen sein?
Showa 25, 1950.
Damals war ich in Kansai. Die Region wurde schwer getroffen.
...
Da war ich gerade mal drei Jahre alt.
Und daran erinnerst du dich? Das liegt 17 Jahre zurück! Du musst sicher große Angst gehabt haben, oder?

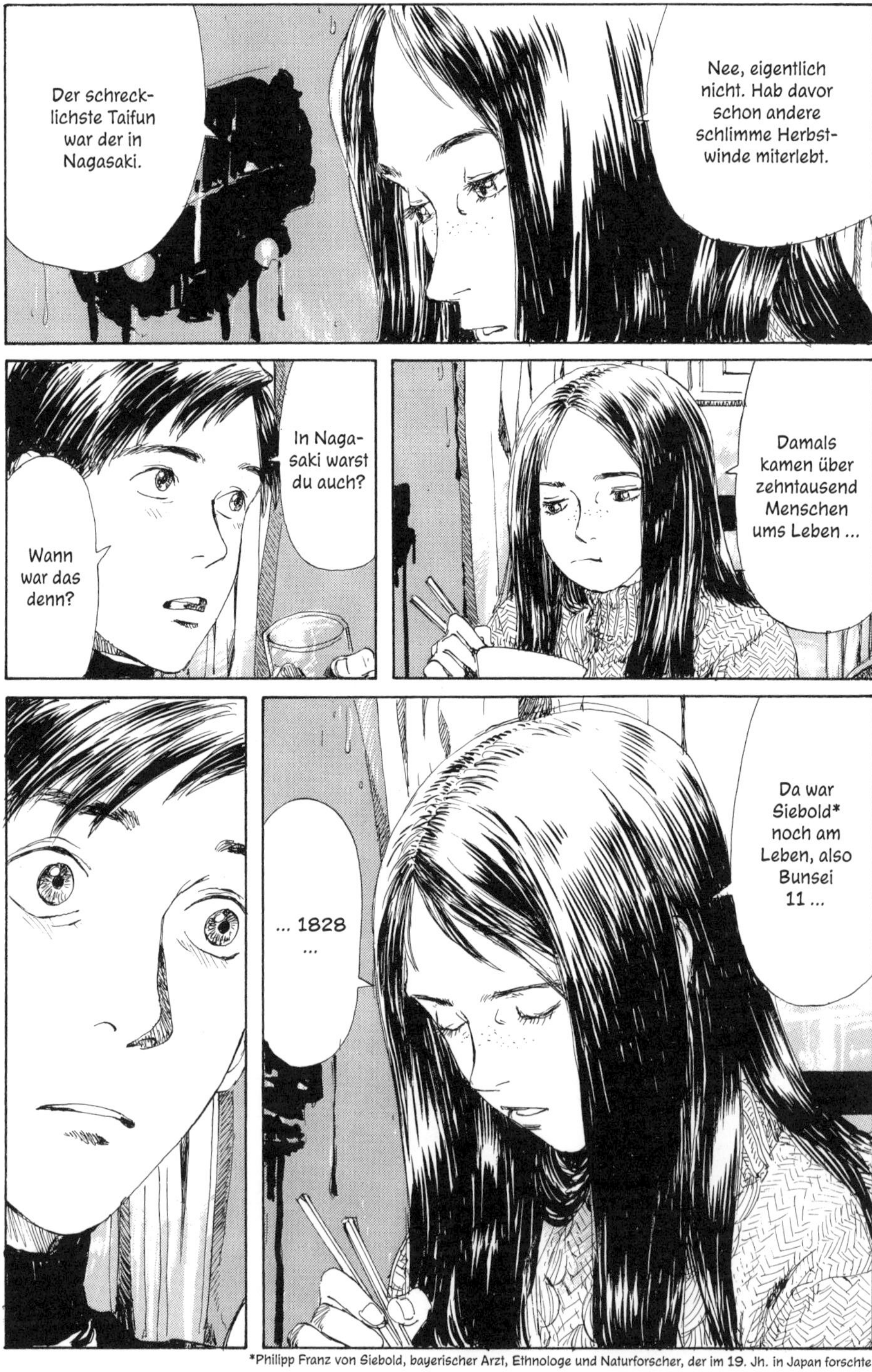

*Philipp Franz von Siebold, bayerischer Arzt, Ethnologe und Naturforscher, der im 19. Jh. in Japan forschte

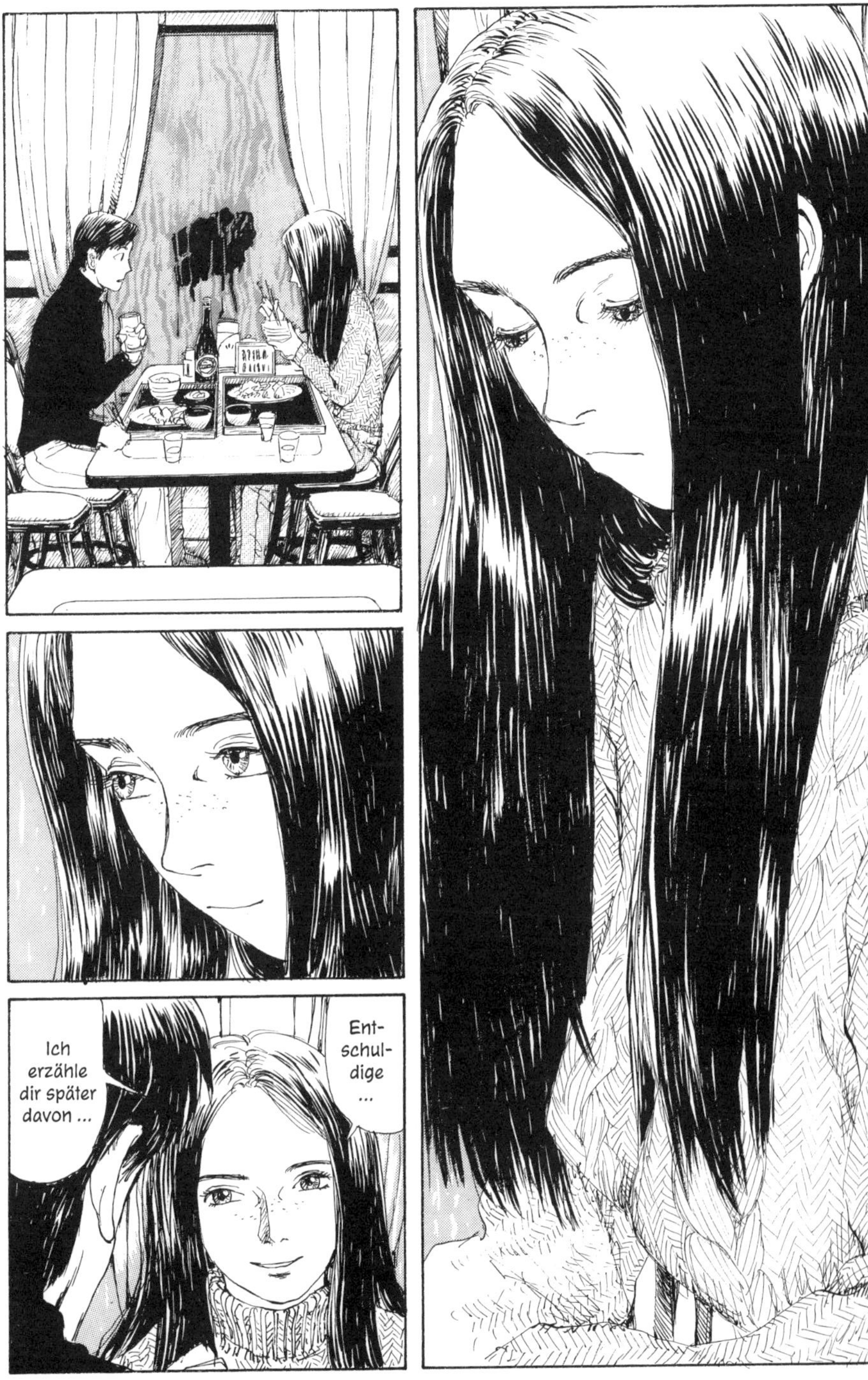
Ent-
schul-
dige
...
Ich
erzähle
dir später
davon ...

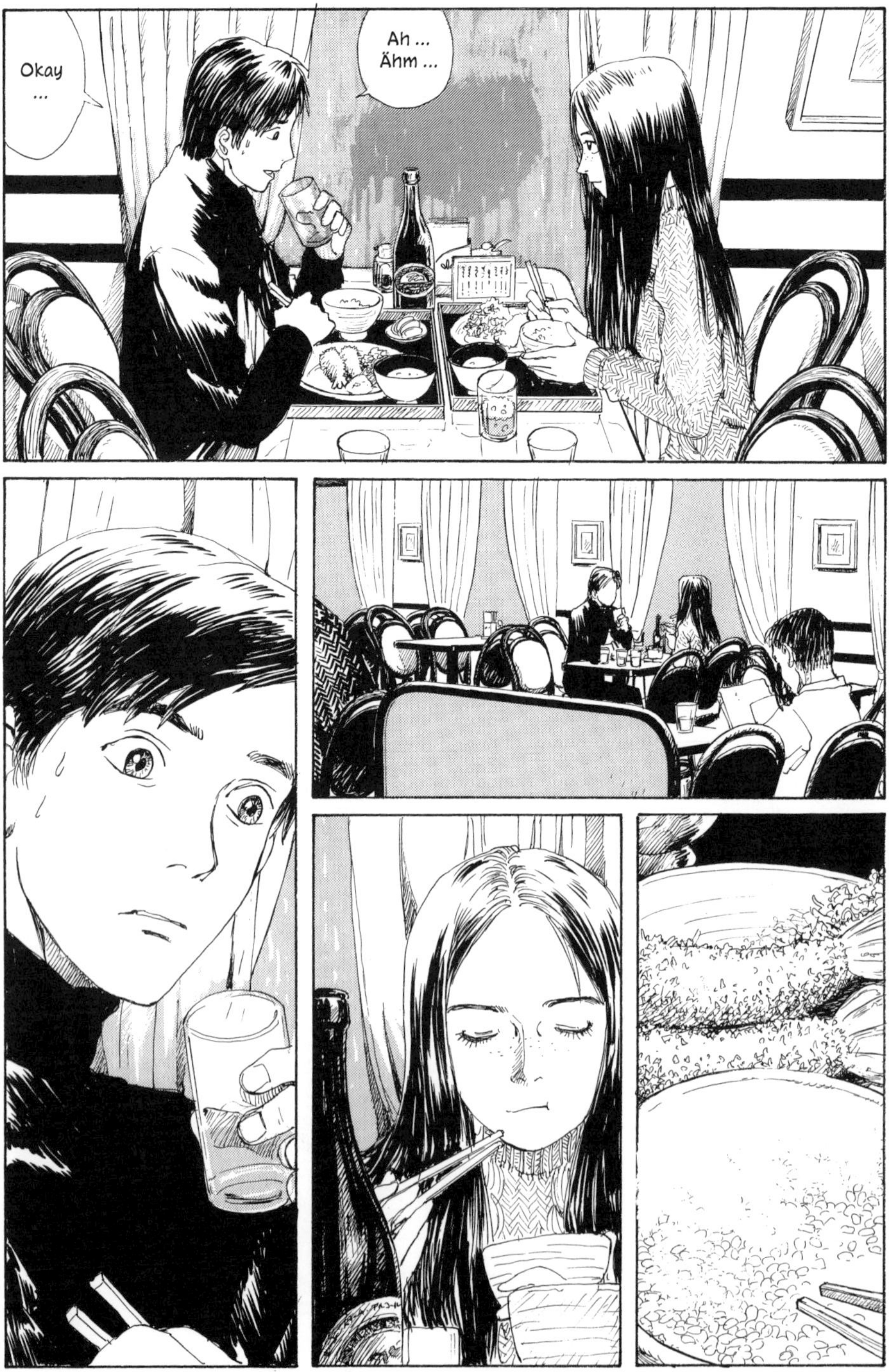
Ah ...
Ähm ...
Okay
...

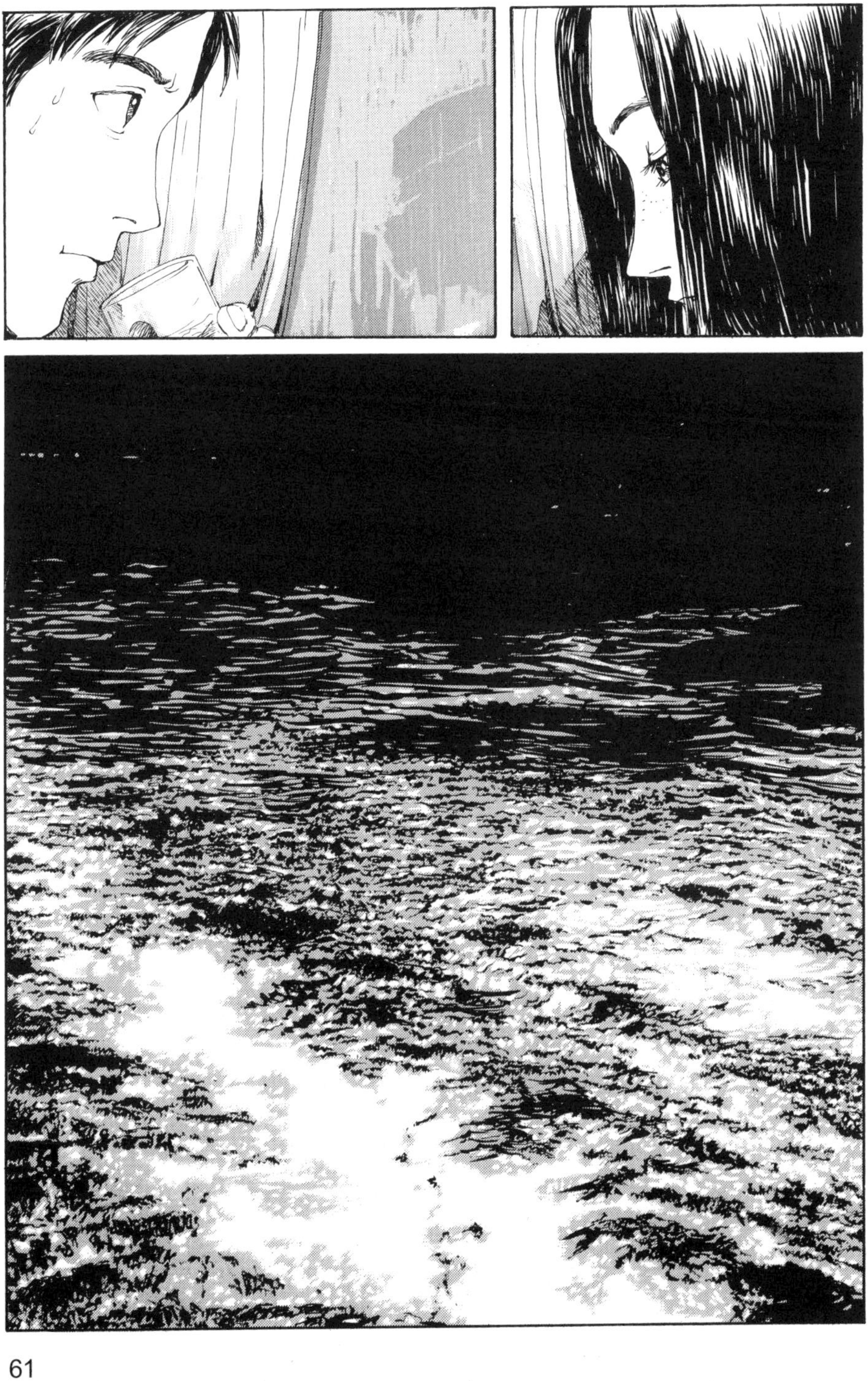

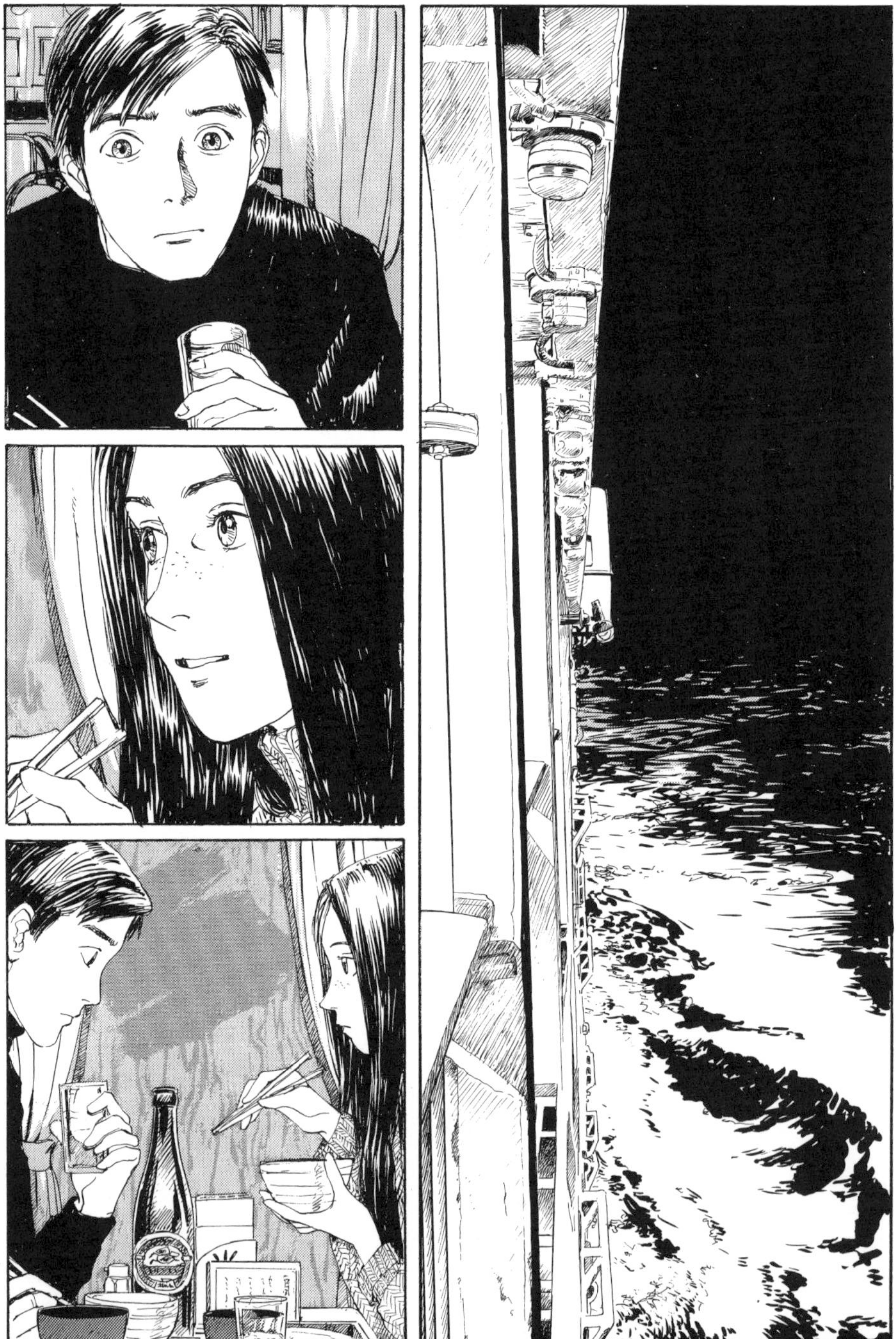

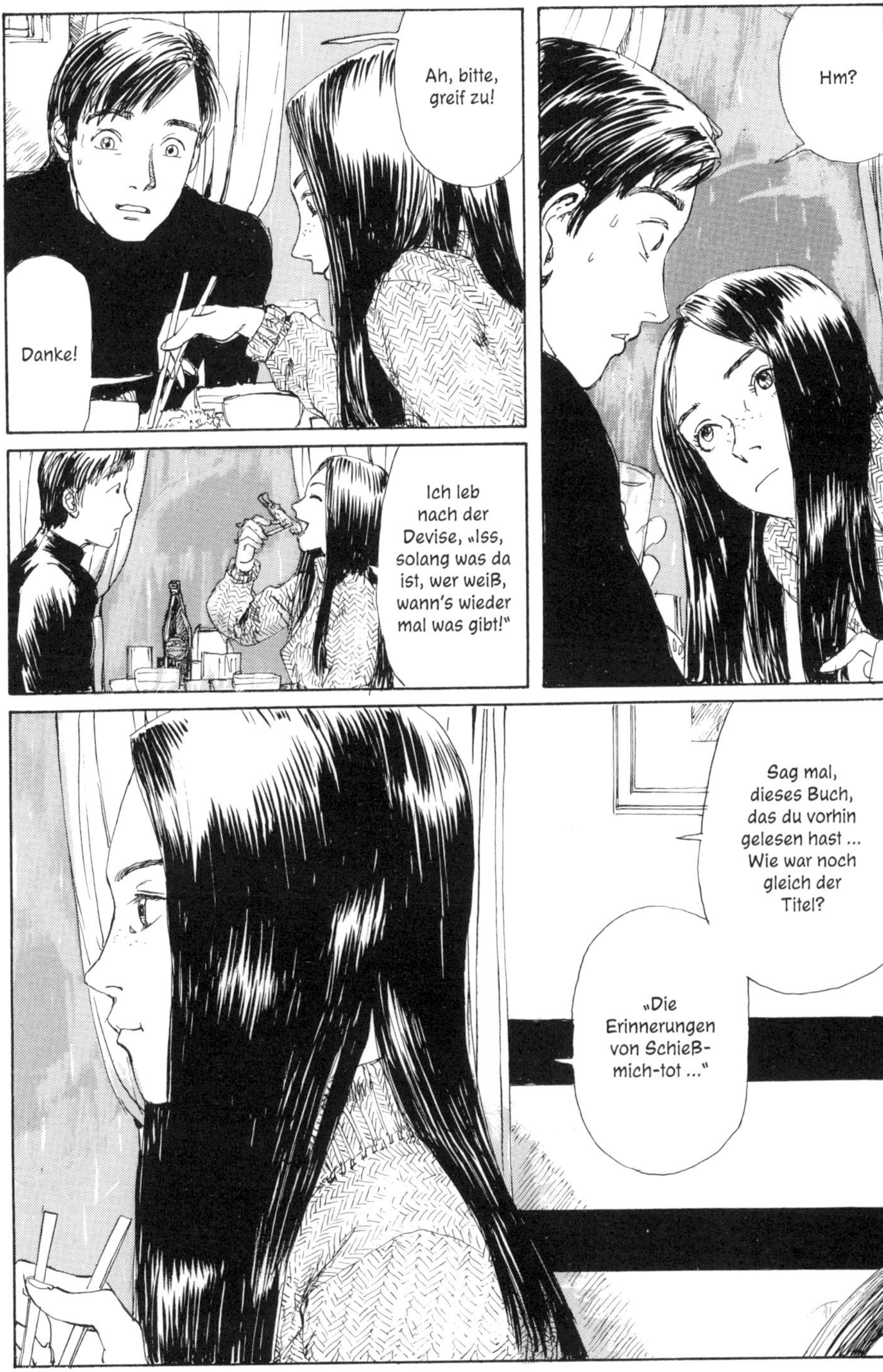
Ah, bitte, greif zu!
Danke!
Ich leb nach der Devise, „Iss, solang was da ist, wer weiß, wann's wieder mal was gibt!"
Hm?
Sag mal, dieses Buch, das du vorhin gelesen hast ... Wie war noch gleich der Titel?
„Die Erinnerungen von Schieß-mich-tot ..."

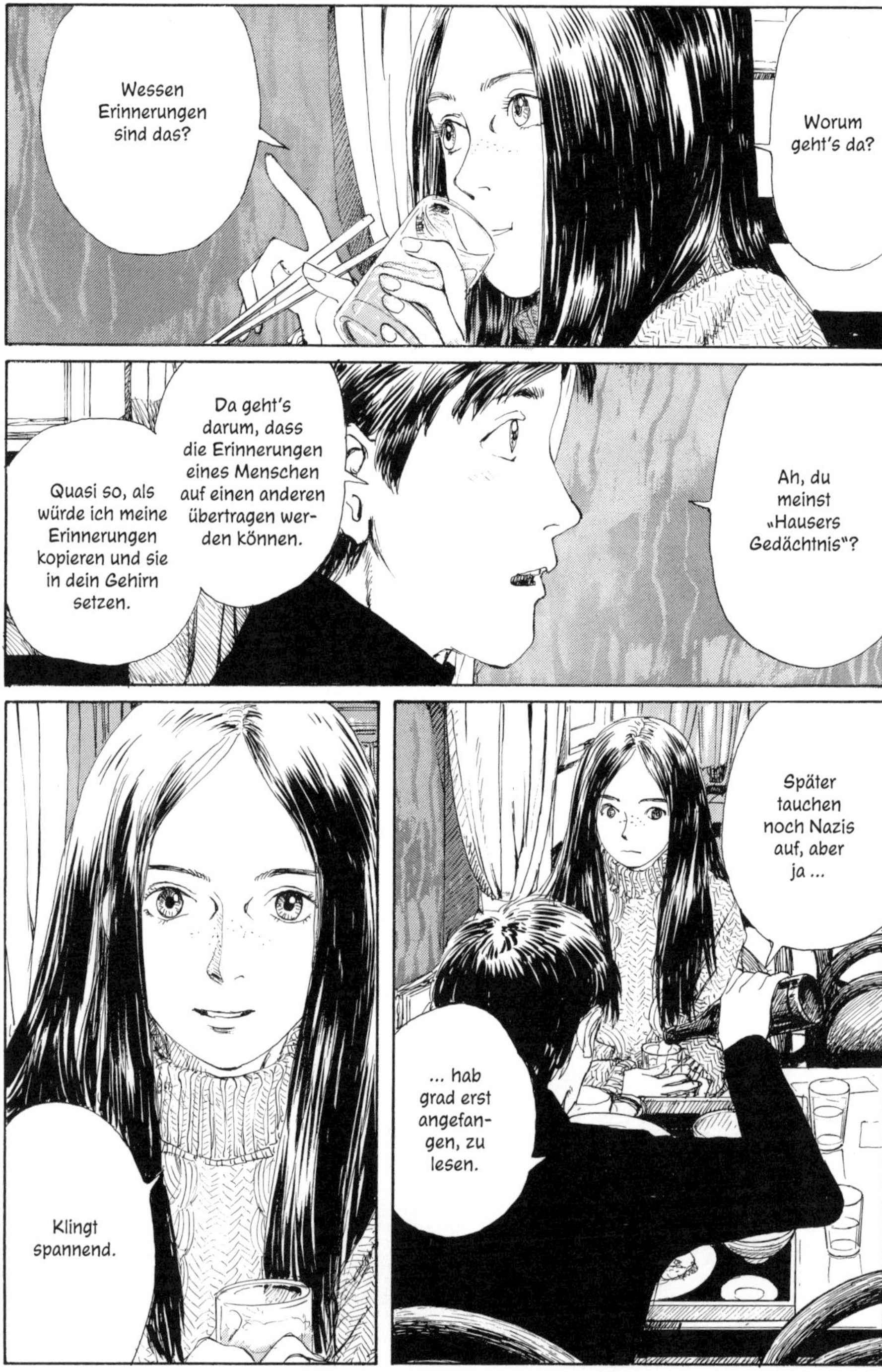
Worum geht's da?
Wessen Erinnerungen sind das?
Ah, du meinst „Hausers Gedächtnis"?
Da geht's darum, dass die Erinnerungen eines Menschen auf einen anderen übertragen werden können.
Quasi so, als würde ich meine Erinnerungen kopieren und sie in dein Gehirn setzen.
Später tauchen noch Nazis auf, aber ja ...
... hab grad erst angefangen, zu lesen.
Klingt spannend.

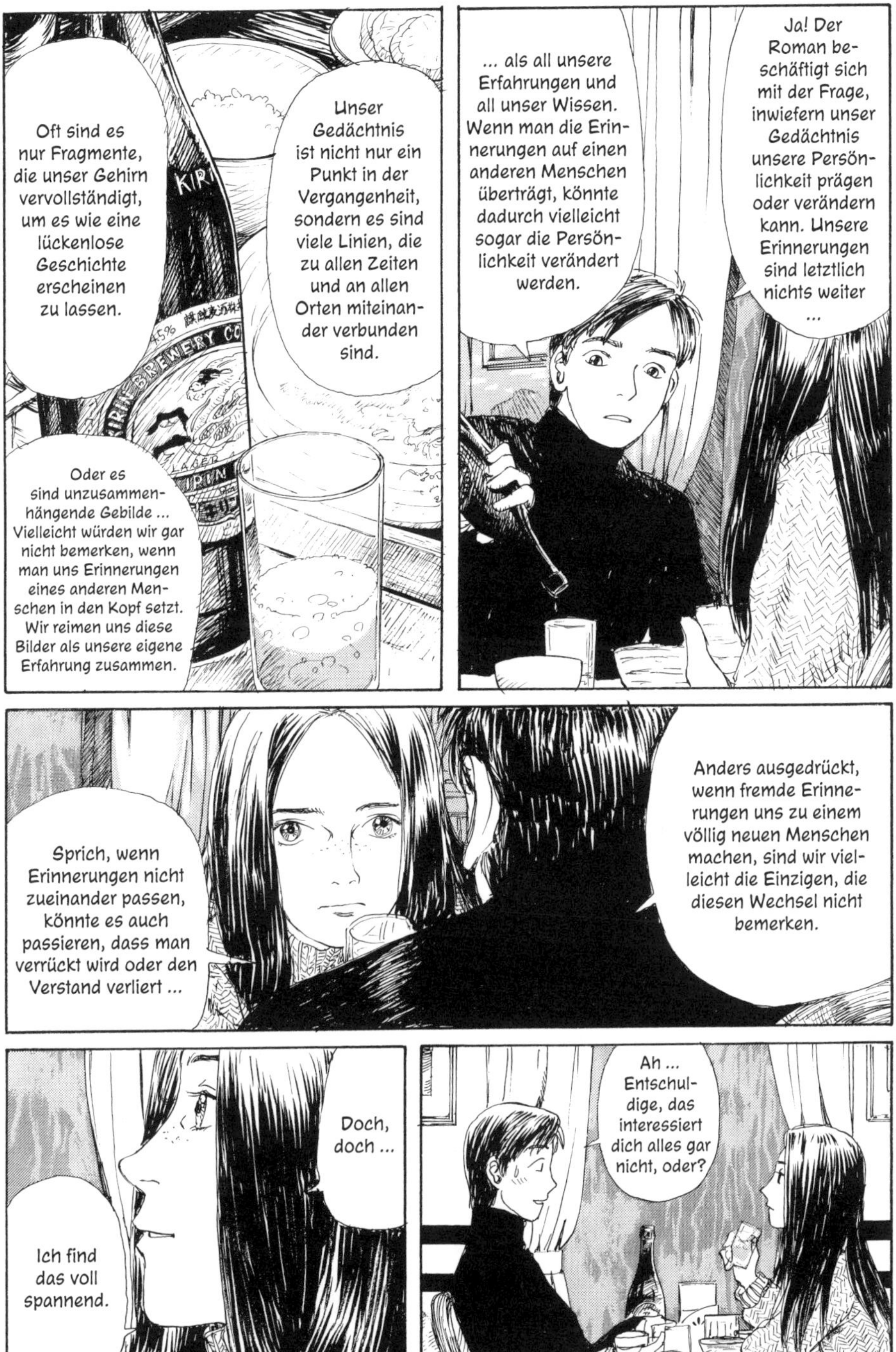

Ja! Der Roman beschäftigt sich mit der Frage, inwiefern unser Gedächtnis unsere Persönlichkeit prägen oder verändern kann. Unsere Erinnerungen sind letztlich nichts weiter ...
... als all unsere Erfahrungen und all unser Wissen. Wenn man die Erinnerungen auf einen anderen Menschen überträgt, könnte dadurch vielleicht sogar die Persönlichkeit verändert werden.
Unser Gedächtnis ist nicht nur ein Punkt in der Vergangenheit, sondern es sind viele Linien, die zu allen Zeiten und an allen Orten miteinander verbunden sind.
Oft sind es nur Fragmente, die unser Gehirn vervollständigt, um es wie eine lückenlose Geschichte erscheinen zu lassen.
Oder es sind unzusammenhängende Gebilde ... Vielleicht würden wir gar nicht bemerken, wenn man uns Erinnerungen eines anderen Menschen in den Kopf setzt. Wir reimen uns diese Bilder als unsere eigene Erfahrung zusammen.
Anders ausgedrückt, wenn fremde Erinnerungen uns zu einem völlig neuen Menschen machen, sind wir vielleicht die Einzigen, die diesen Wechsel nicht bemerken.
Sprich, wenn Erinnerungen nicht zueinander passen, könnte es auch passieren, dass man verrückt wird oder den Verstand verliert ...
Ah ... Entschuldige, das interessiert dich alles gar nicht, oder?
Doch, doch ...
Ich find das voll spannend.

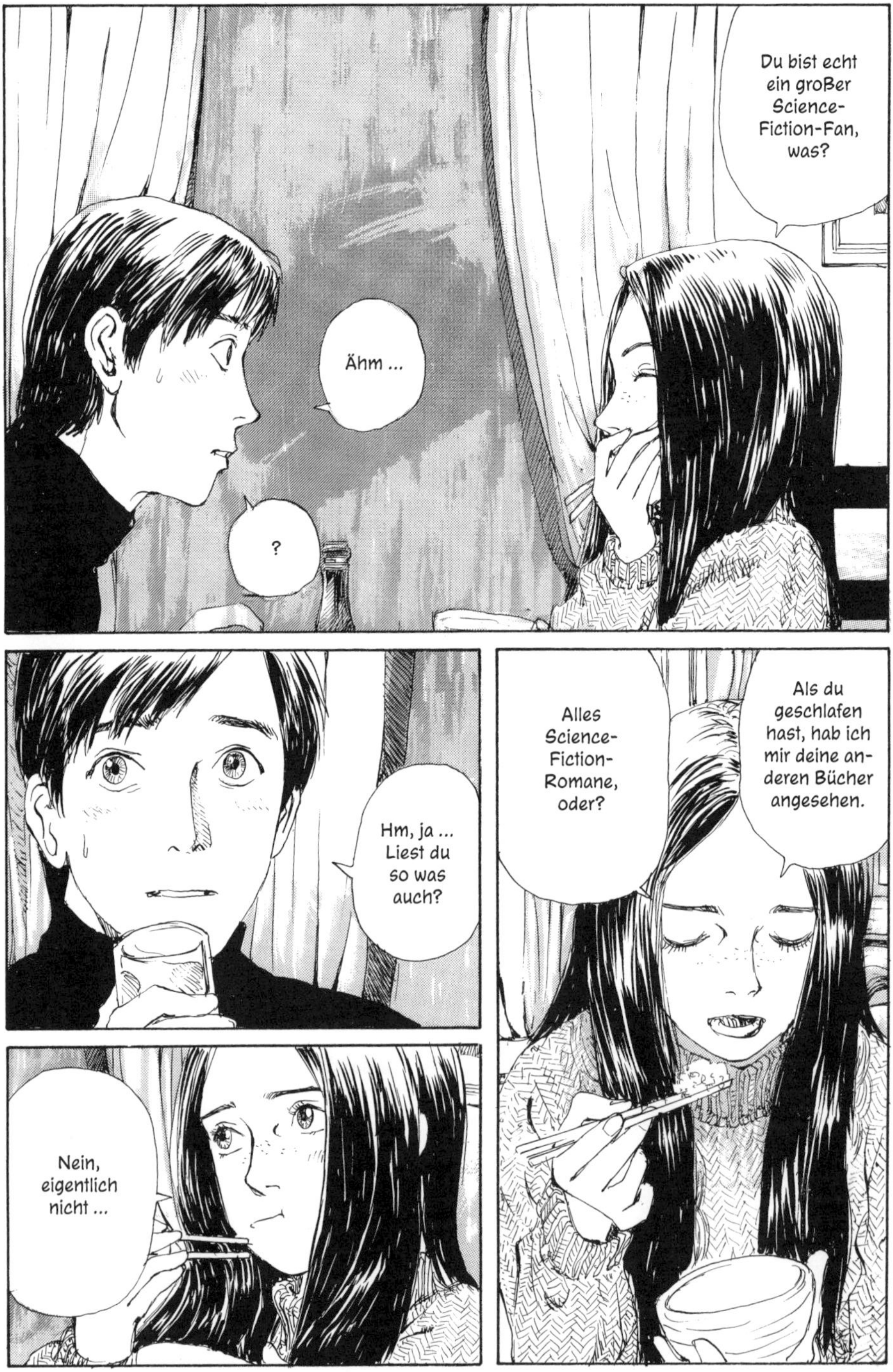
Du bist echt ein großer Science-Fiction-Fan, was?
Ähm ...
?
Als du geschlafen hast, hab ich mir deine anderen Bücher angesehen.
Alles Science-Fiction-Romane, oder?
Hm, ja ... Liest du so was auch?
Nein, eigentlich nicht ...

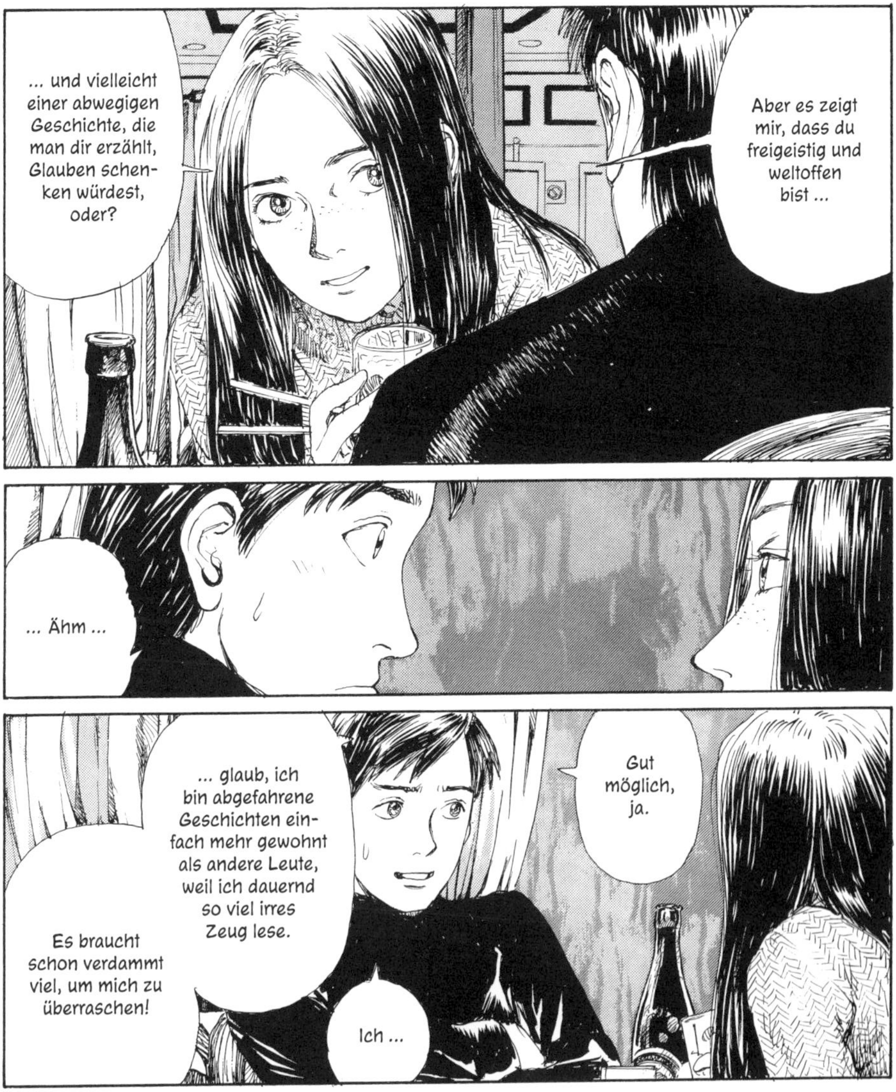
Aber es zeigt mir, dass du freigeistig und weltoffen bist ...
... und vielleicht einer abwegigen Geschichte, die man dir erzählt, Glauben schenken würdest, oder?
... Ähm ...
Gut möglich, ja.
Ich ...
... glaub, ich bin abgefahrene Geschichten einfach mehr gewohnt als andere Leute, weil ich dauernd so viel irres Zeug lese.
Es braucht schon verdammt viel, um mich zu überraschen!
Ach ja? Und was war das dann vorhin?

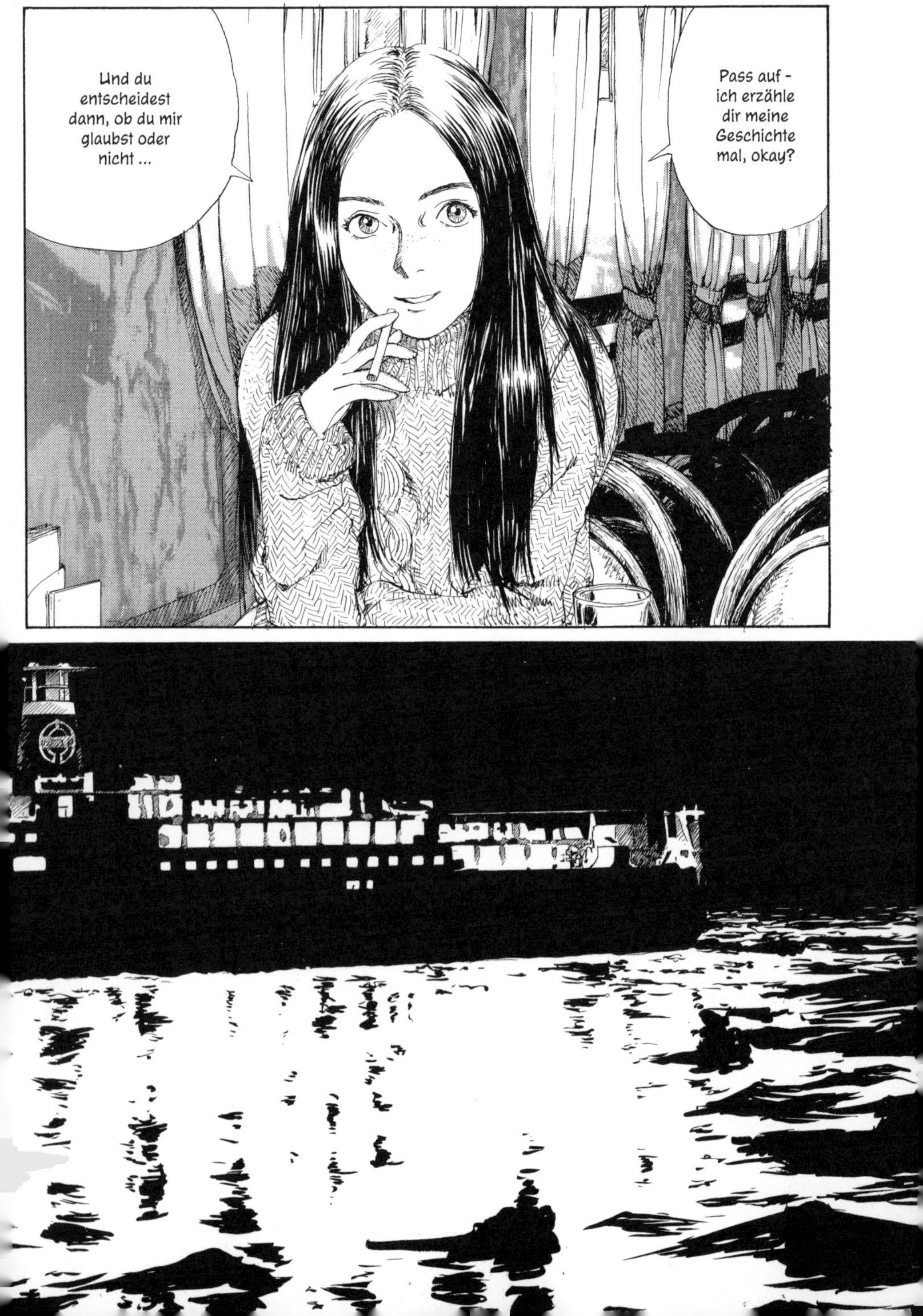
Pass auf - ich erzähle dir meine Geschichte mal, okay?
Und du entscheidest dann, ob du mir glaubst oder nicht ...

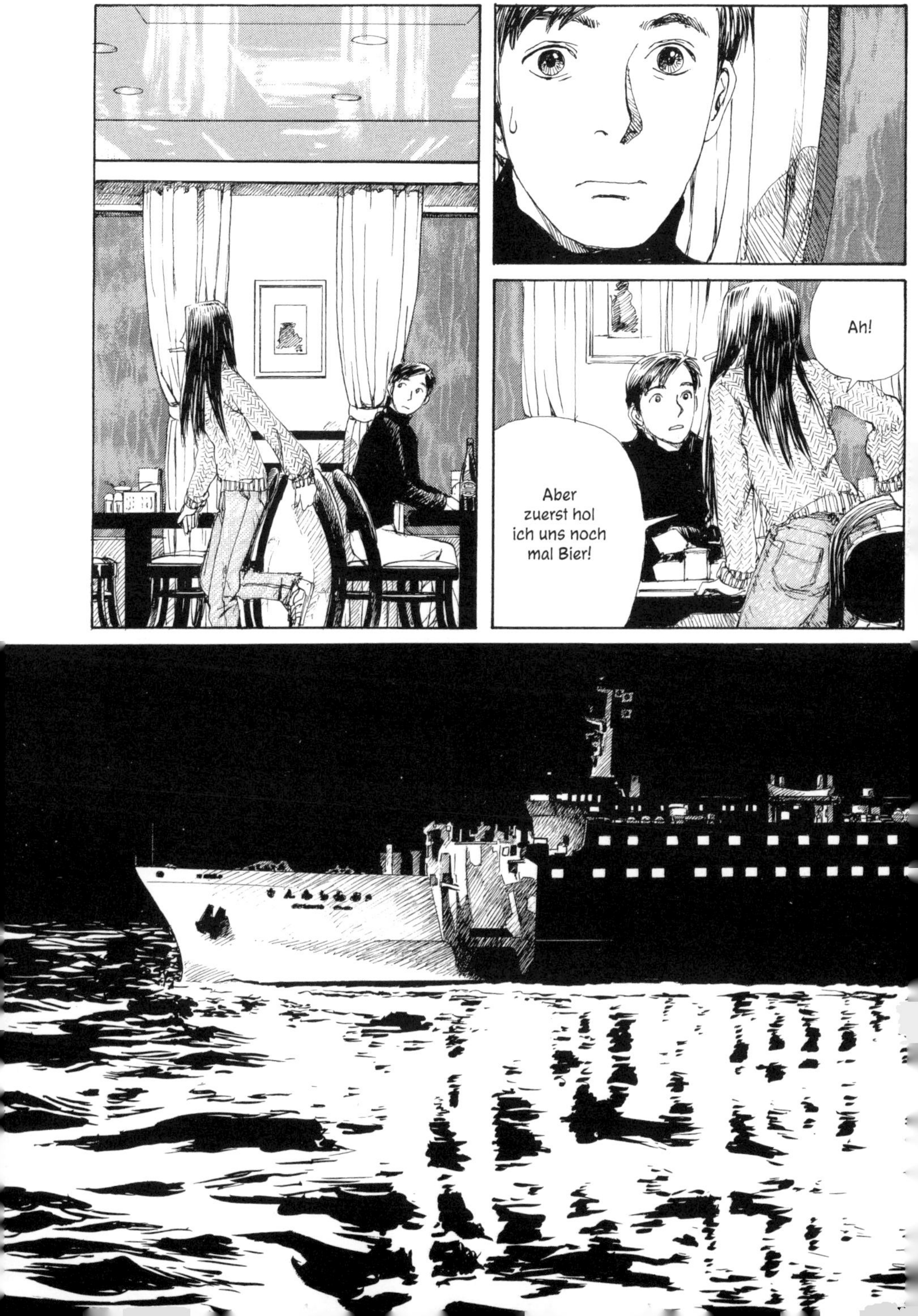
Ah!
Aber zuerst hol ich uns noch mal Bier!

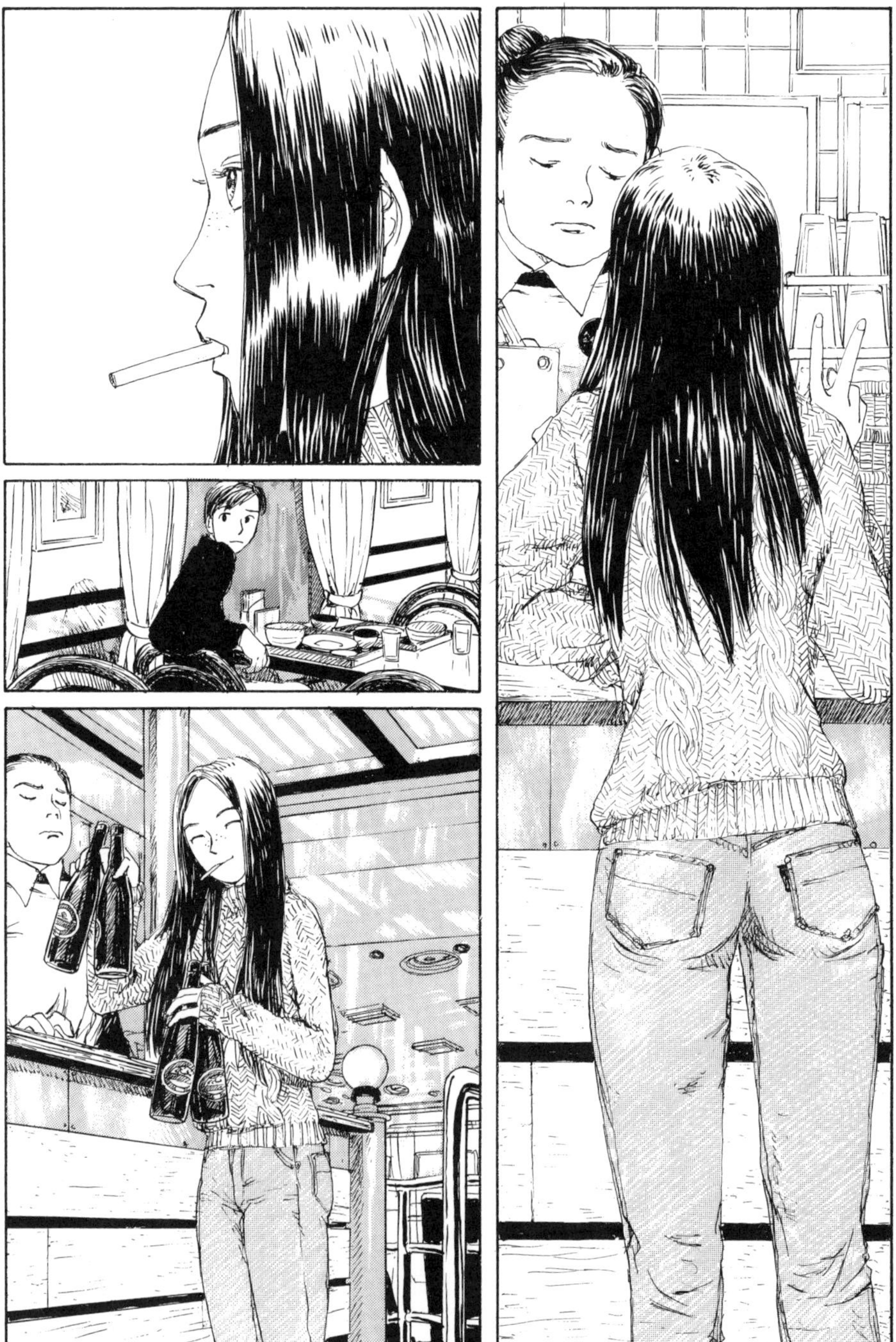

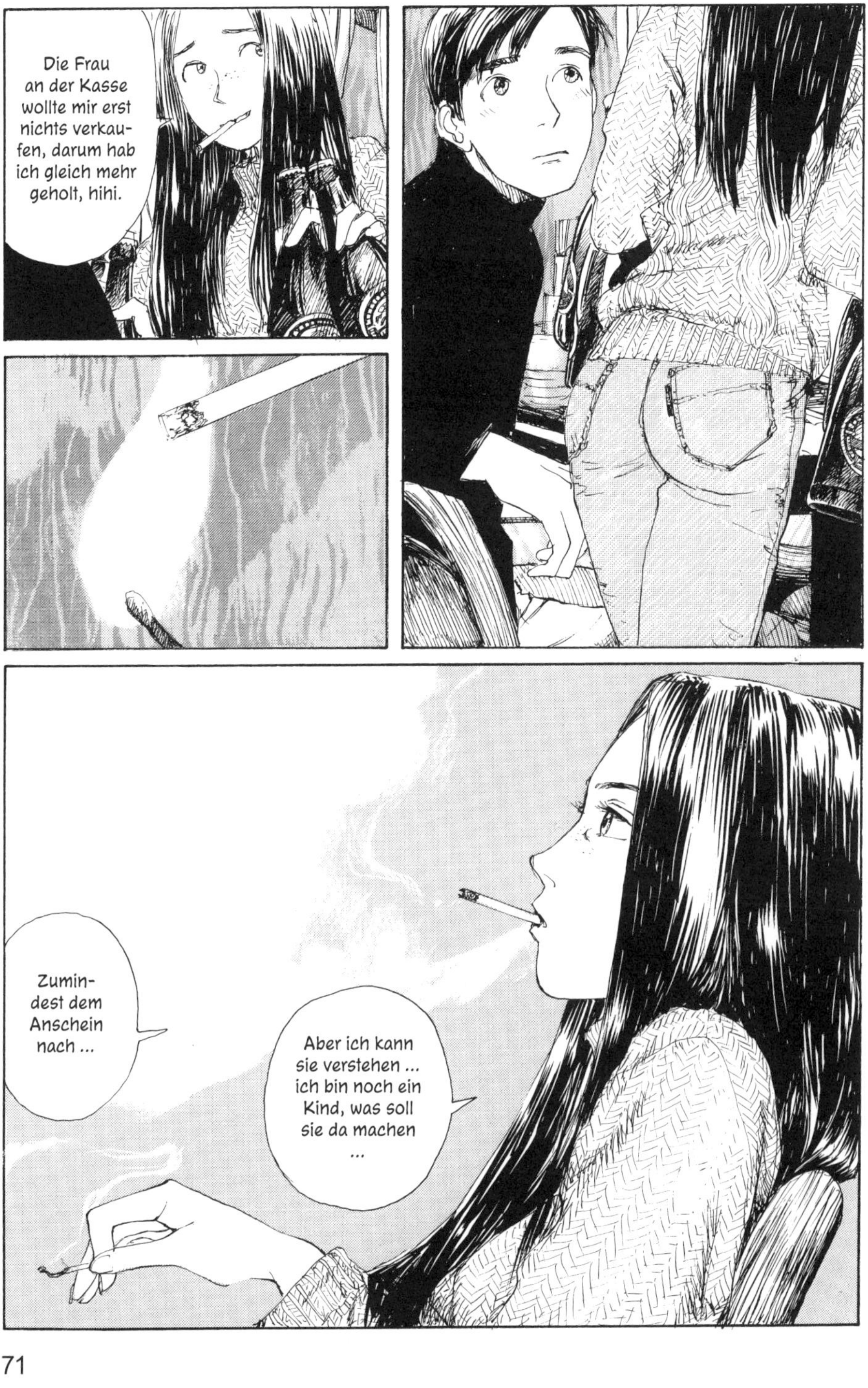

Die Frau an der Kasse wollte mir erst nichts verkau-fen, darum hab ich gleich mehr geholt, hihi.
Aber ich kann sie verstehen ... ich bin noch ein Kind, was soll sie da machen ...
Zumin-dest dem Anschein nach ...

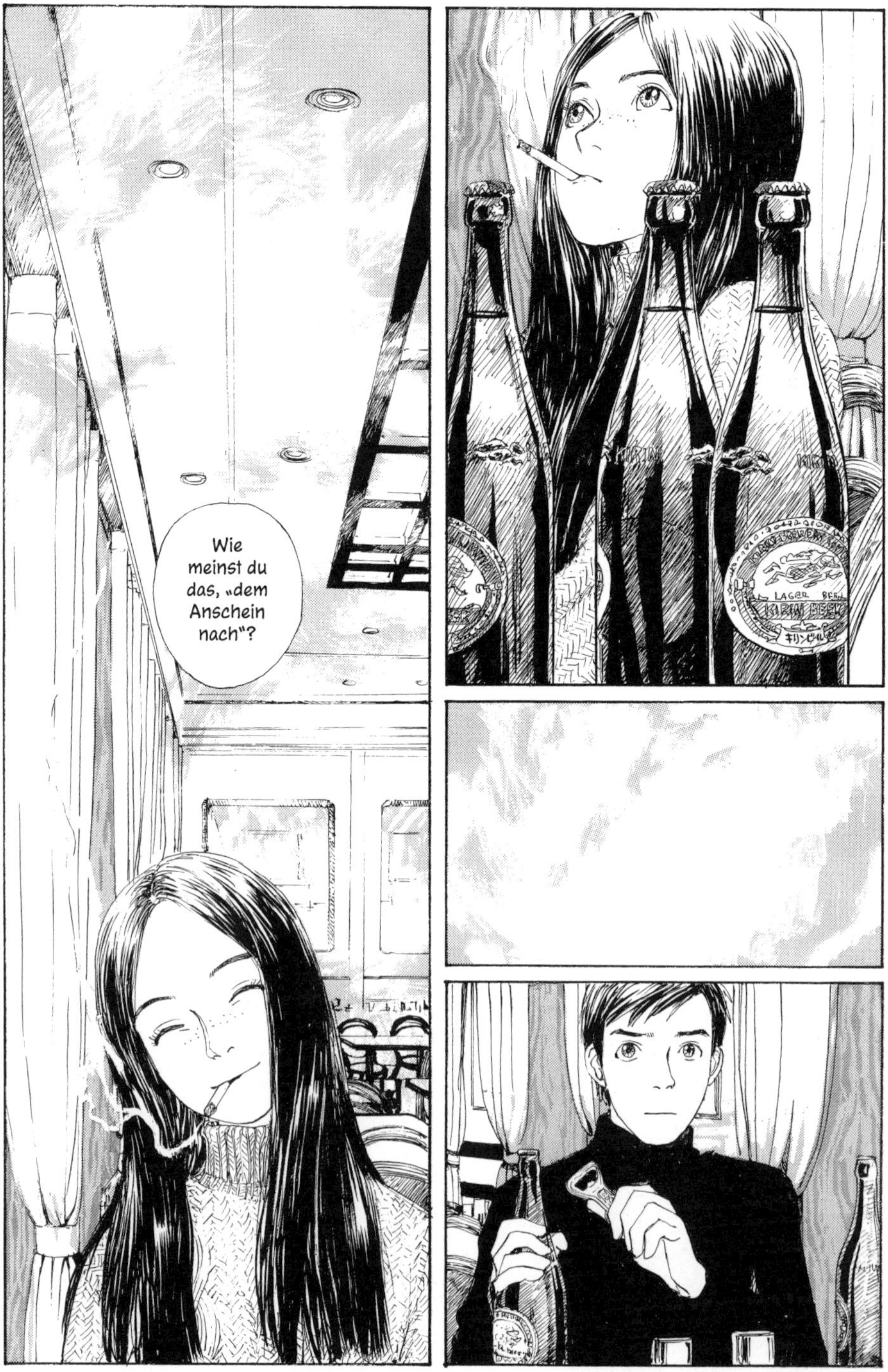
Wie meinst du das, „dem Anschein nach"?

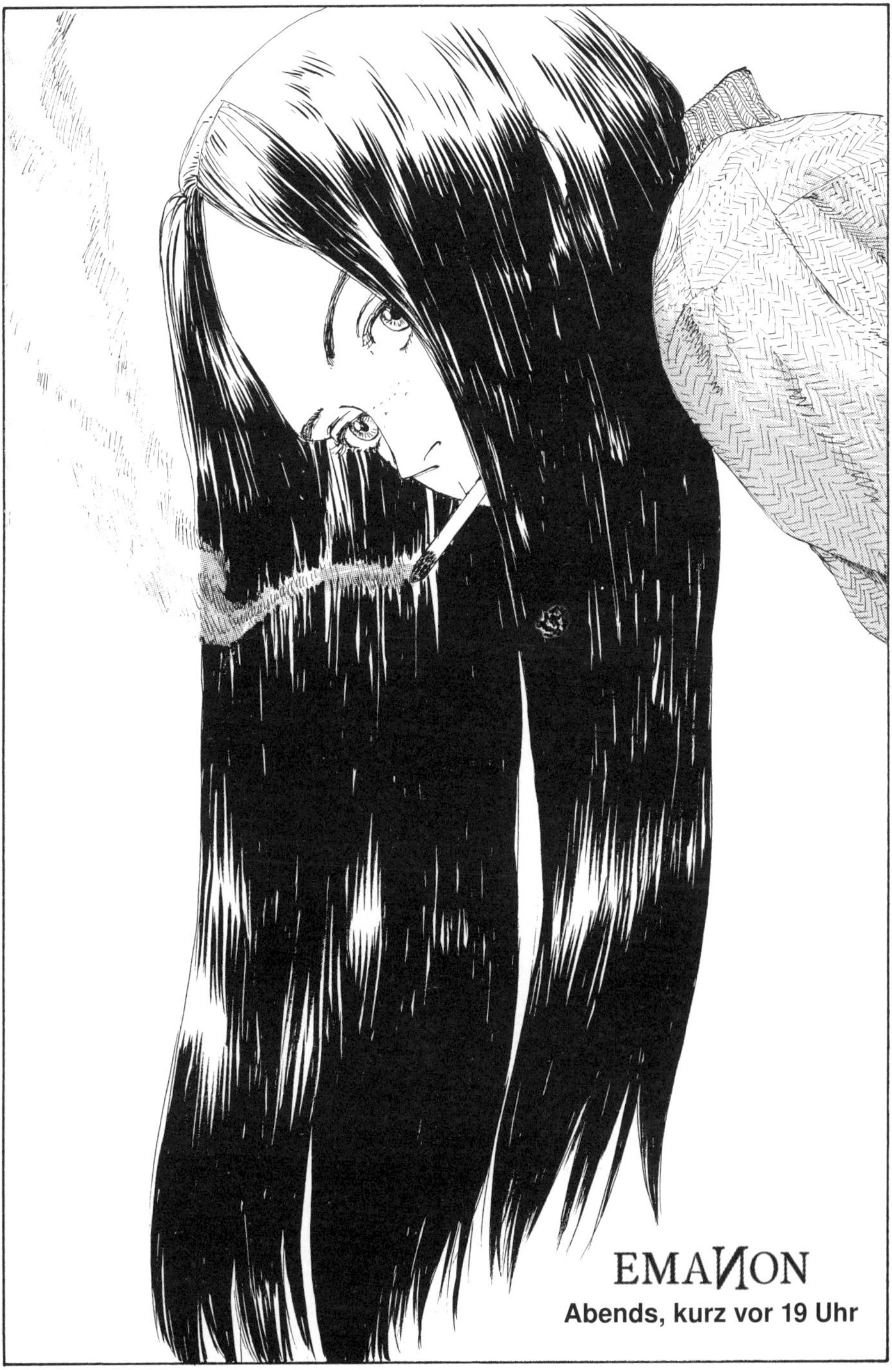
EMAИON
Abends, kurz vor 19 Uhr

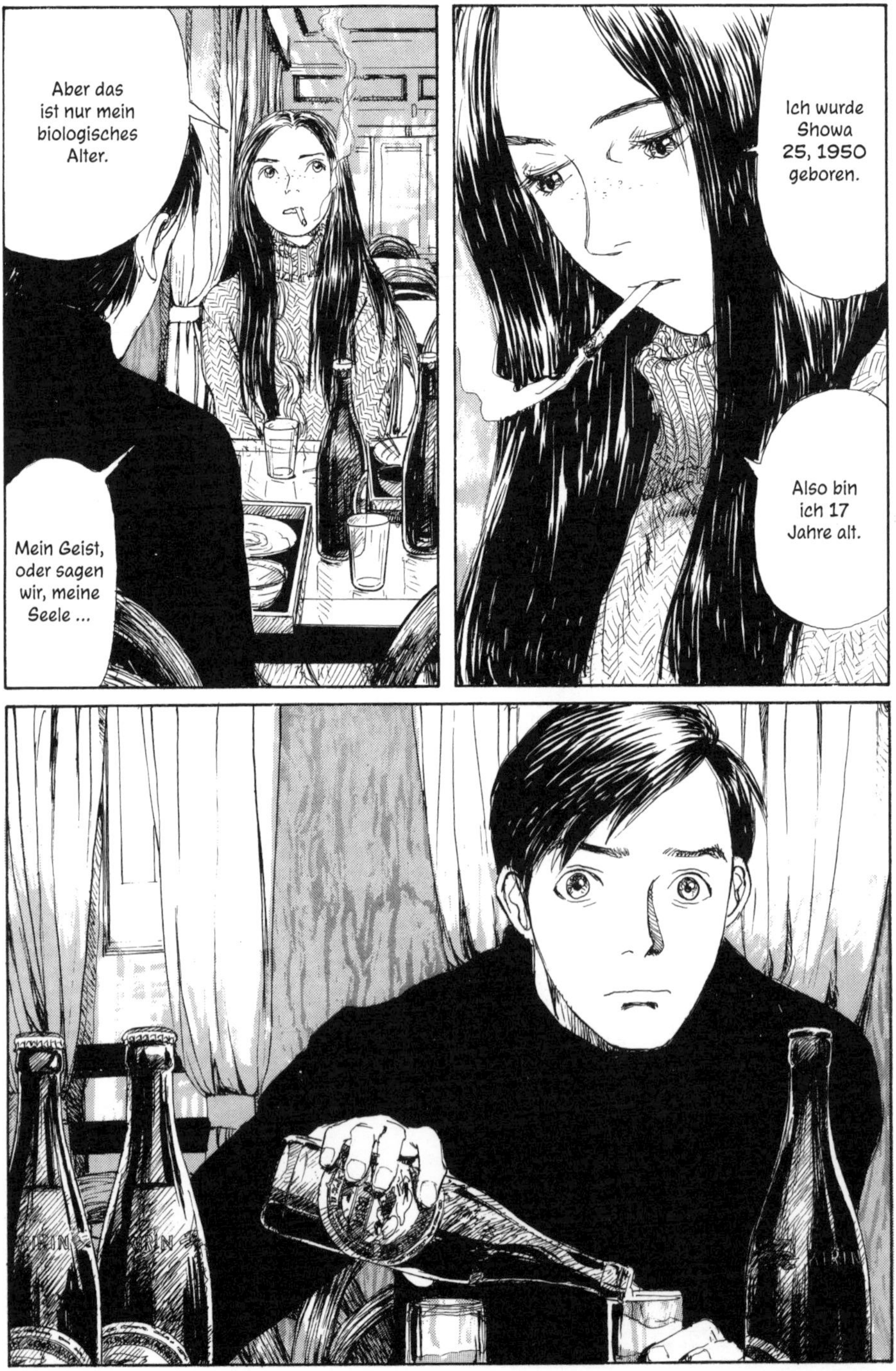
Ich wurde Showa 25, 1950 geboren.
Also bin ich 17 Jahre alt.
Aber das ist nur mein biologisches Alter.
Mein Geist, oder sagen wir, meine Seele ...

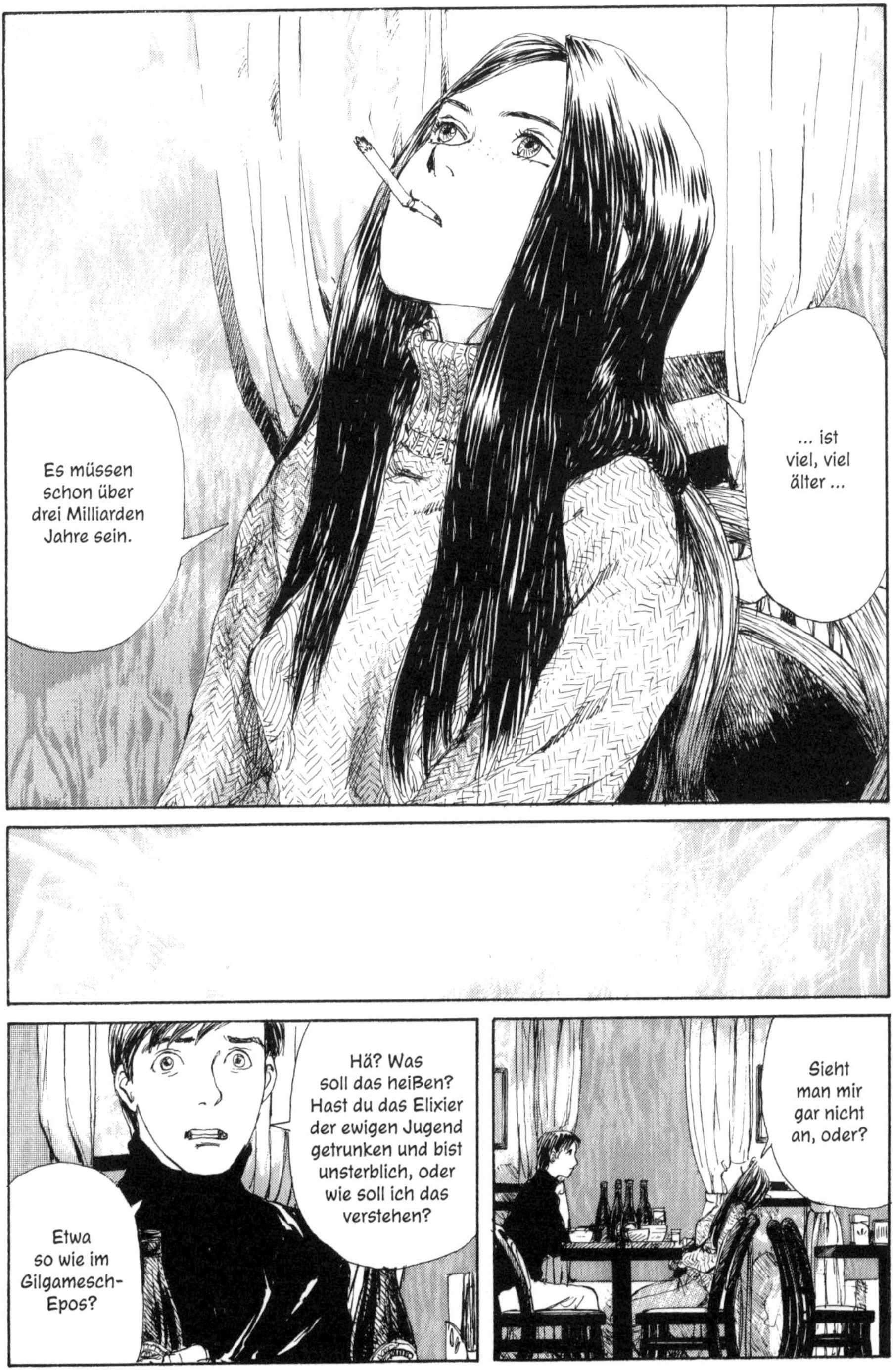
... ist viel, viel älter ...
Es müssen schon über drei Milliarden Jahre sein.
Sieht man mir gar nicht an, oder?
Hä? Was soll das heißen? Hast du das Elixier der ewigen Jugend getrunken und bist unsterblich, oder wie soll ich das verstehen?
Etwa so wie im Gilgamesch-Epos?

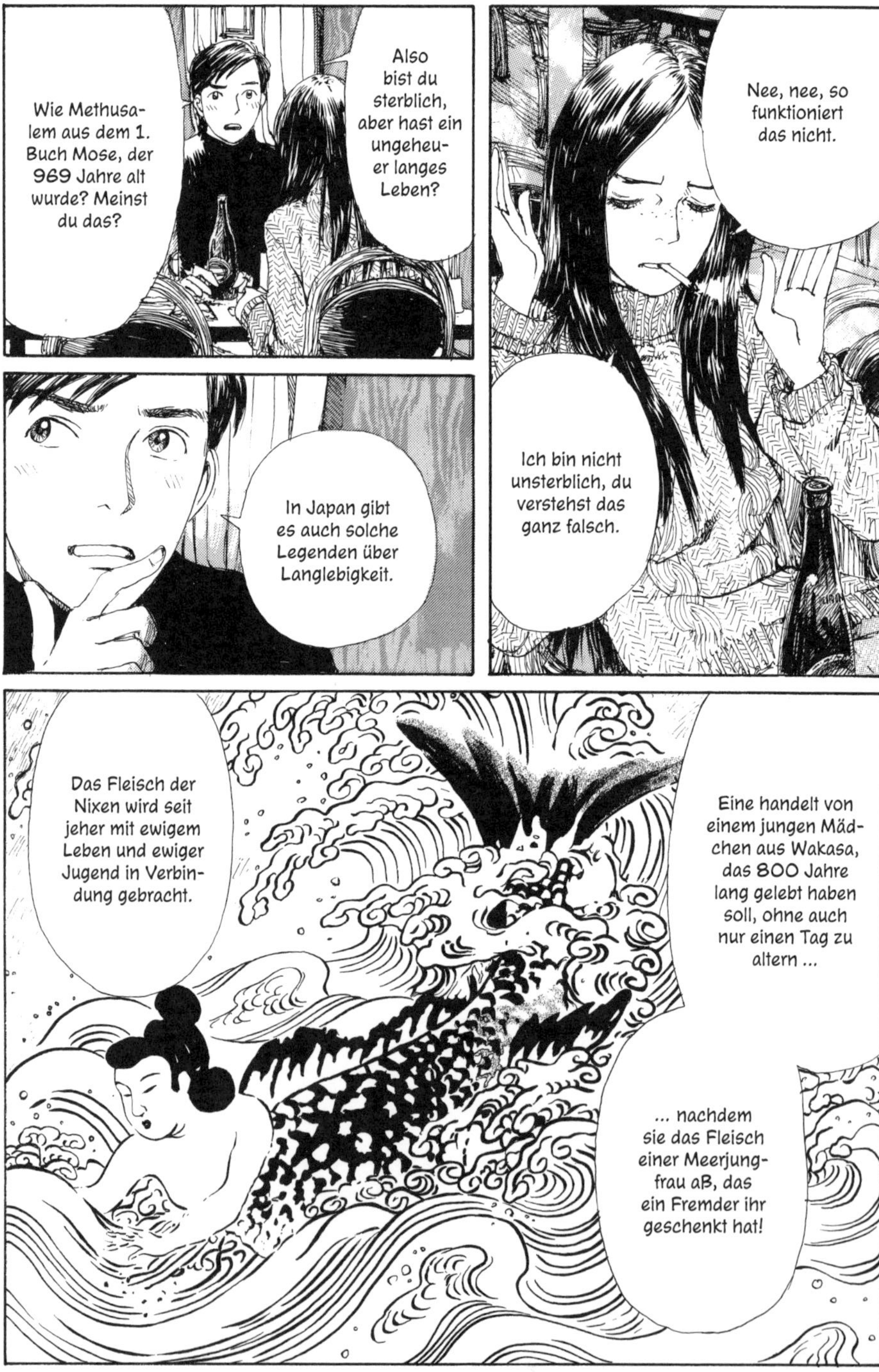
Wie Methusalem aus dem 1. Buch Mose, der 969 Jahre alt wurde? Meinst du das?
Also bist du sterblich, aber hast ein ungeheuer langes Leben?
Nee, nee, so funktioniert das nicht.
Ich bin nicht unsterblich, du verstehst das ganz falsch.
In Japan gibt es auch solche Legenden über Langlebigkeit.
Das Fleisch der Nixen wird seit jeher mit ewigem Leben und ewiger Jugend in Verbindung gebracht.
Eine handelt von einem jungen Mädchen aus Wakasa, das 800 Jahre lang gelebt haben soll, ohne auch nur einen Tag zu altern ...
... nachdem sie das Fleisch einer Meerjungfrau aß, das ein Fremder ihr geschenkt hat!

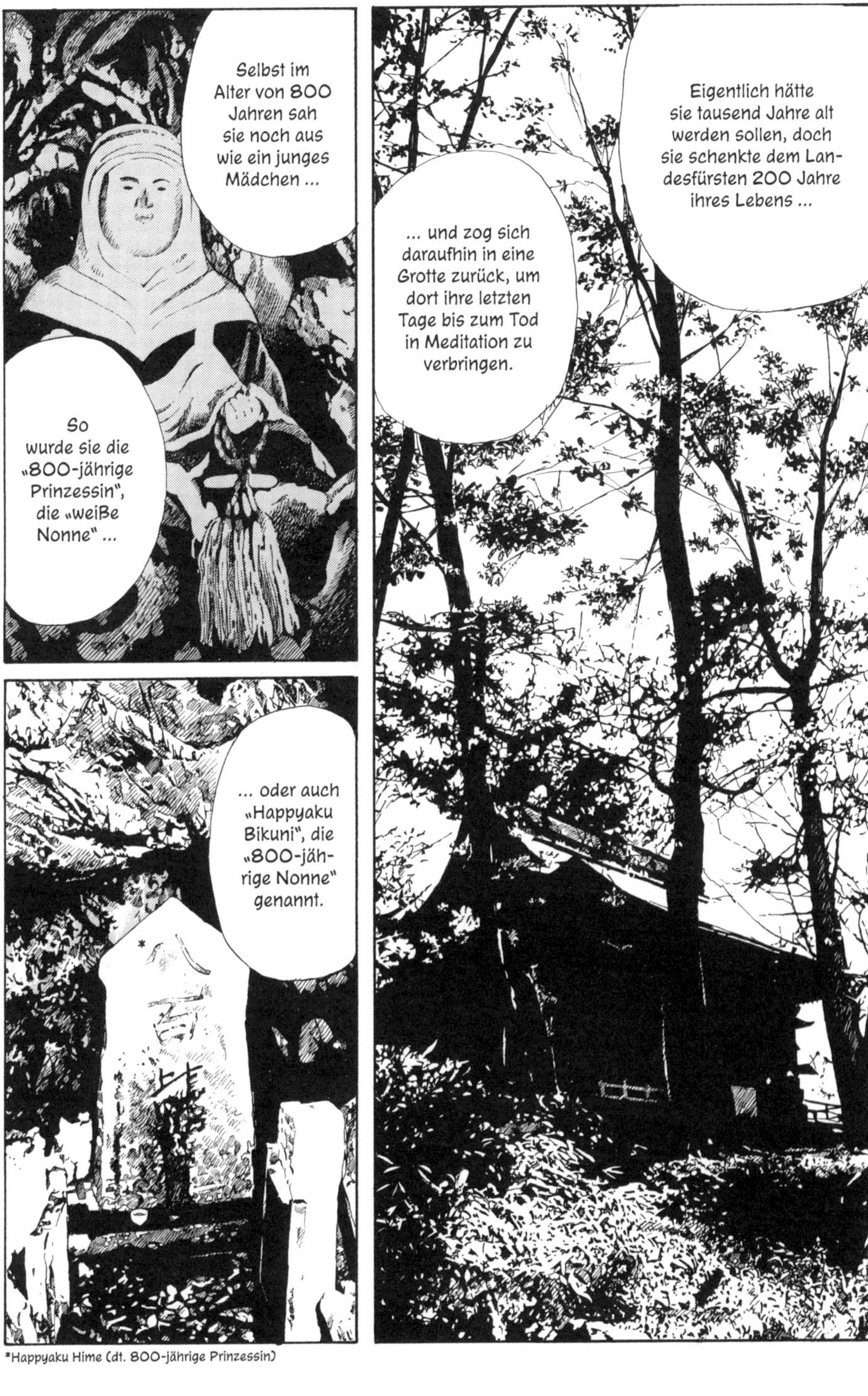

*Happyaku Hime (dt. 800-jährige Prinzessin)

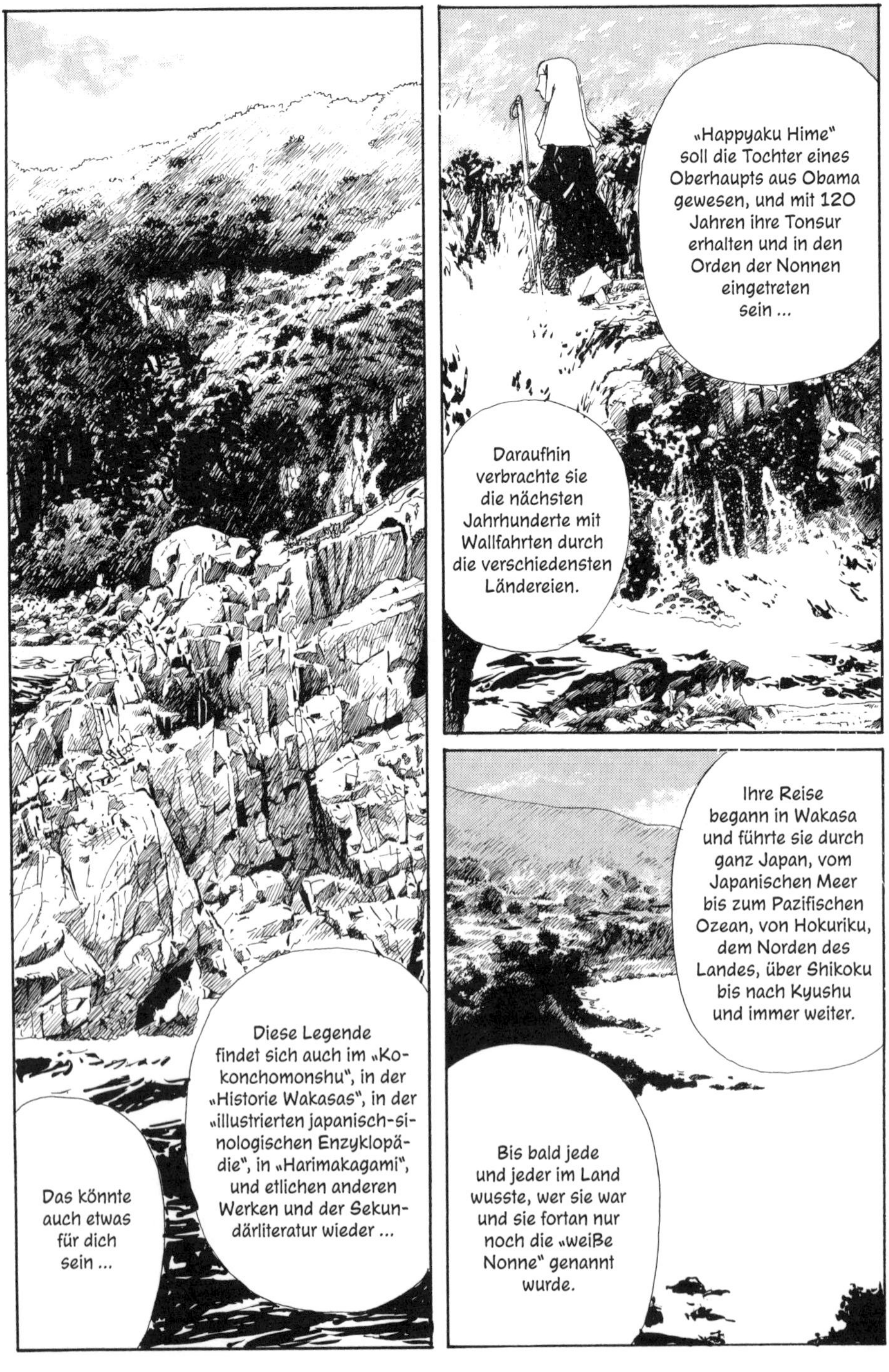
„Happyaku Hime“ soll die Tochter eines Oberhaupts aus Obama gewesen, und mit 120 Jahren ihre Tonsur erhalten und in den Orden der Nonnen eingetreten sein ...
Daraufhin verbrachte sie die nächsten Jahrhunderte mit Wallfahrten durch die verschiedensten Ländereien.
Ihre Reise begann in Wakasa und führte sie durch ganz Japan, vom Japanischen Meer bis zum Pazifischen Ozean, von Hokuriku, dem Norden des Landes, über Shikoku bis nach Kyushu und immer weiter.
Bis bald jede und jeder im Land wusste, wer sie war und sie fortan nur noch die „weiße Nonne“ genannt wurde.
Diese Legende findet sich auch im „Kokonchomonshu“, in der „Historie Wakasas“, in der „illustrierten japanisch-sinologischen Enzyklopädie“, in „Harimakagami“, und etlichen anderen Werken und der Sekundärliteratur wieder ...
Das könnte auch etwas für dich sein ...

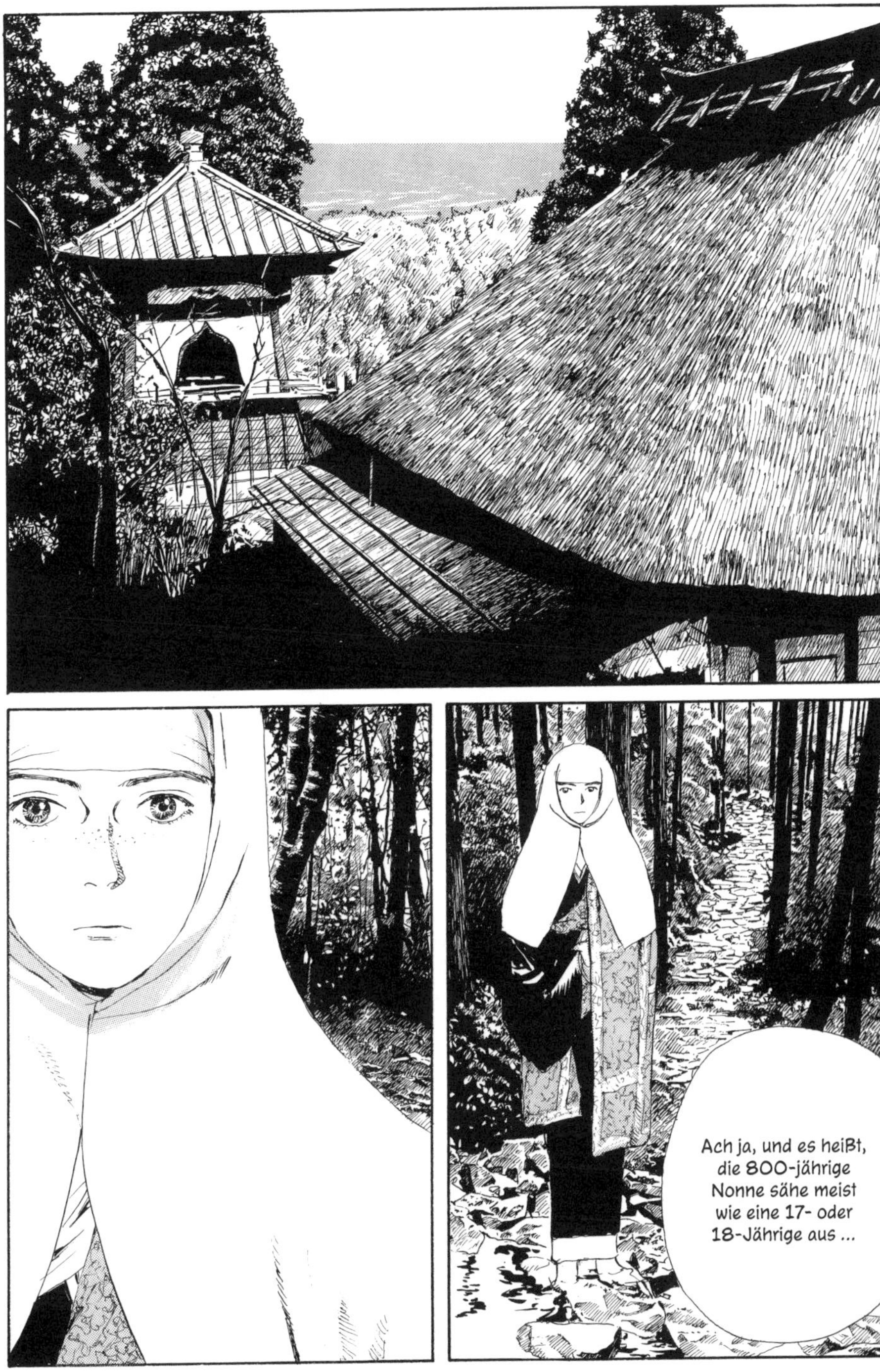
Ach ja, und es heißt, die 800-jährige Nonne sähe meist wie eine 17- oder 18-Jährige aus ...

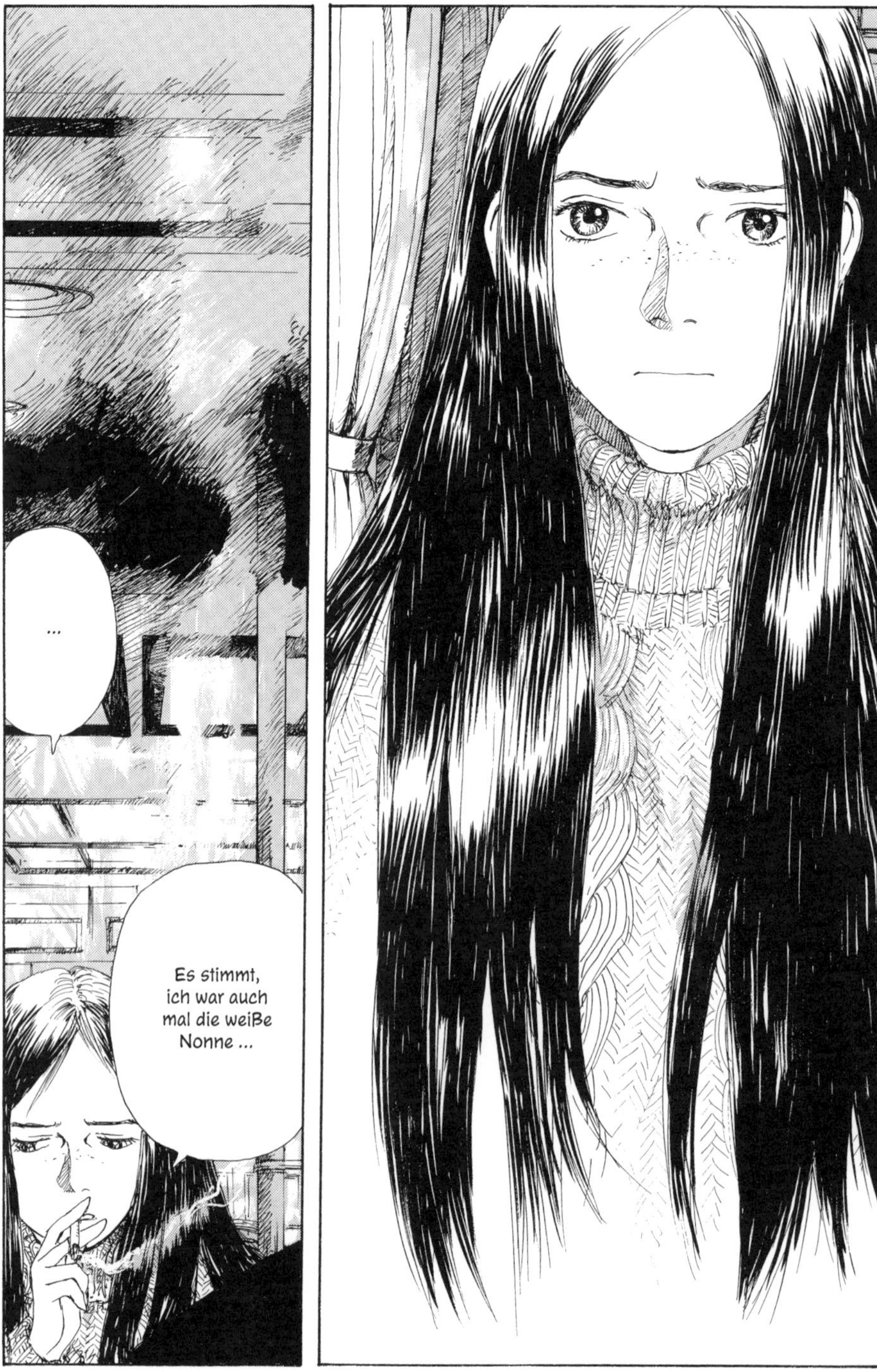
...
Es stimmt, ich war auch mal die weiße Nonne ...

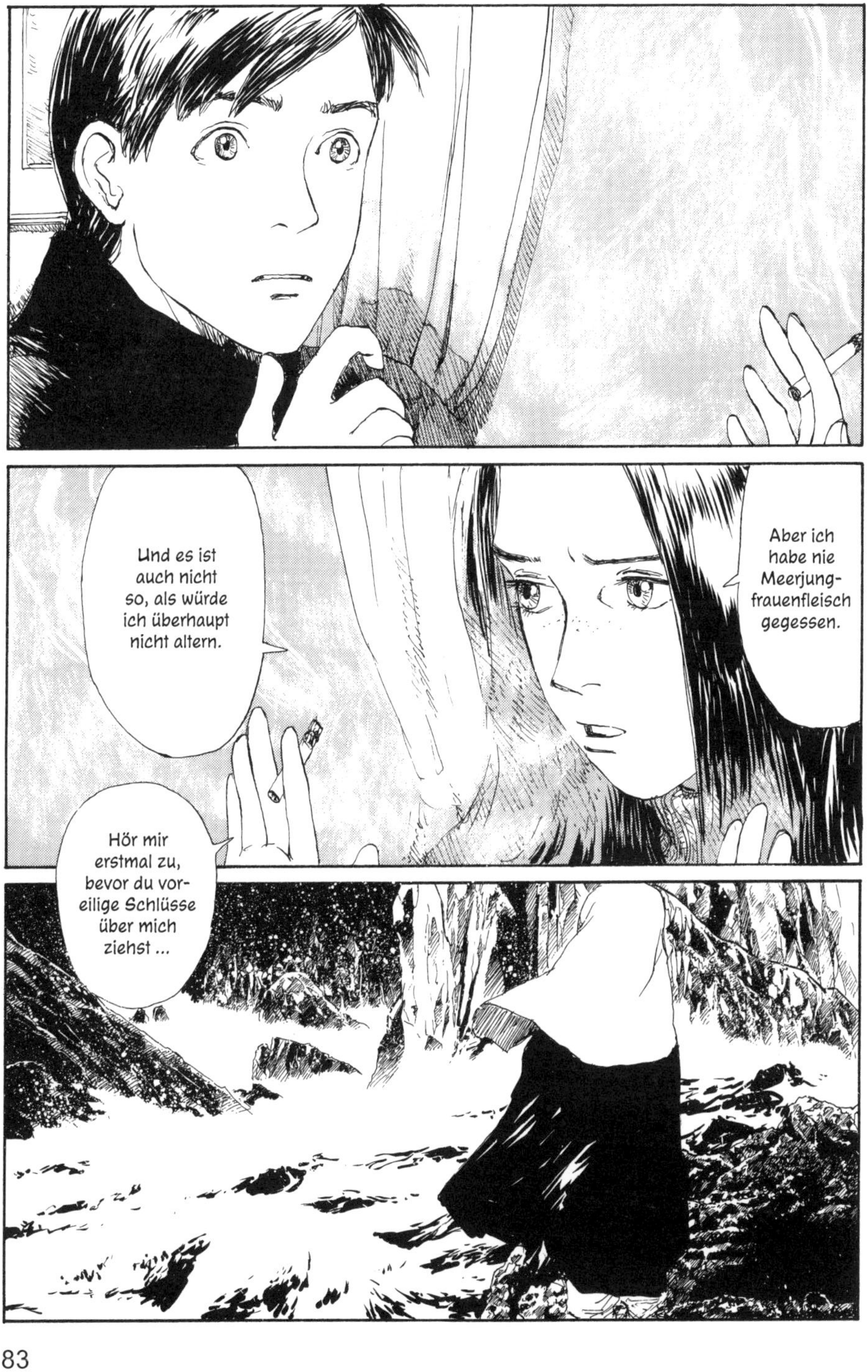
Aber ich habe nie Meerjungfrauenfleisch gegessen.
Und es ist auch nicht so, als würde ich überhaupt nicht altern.
Hör mir erstmal zu, bevor du voreilige Schlüsse über mich ziehst ...

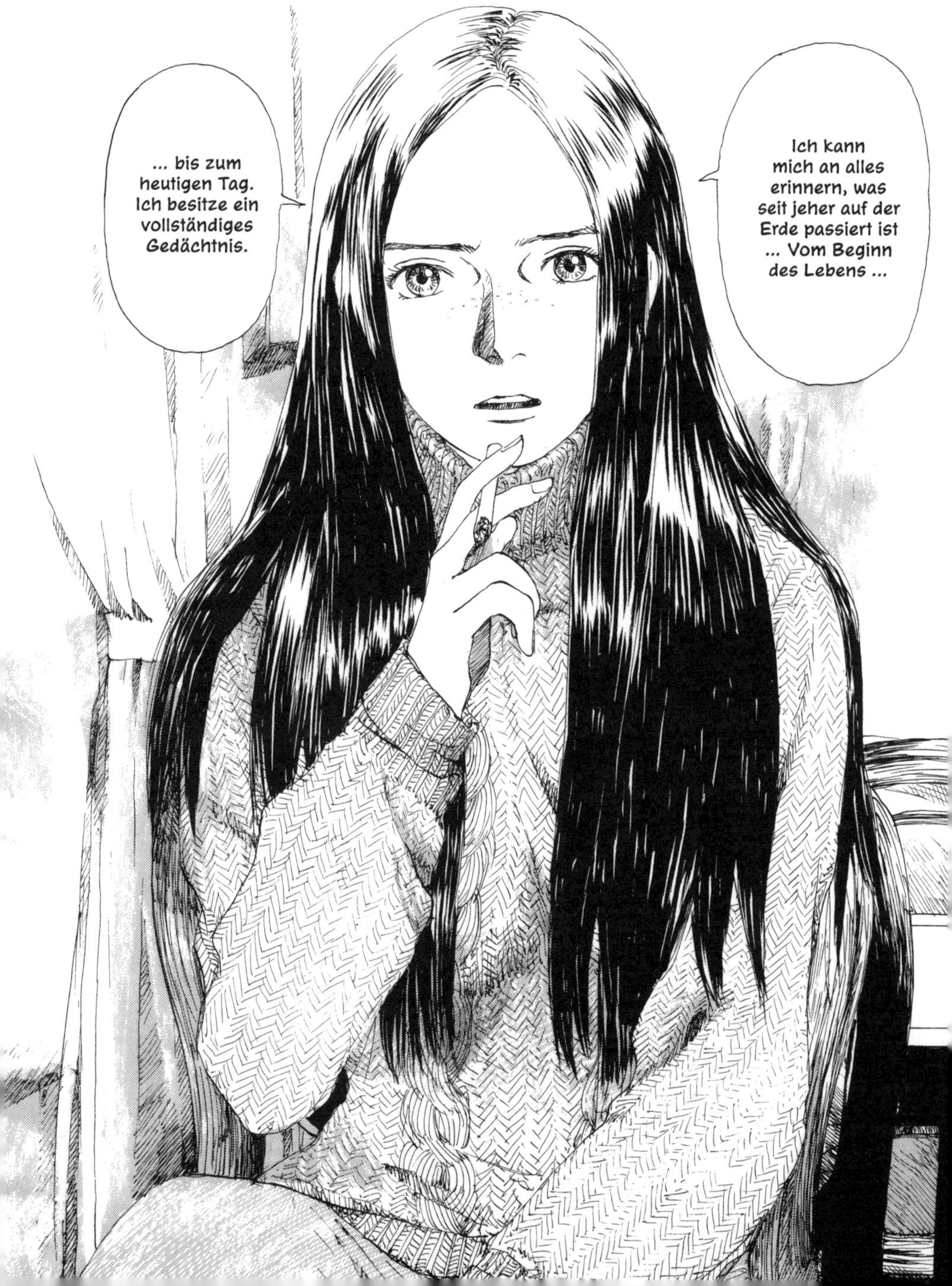
Ich kann mich an alles erinnern, was seit jeher auf der Erde passiert ist ... Vom Beginn des Lebens ...
... bis zum heutigen Tag. Ich besitze ein vollständiges Gedächtnis.

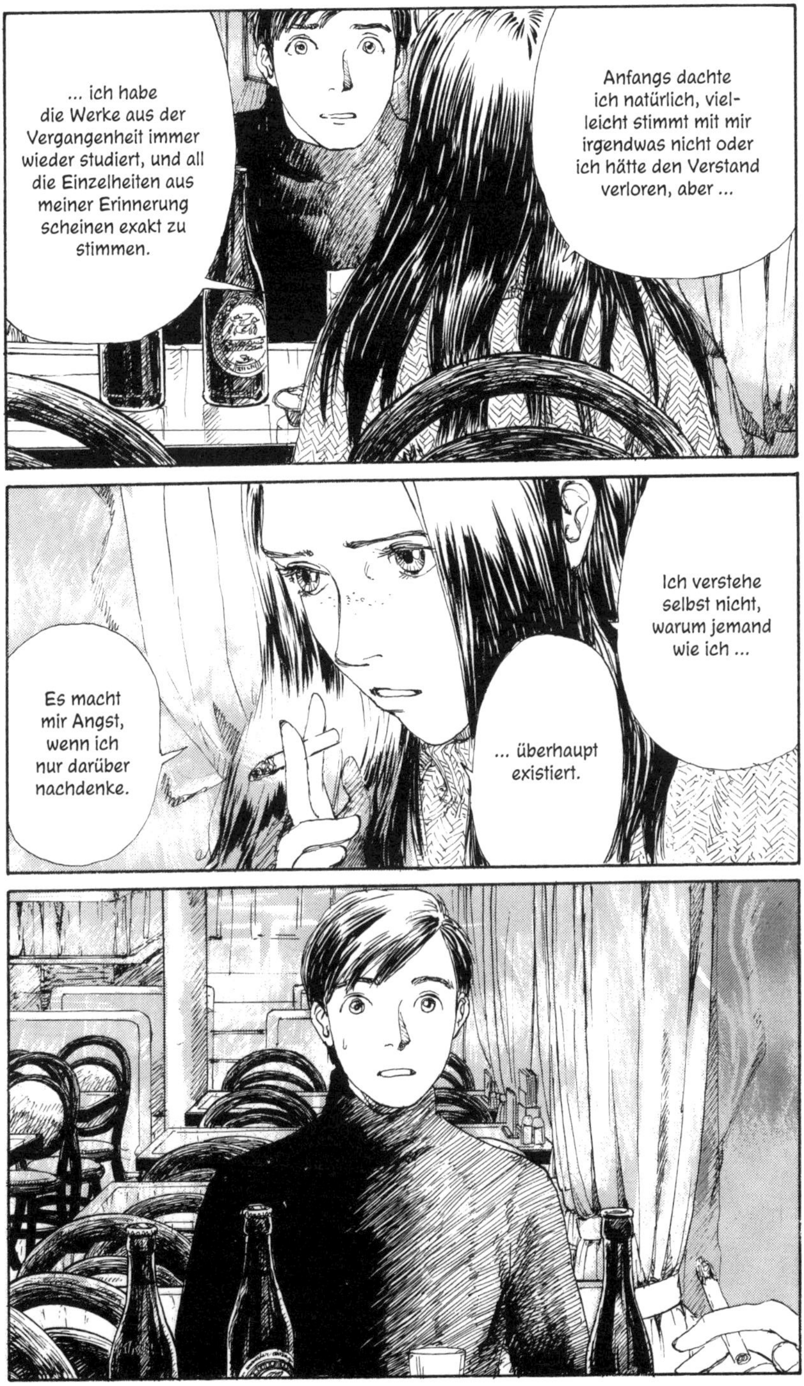
Anfangs dachte ich natürlich, vielleicht stimmt mit mir irgendwas nicht oder ich hätte den Verstand verloren, aber ...
... ich habe die Werke aus der Vergangenheit immer wieder studiert, und all die Einzelheiten aus meiner Erinnerung scheinen exakt zu stimmen.
Ich verstehe selbst nicht, warum jemand wie ich ...
... überhaupt existiert.
Es macht mir Angst, wenn ich nur darüber nachdenke.

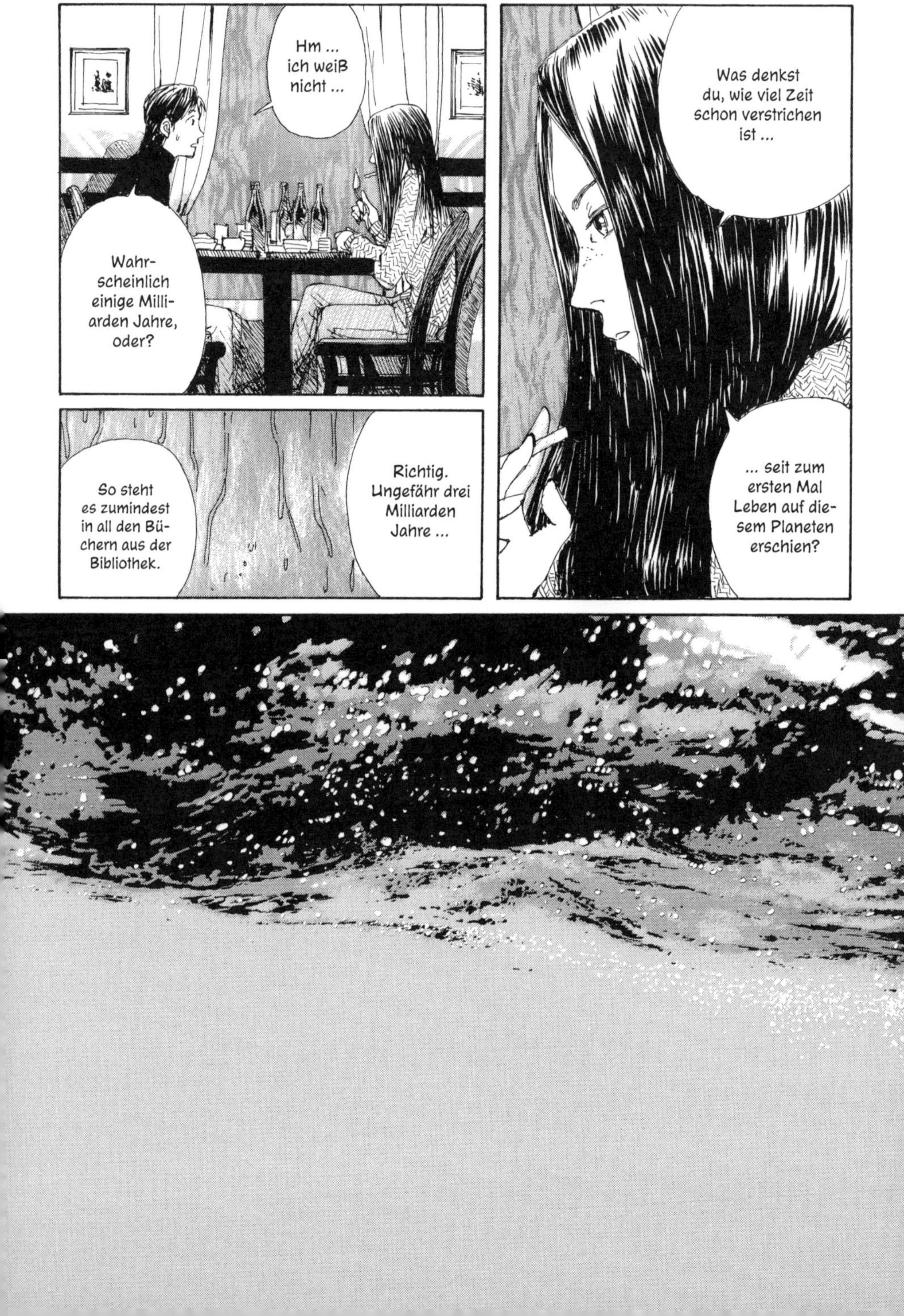
Was denkst du, wie viel Zeit schon verstrichen ist ...
... seit zum ersten Mal Leben auf diesem Planeten erschien?
Hm ... ich weiß nicht ...
Wahrscheinlich einige Milliarden Jahre, oder?
Richtig. Ungefähr drei Milliarden Jahre ...
So steht es zumindest in all den Büchern aus der Bibliothek.

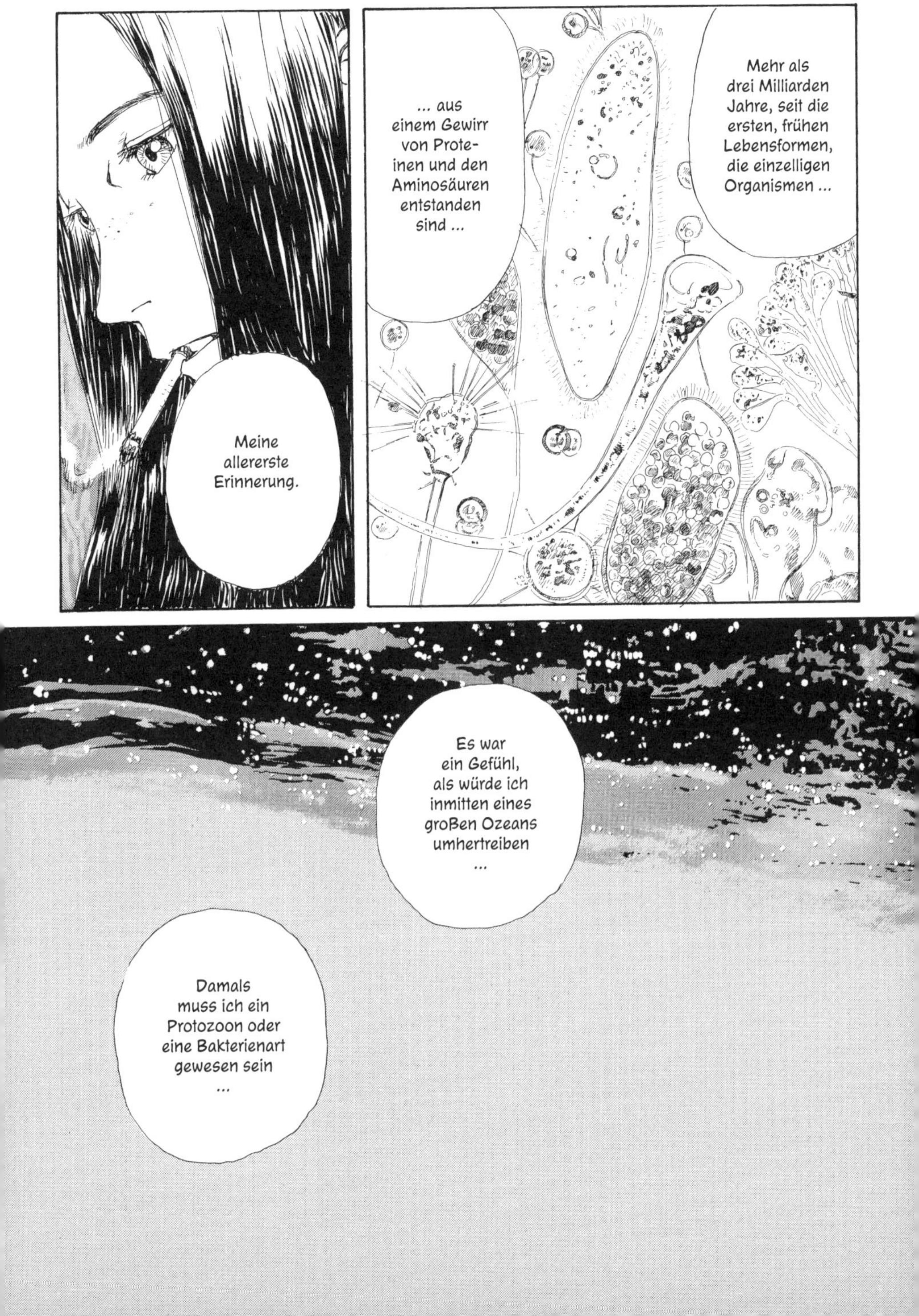
Mehr als drei Milliarden Jahre, seit die ersten, frühen Lebensformen, die einzelligen Organismen ...
... aus einem Gewirr von Proteinen und den Aminosäuren entstanden sind ...
Meine allererste Erinnerung.
Es war ein Gefühl, als würde ich inmitten eines großen Ozeans umhertreiben ...
Damals muss ich ein Protozoon oder eine Bakterienart gewesen sein ...

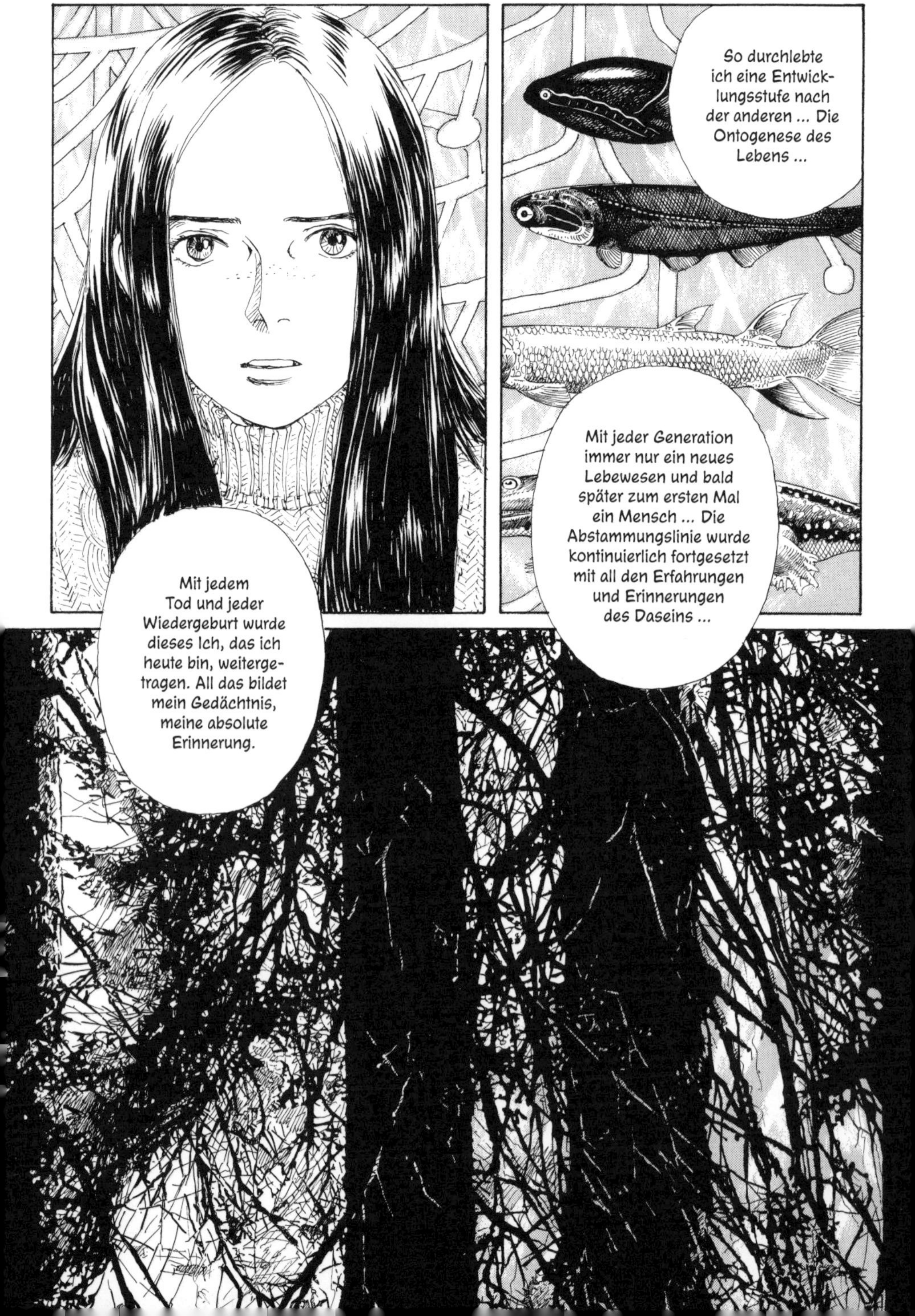
So durchlebte ich eine Entwicklungsstufe nach der anderen ... Die Ontogenese des Lebens ...
Mit jeder Generation immer nur ein neues Lebewesen und bald später zum ersten Mal ein Mensch ... Die Abstammungslinie wurde kontinuierlich fortgesetzt mit all den Erfahrungen und Erinnerungen des Daseins ...
Mit jedem Tod und jeder Wiedergeburt wurde dieses Ich, das ich heute bin, weitergetragen. All das bildet mein Gedächtnis, meine absolute Erinnerung.

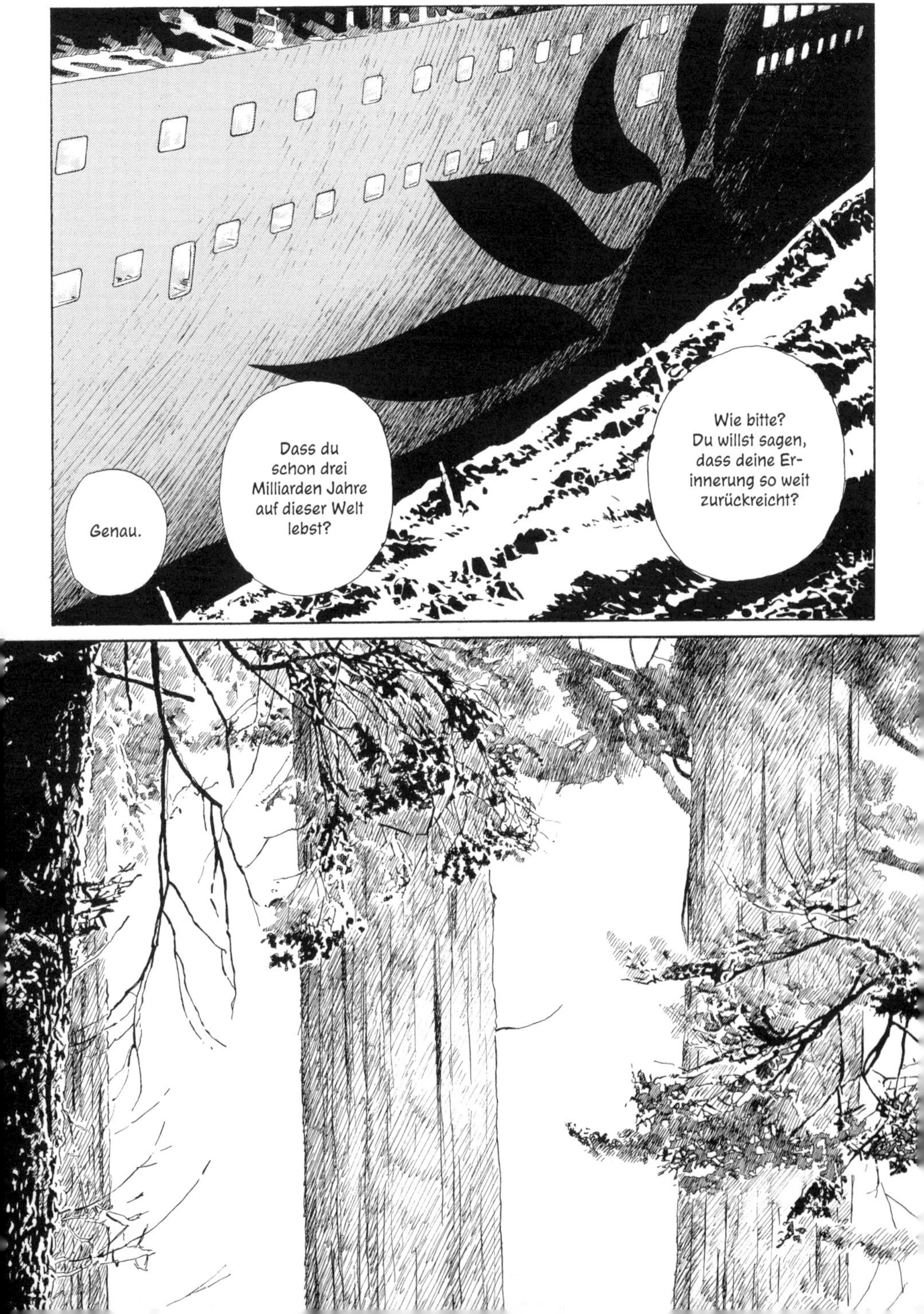
Wie bitte? Du willst sagen, dass deine Erinnerung so weit zurückreicht?
Dass du schon drei Milliarden Jahre auf dieser Welt lebst?
Genau.

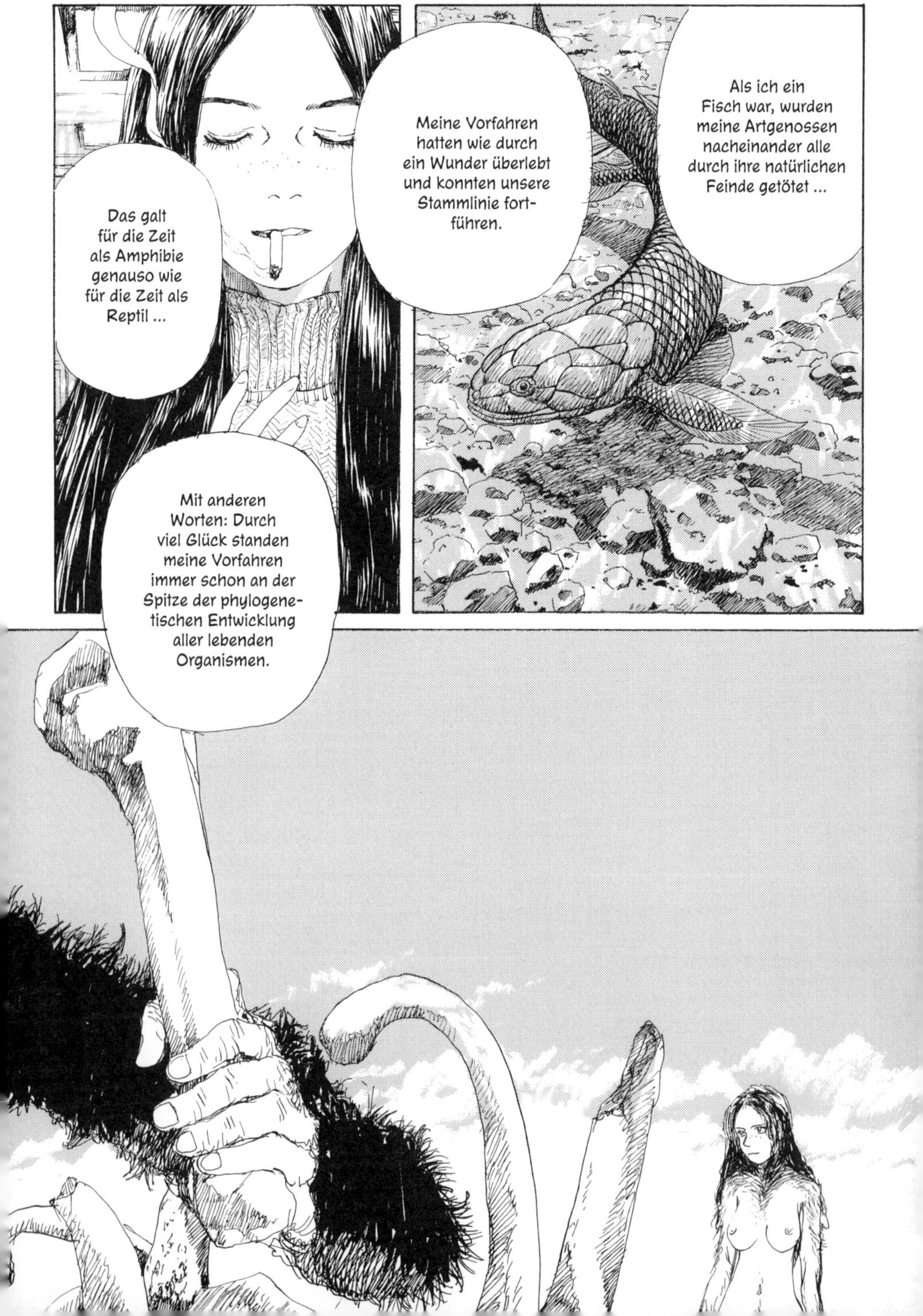
Als ich ein Fisch war, wurden meine Artgenossen nacheinander alle durch ihre natürlichen Feinde getötet ...
Meine Vorfahren hatten wie durch ein Wunder überlebt und konnten unsere Stammlinie fortführen.
Das galt für die Zeit als Amphibie genauso wie für die Zeit als Reptil ...
Mit anderen Worten: Durch viel Glück standen meine Vorfahren immer schon an der Spitze der phylogenetischen Entwicklung aller lebenden Organismen.

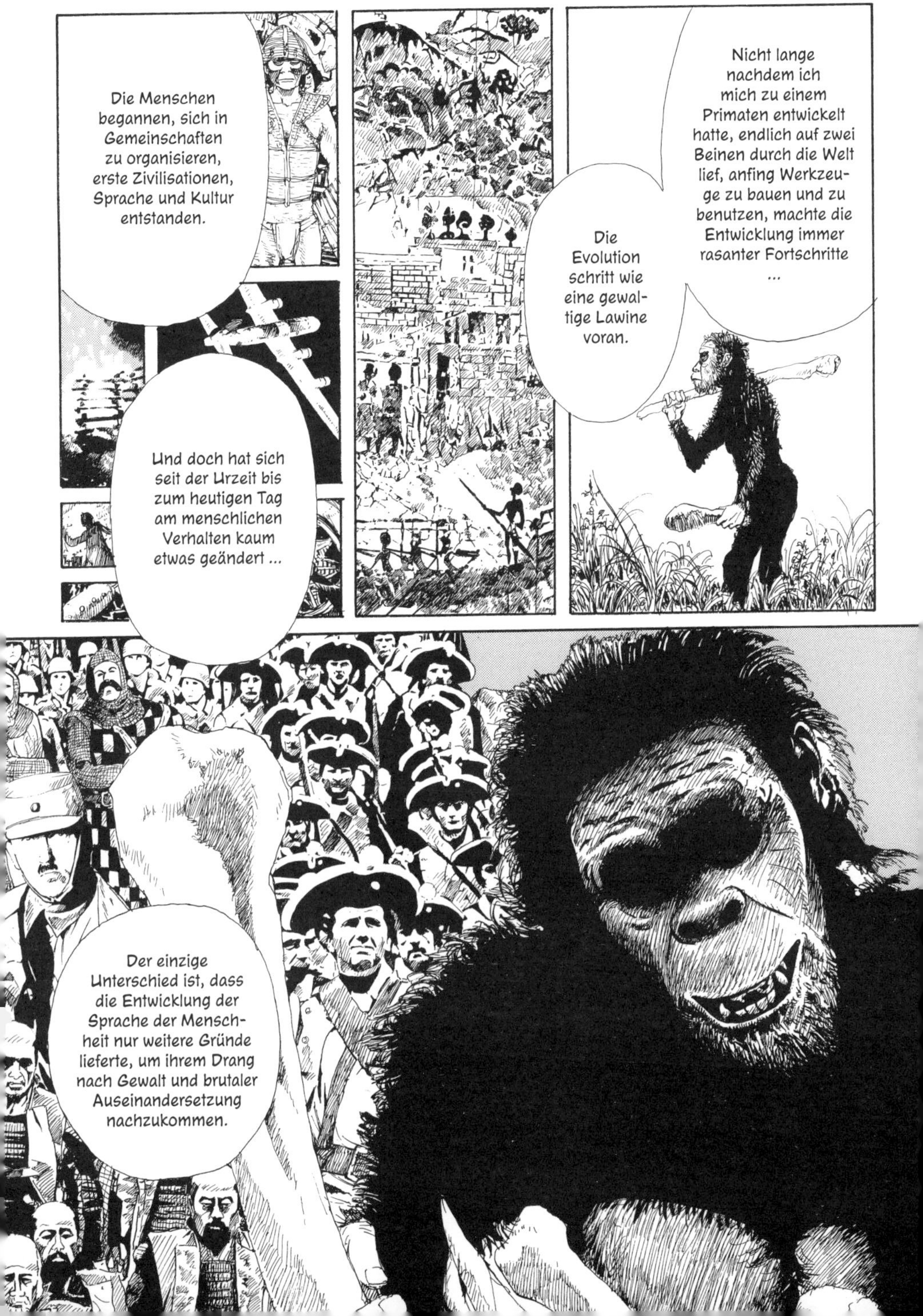
Nicht lange nachdem ich mich zu einem Primaten entwickelt hatte, endlich auf zwei Beinen durch die Welt lief, anfing Werkzeuge zu bauen und zu benutzen, machte die Entwicklung immer rasanter Fortschritte …
Die Evolution schritt wie eine gewaltige Lawine voran.
Die Menschen begannen, sich in Gemeinschaften zu organisieren, erste Zivilisationen, Sprache und Kultur entstanden.
Und doch hat sich seit der Urzeit bis zum heutigen Tag am menschlichen Verhalten kaum etwas geändert …
Der einzige Unterschied ist, dass die Entwicklung der Sprache der Menschheit nur weitere Gründe lieferte, um ihrem Drang nach Gewalt und brutaler Auseinandersetzung nachzukommen.

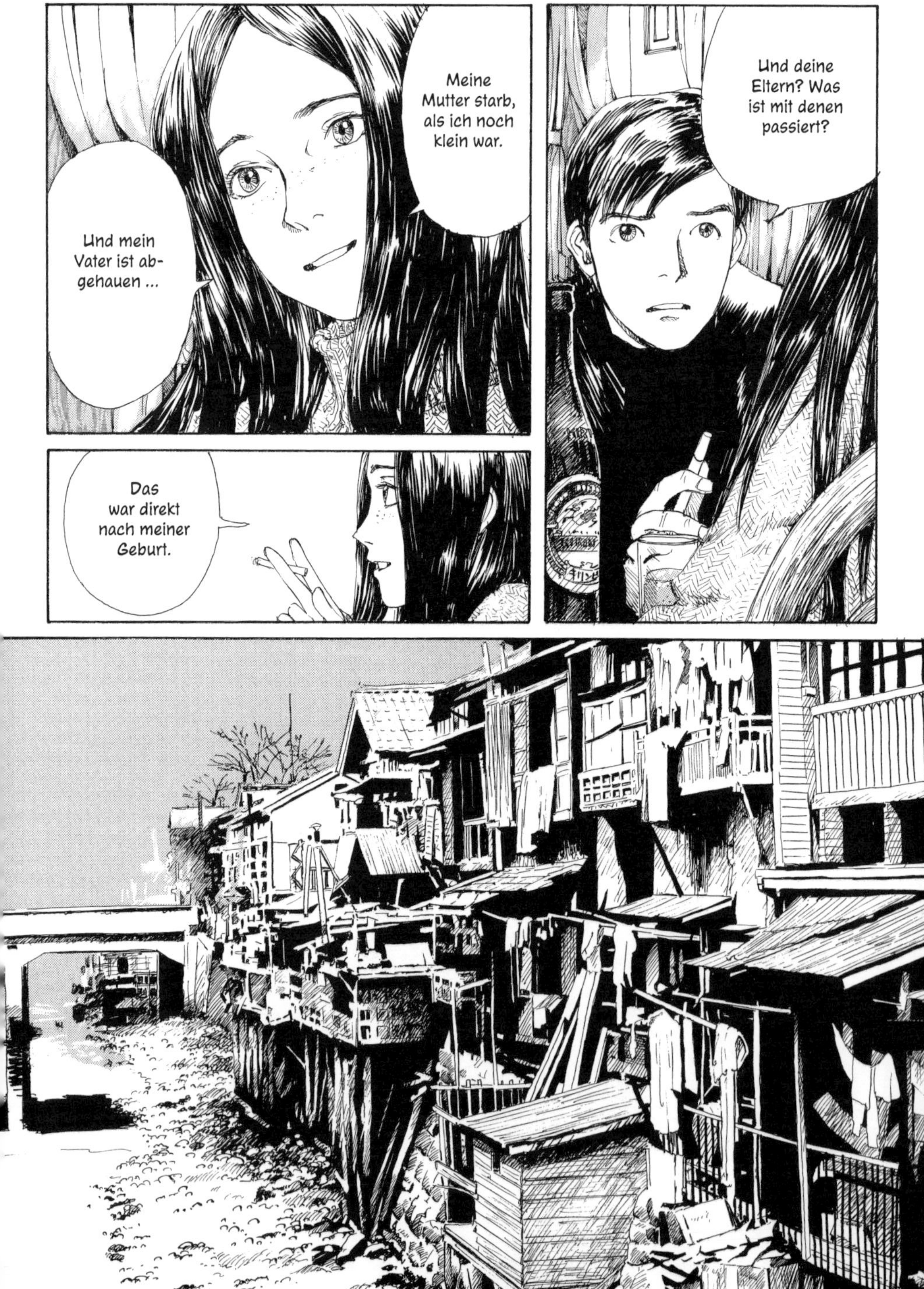

Und deine Eltern? Was ist mit denen passiert?
Meine Mutter starb, als ich noch klein war.
Und mein Vater ist abgehauen ...
Das war direkt nach meiner Geburt.

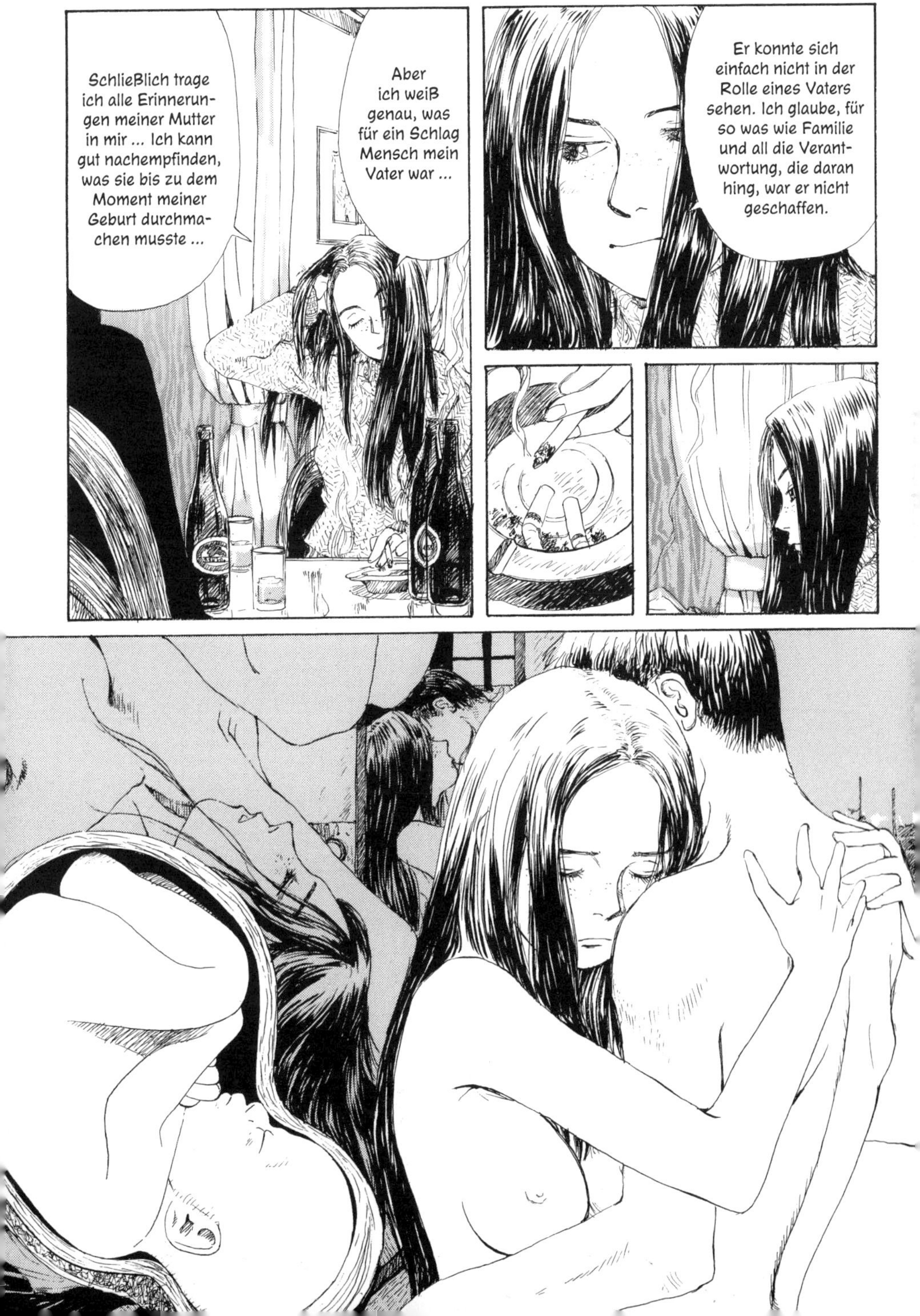
Er konnte sich einfach nicht in der Rolle eines Vaters sehen. Ich glaube, für so was wie Familie und all die Verantwortung, die daran hing, war er nicht geschaffen.
Aber ich weiß genau, was für ein Schlag Mensch mein Vater war ...
Schließlich trage ich alle Erinnerungen meiner Mutter in mir ... Ich kann gut nachempfinden, was sie bis zu dem Moment meiner Geburt durchmachen musste ...

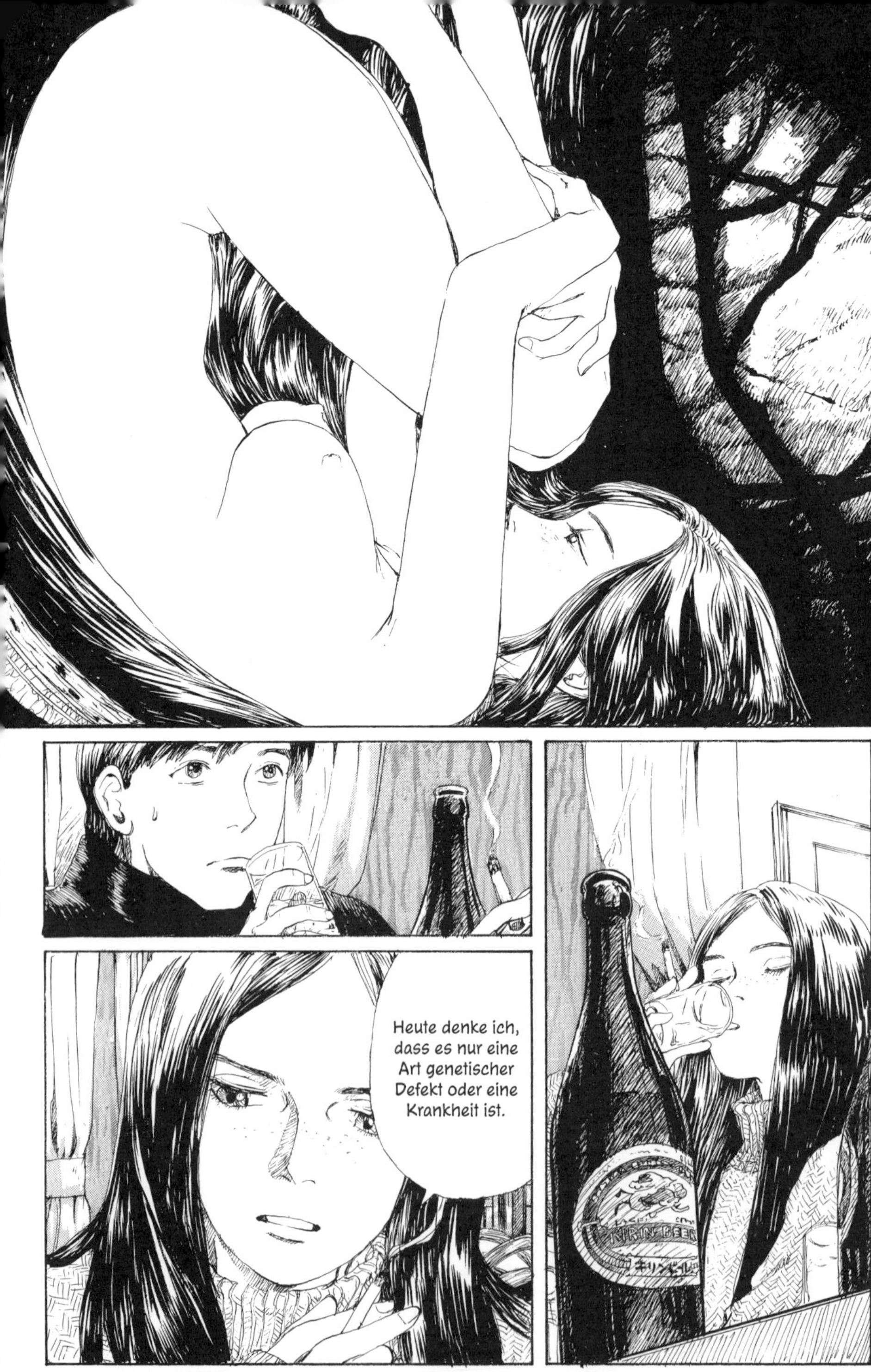
Heute denke ich, dass es nur eine Art genetischer Defekt oder eine Krankheit ist.

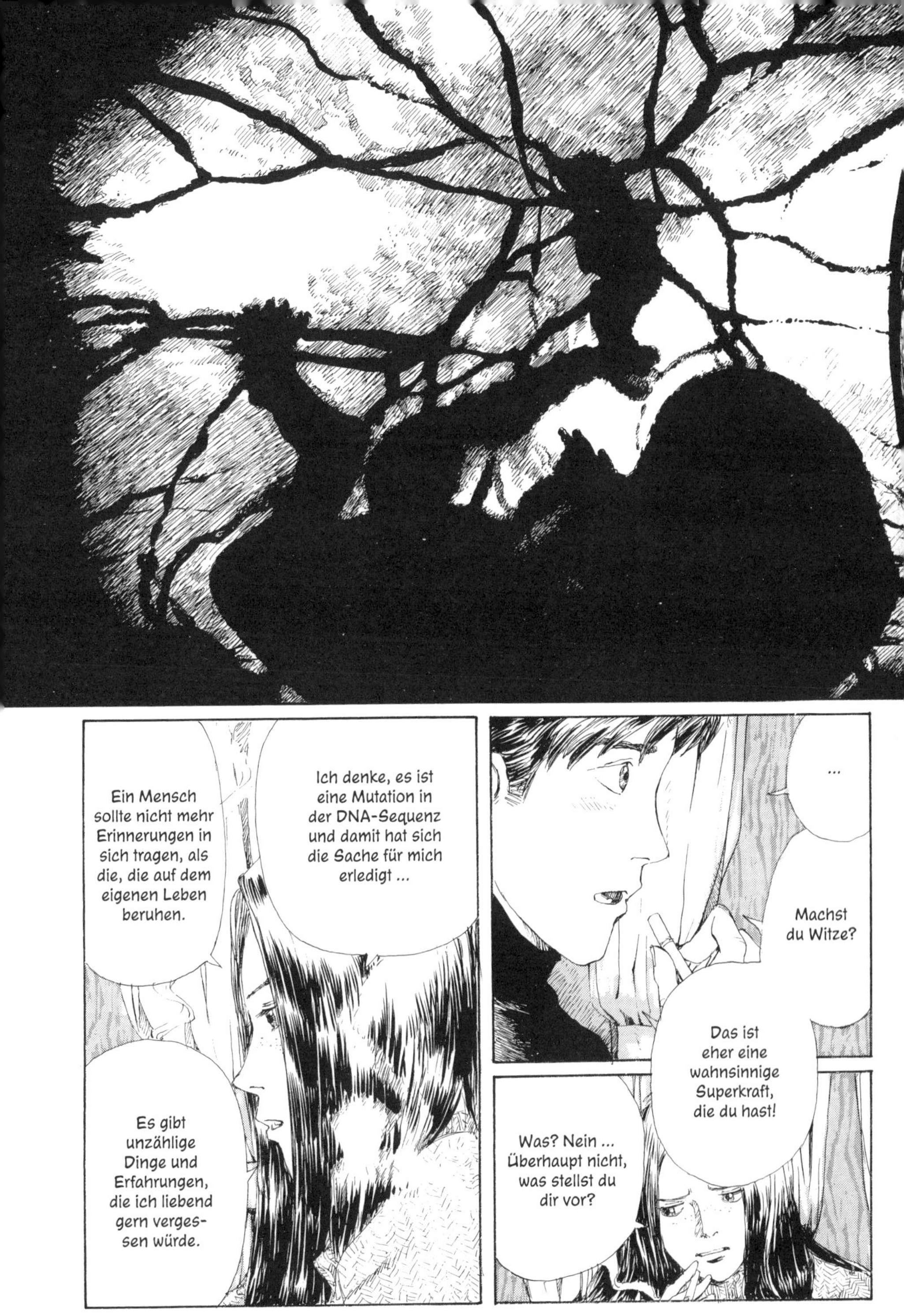
Ein Mensch sollte nicht mehr Erinnerungen in sich tragen, als die, die auf dem eigenen Leben beruhen.
Ich denke, es ist eine Mutation in der DNA-Sequenz und damit hat sich die Sache für mich erledigt ...
Es gibt unzählige Dinge und Erfahrungen, die ich liebend gern verges-sen würde.
...
Machst du Witze?
Das ist eher eine wahnsinnige Superkraft, die du hast!
Was? Nein ... Überhaupt nicht, was stellst du dir vor?

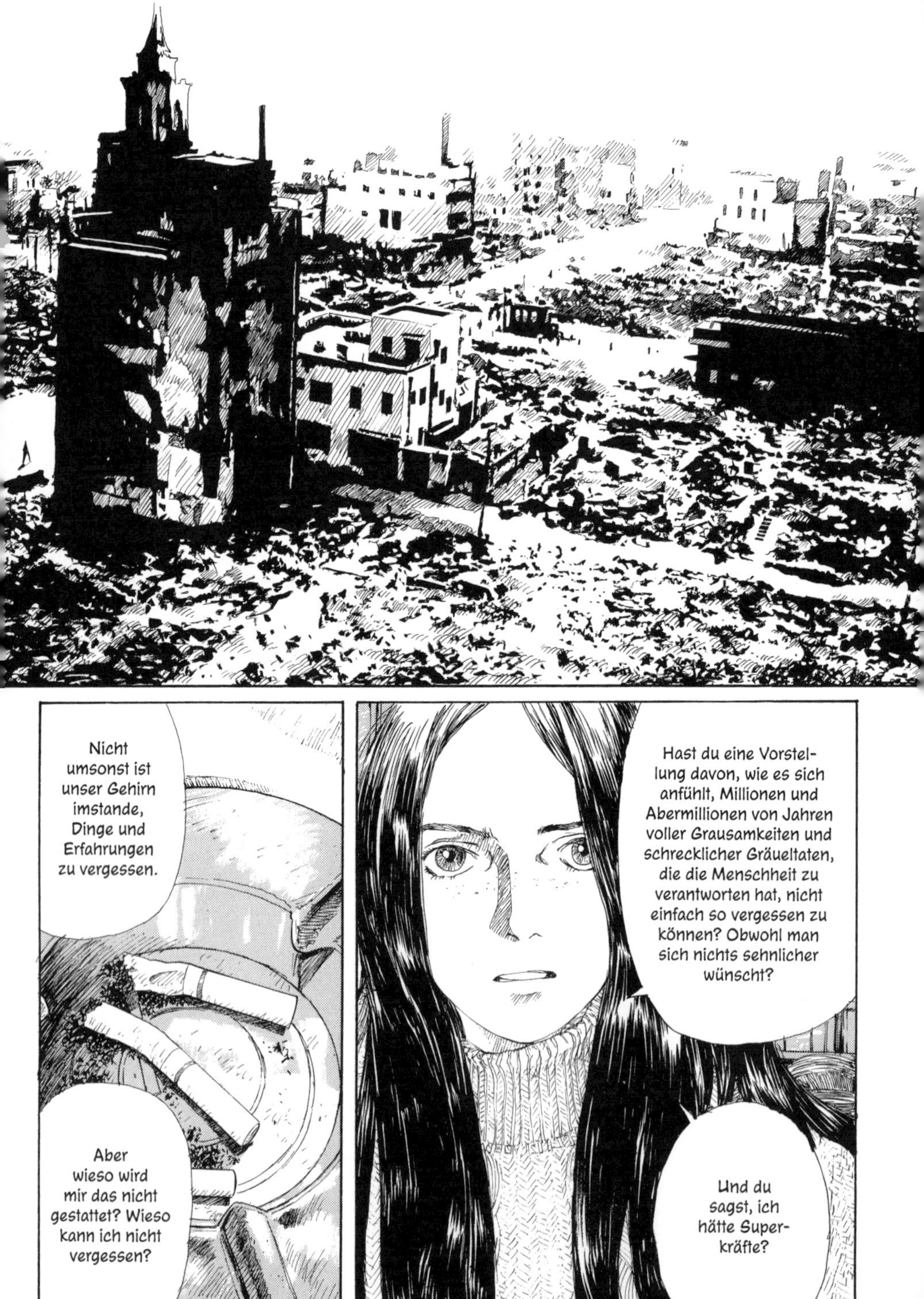
Nicht umsonst ist unser Gehirn imstande, Dinge und Erfahrungen zu vergessen.
Aber wieso wird mir das nicht gestattet? Wieso kann ich nicht vergessen?
Hast du eine Vorstellung davon, wie es sich anfühlt, Millionen und Abermillionen von Jahren voller Grausamkeiten und schrecklicher Gräueltaten, die die Menschheit zu verantworten hat, nicht einfach so vergessen zu können? Obwohl man sich nichts sehnlicher wünscht?
Und du sagst, ich hätte Superkräfte?

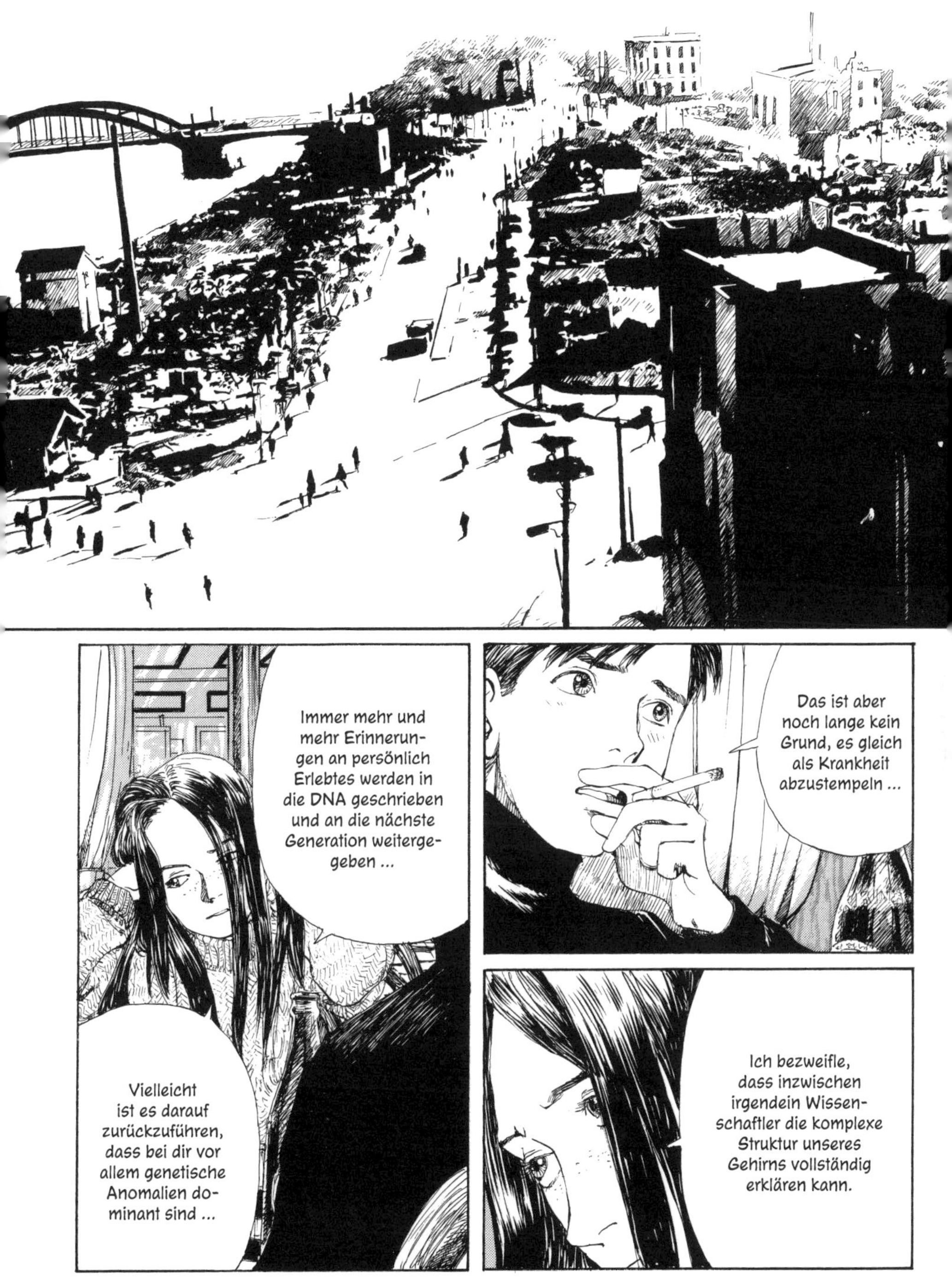
Immer mehr und mehr Erinnerungen an persönlich Erlebtes werden in die DNA geschrieben und an die nächste Generation weitergegeben ...
Das ist aber noch lange kein Grund, es gleich als Krankheit abzustempeln ...
Vielleicht ist es darauf zurückzuführen, dass bei dir vor allem genetische Anomalien dominant sind ...
Ich bezweifle, dass inzwischen irgendein Wissenschaftler die komplexe Struktur unseres Gehirns vollständig erklären kann.

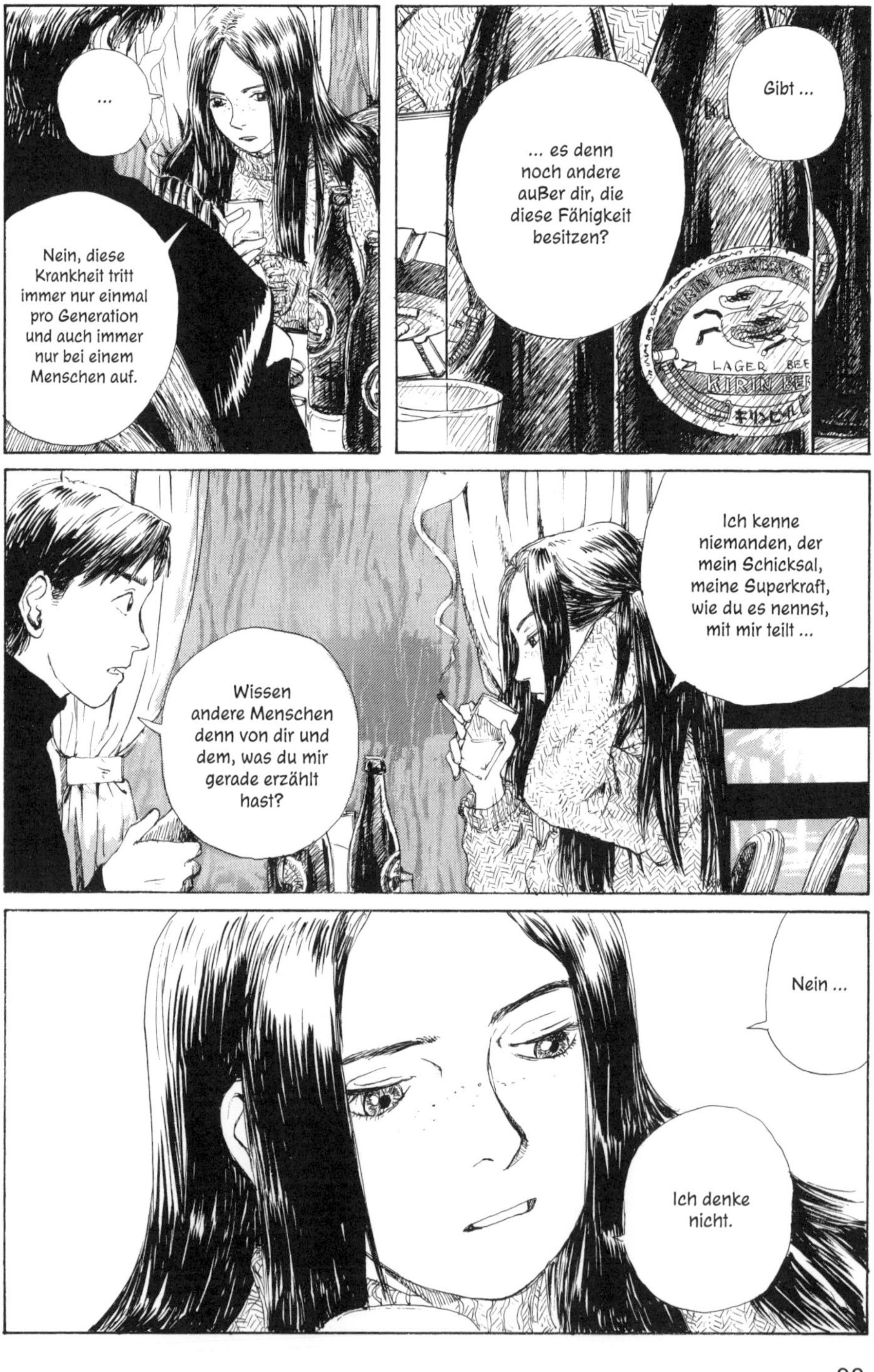
Gibt ...
... es denn noch andere auBer dir, die diese Fähigkeit besitzen?
...
Nein, diese Krankheit tritt immer nur einmal pro Generation und auch immer nur bei einem Menschen auf.
Ich kenne niemanden, der mein Schicksal, meine Superkraft, wie du es nennst, mit mir teilt ...
Wissen andere Menschen denn von dir und dem, was du mir gerade erzählt hast?
Nein ...
Ich denke nicht.

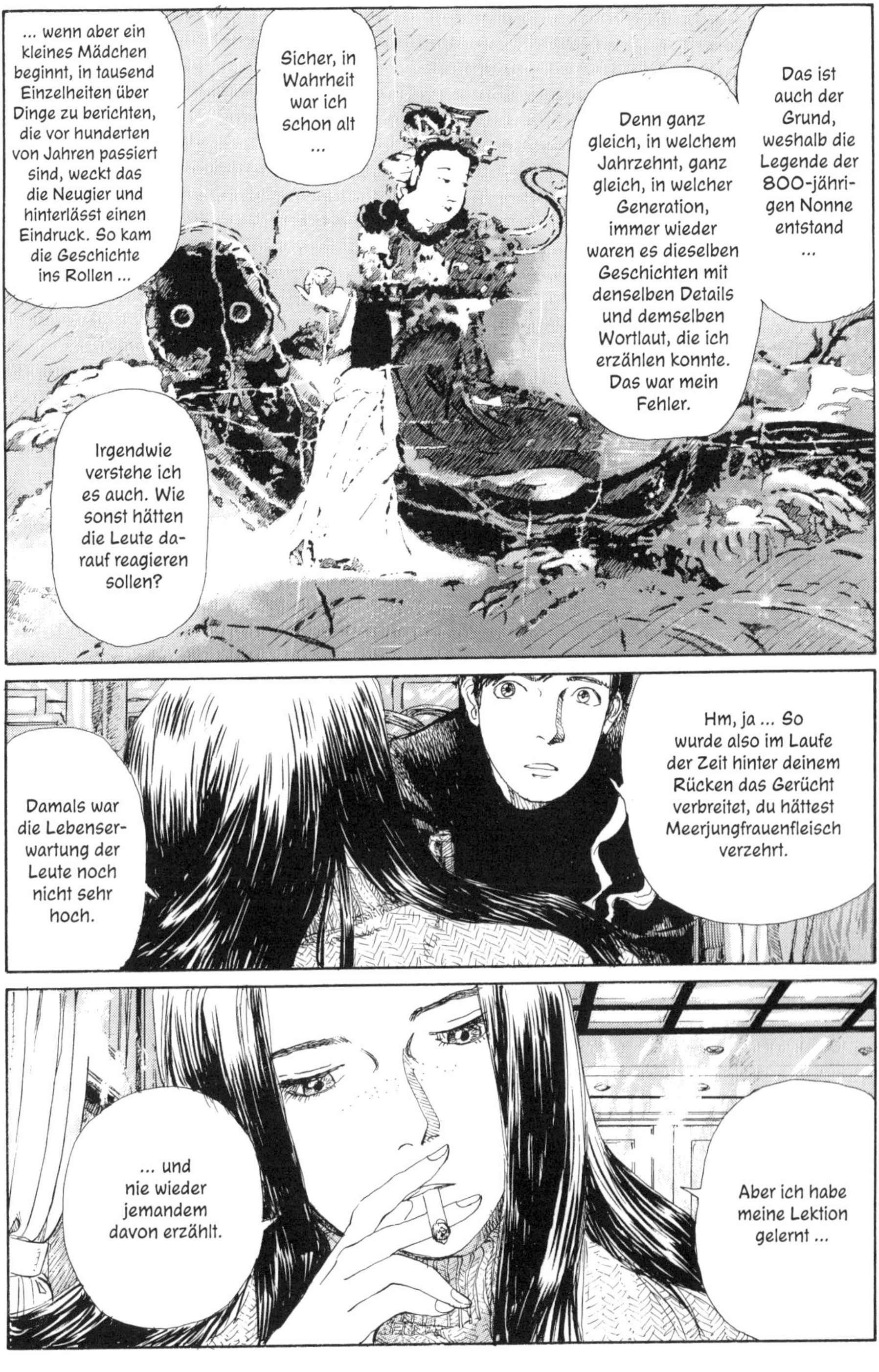
Das ist auch der Grund, weshalb die Legende der 800-jährigen Nonne entstand ...
Denn ganz gleich, in welchem Jahrzehnt, ganz gleich, in welcher Generation, immer wieder waren es dieselben Geschichten mit denselben Details und demselben Wortlaut, die ich erzählen konnte. Das war mein Fehler.
Sicher, in Wahrheit war ich schon alt ...
... wenn aber ein kleines Mädchen beginnt, in tausend Einzelheiten über Dinge zu berichten, die vor hunderten von Jahren passiert sind, weckt das die Neugier und hinterlässt einen Eindruck. So kam die Geschichte ins Rollen ...
Irgendwie verstehe ich es auch. Wie sonst hätten die Leute darauf reagieren sollen?
Hm, ja ... So wurde also im Laufe der Zeit hinter deinem Rücken das Gerücht verbreitet, du hättest Meerjungfrauenfleisch verzehrt.
Damals war die Lebenserwartung der Leute noch nicht sehr hoch.
Aber ich habe meine Lektion gelernt ...
... und nie wieder jemandem davon erzählt.

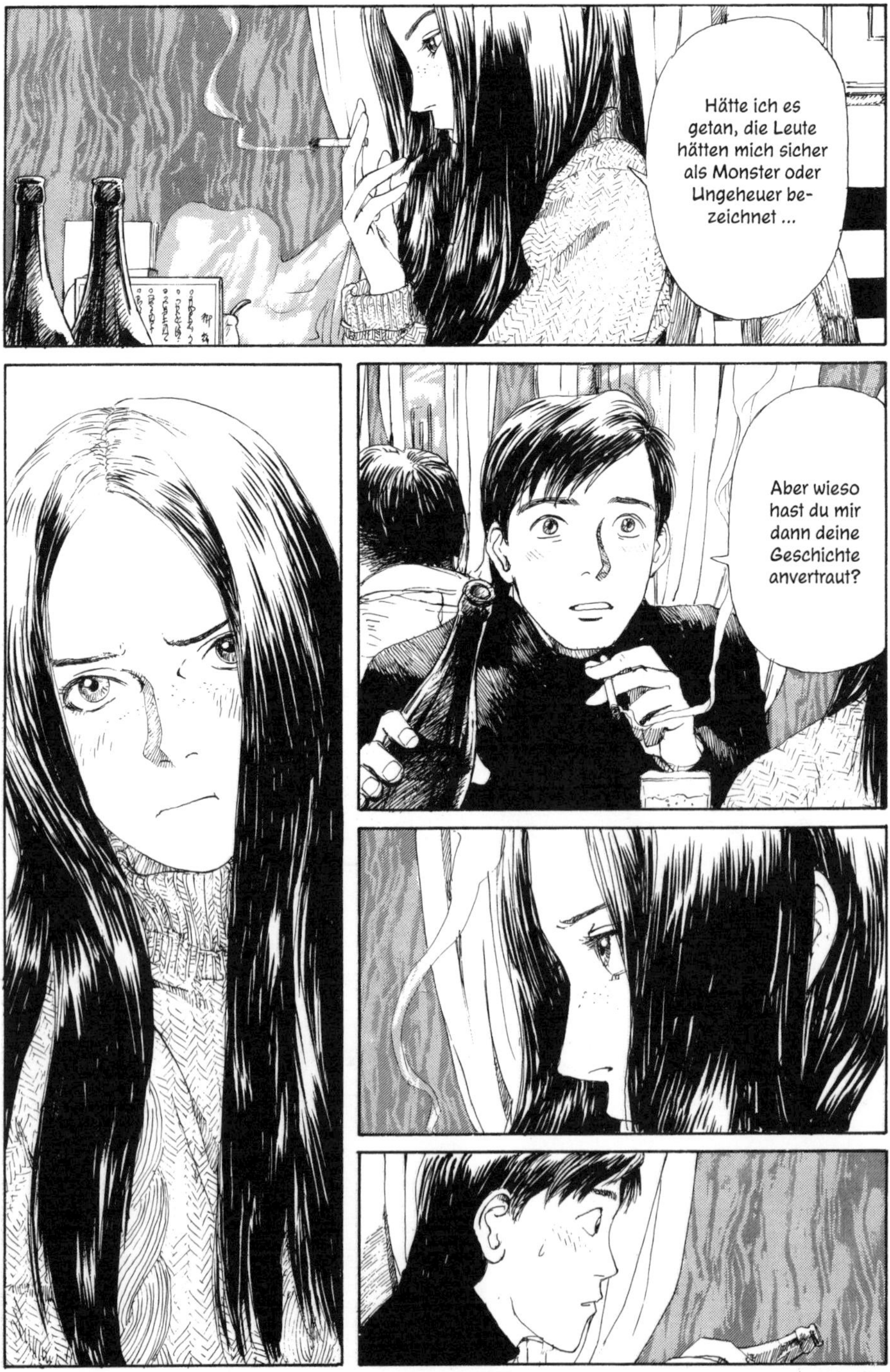
Hätte ich es getan, die Leute hätten mich sicher als Monster oder Ungeheuer be- zeichnet ...
Aber wieso hast du mir dann deine Geschichte anvertraut?

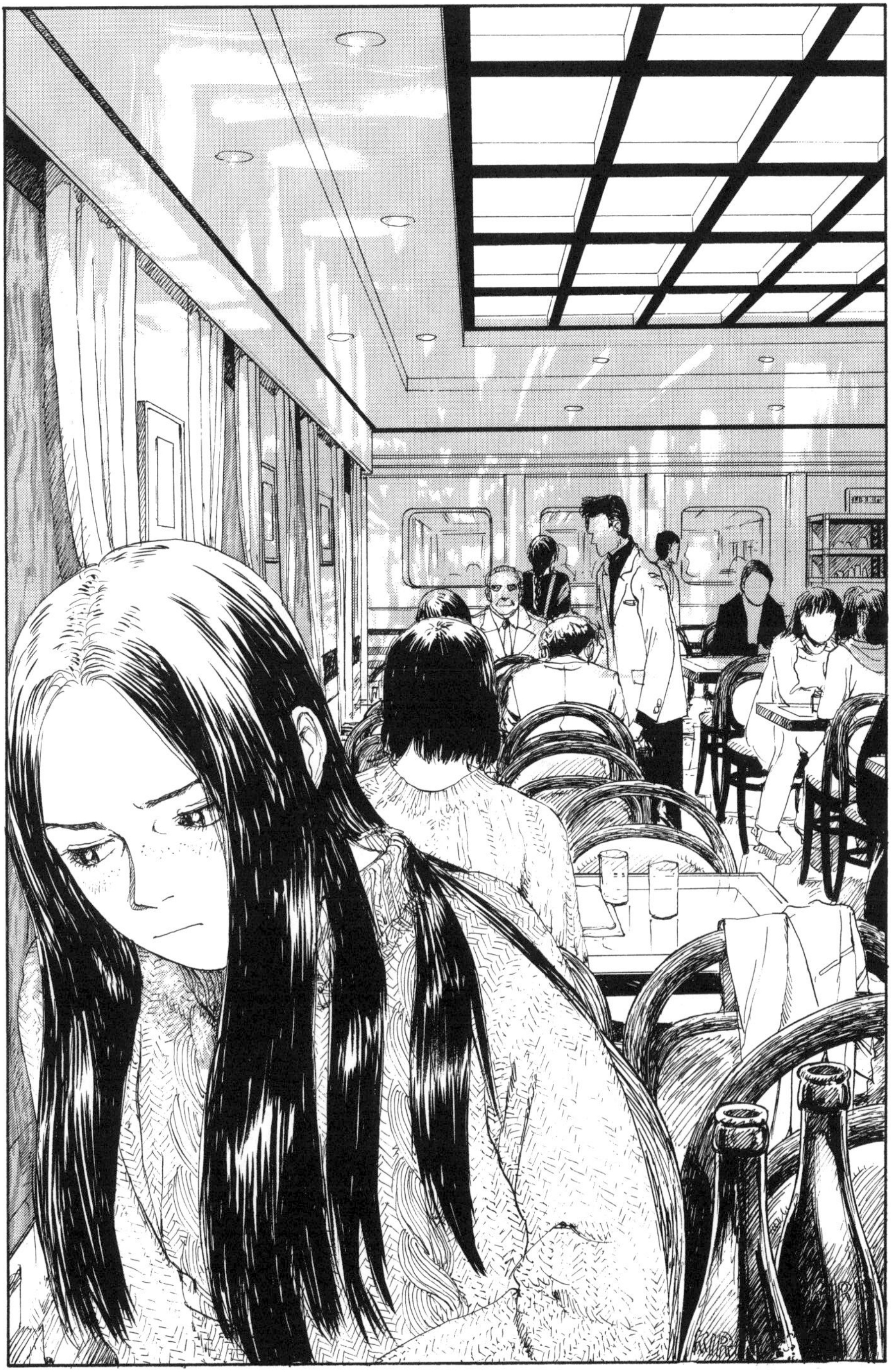

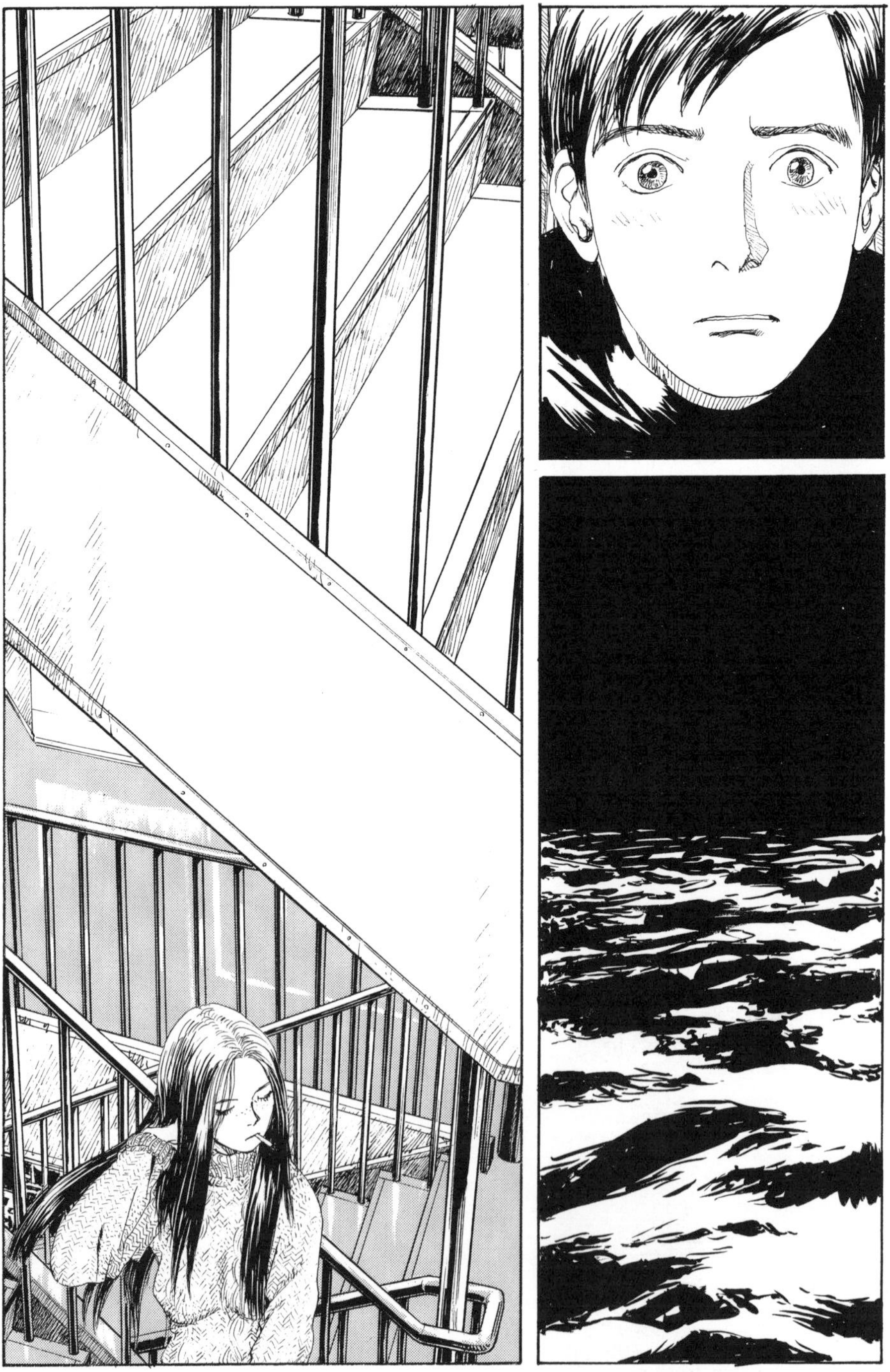

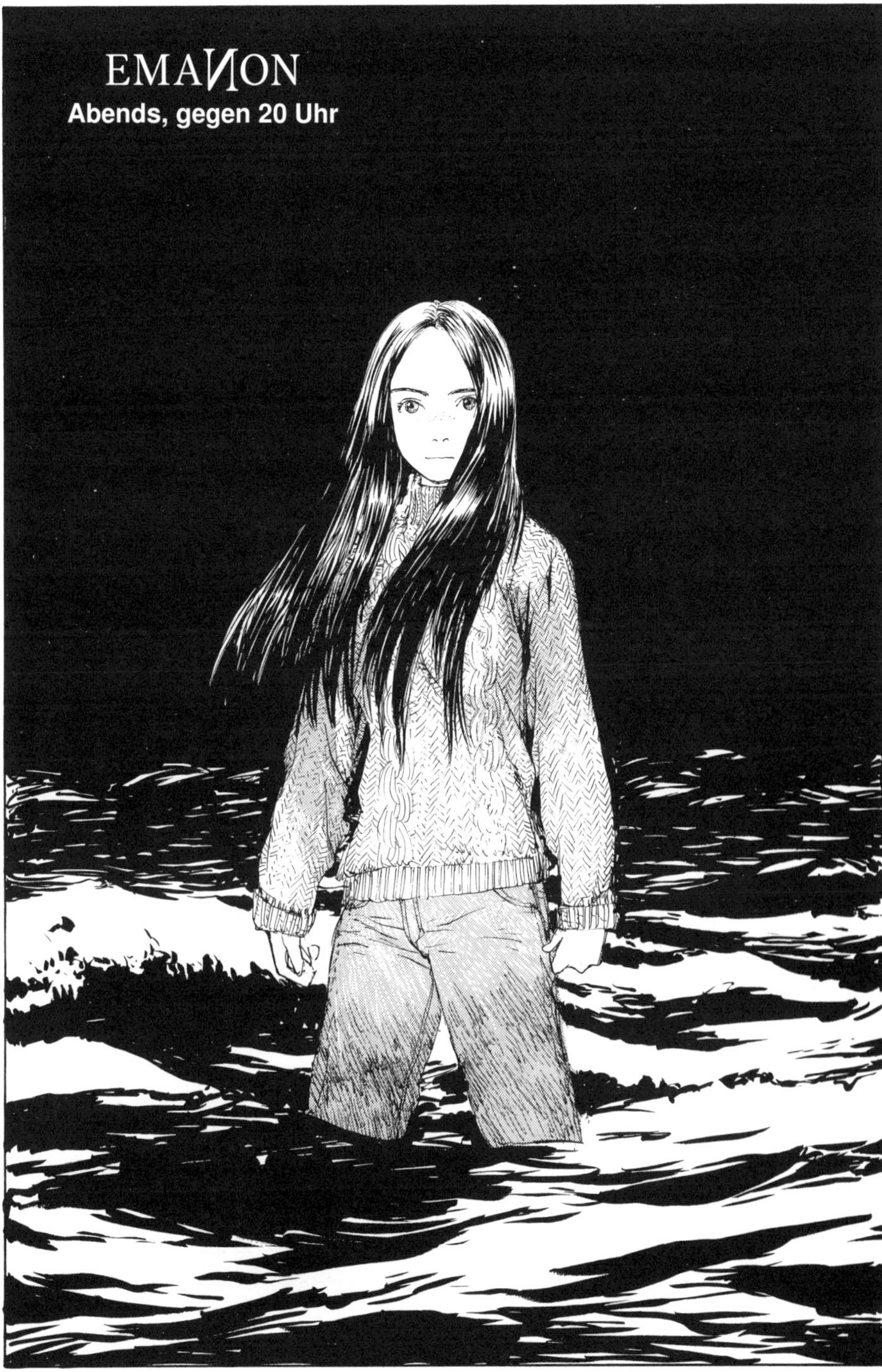
EMAИON
Abends, gegen 20 Uhr

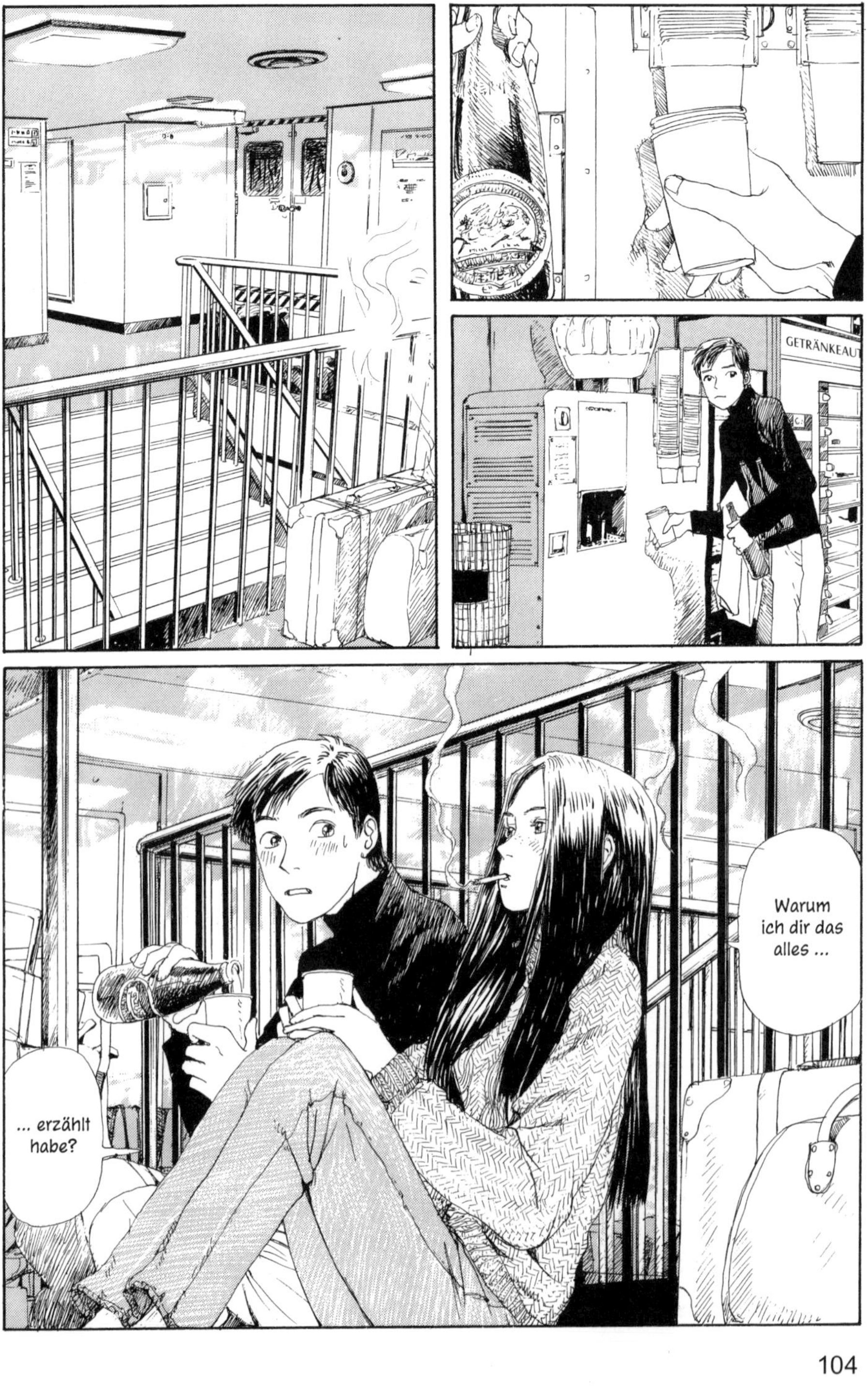
GETRÄNKEAUT
Warum ich dir das alles ...
... erzählt habe?

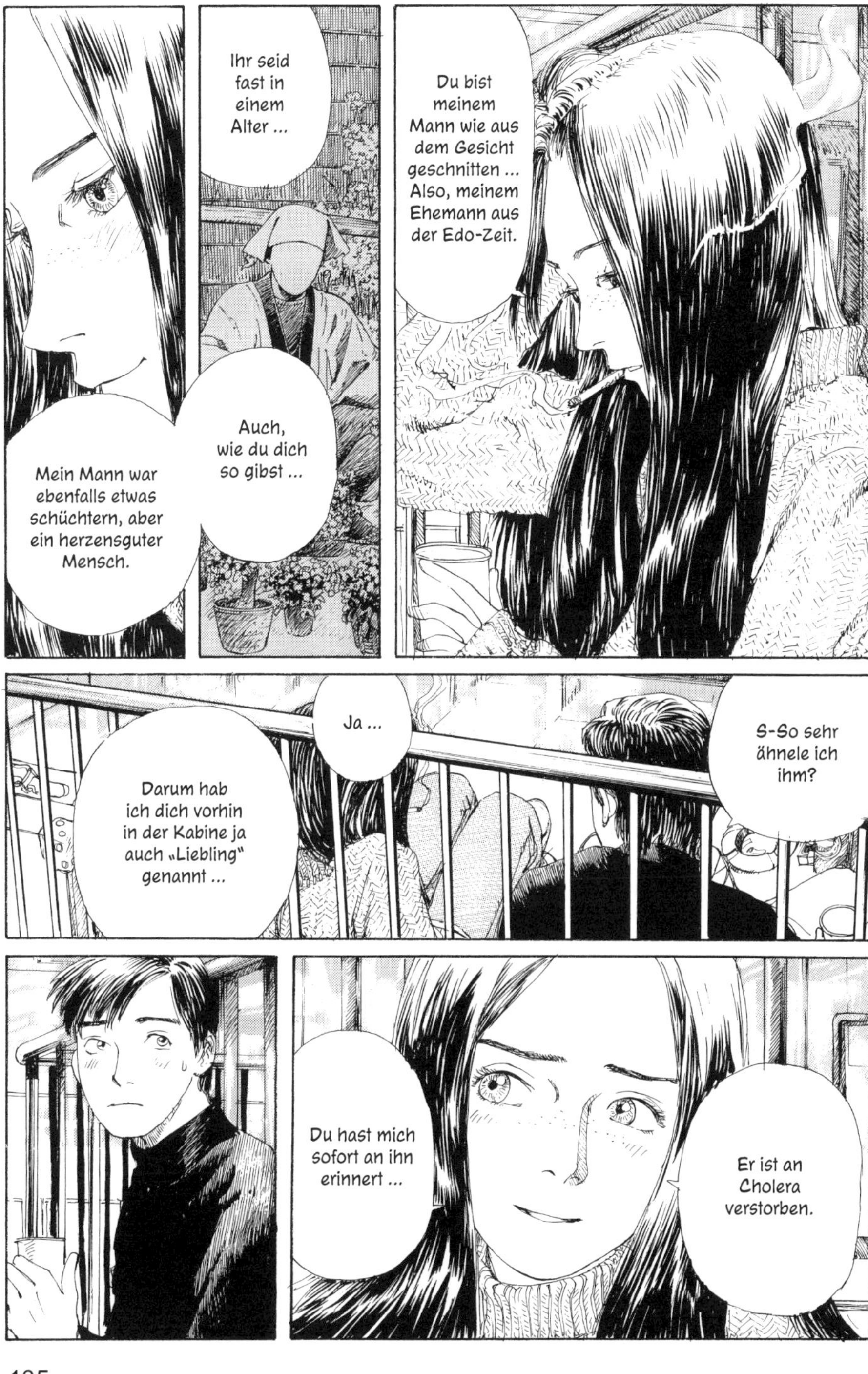

Du bist meinem Mann wie aus dem Gesicht geschnitten ... Also, meinem Ehemann aus der Edo-Zeit.
Ihr seid fast in einem Alter ...
Auch, wie du dich so gibst ...
Mein Mann war ebenfalls etwas schüchtern, aber ein herzensguter Mensch.
S-So sehr ähnele ich ihm?
Ja ...
Darum hab ich dich vorhin in der Kabine ja auch „Liebling“ genannt ...
Er ist an Cholera verstorben.
Du hast mich sofort an ihn erinnert ...

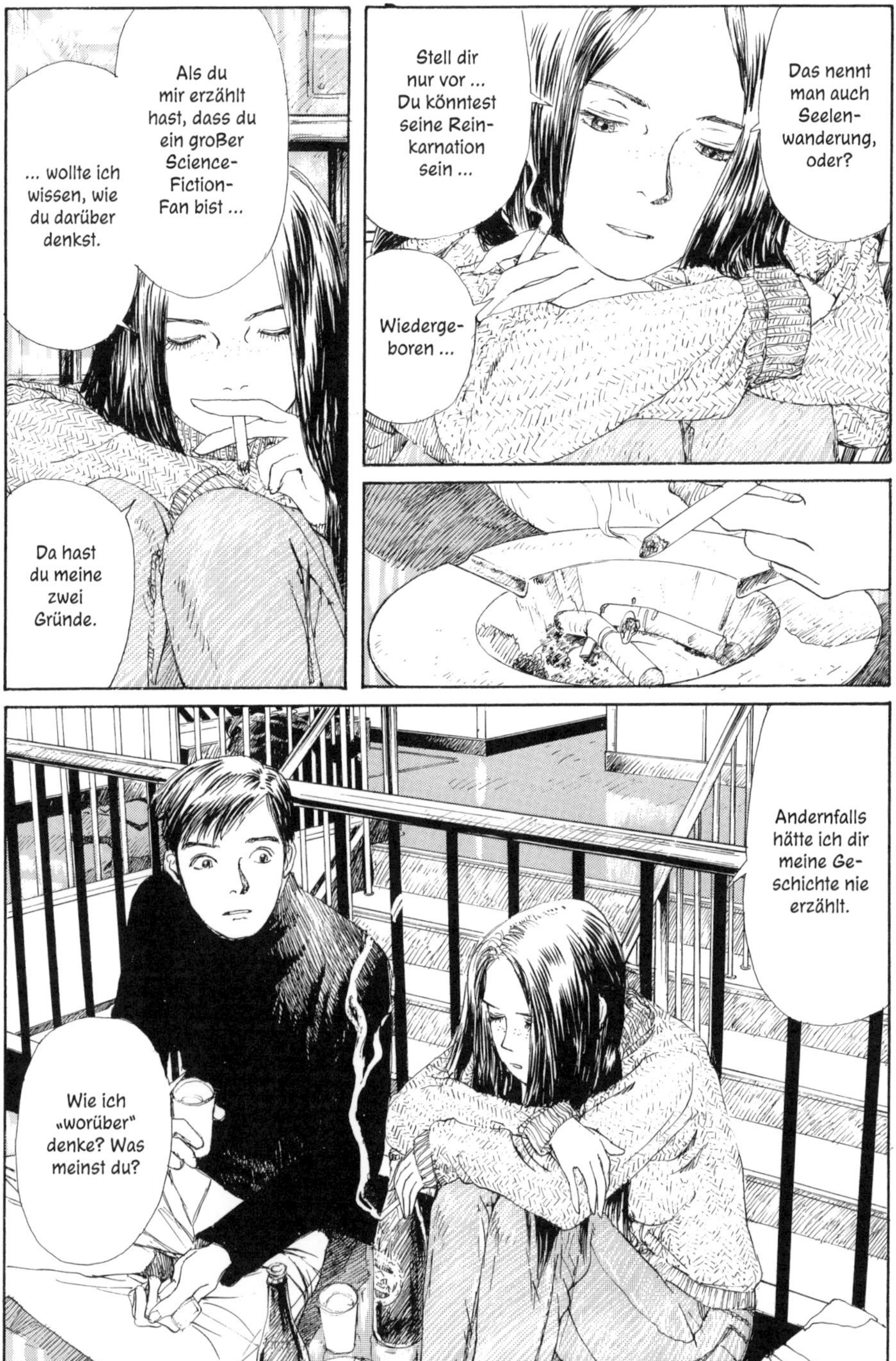
Stell dir nur vor ... Du könntest seine Reinkarnation sein ...
Das nennt man auch Seelenwanderung, oder?
Wiedergeboren ...
Als du mir erzählt hast, dass du ein großer Science-Fiction-Fan bist ...
... wollte ich wissen, wie du darüber denkst.
Da hast du meine zwei Gründe.
Andernfalls hätte ich dir meine Geschichte nie erzählt.
Wie ich „worüber" denke? Was meinst du?

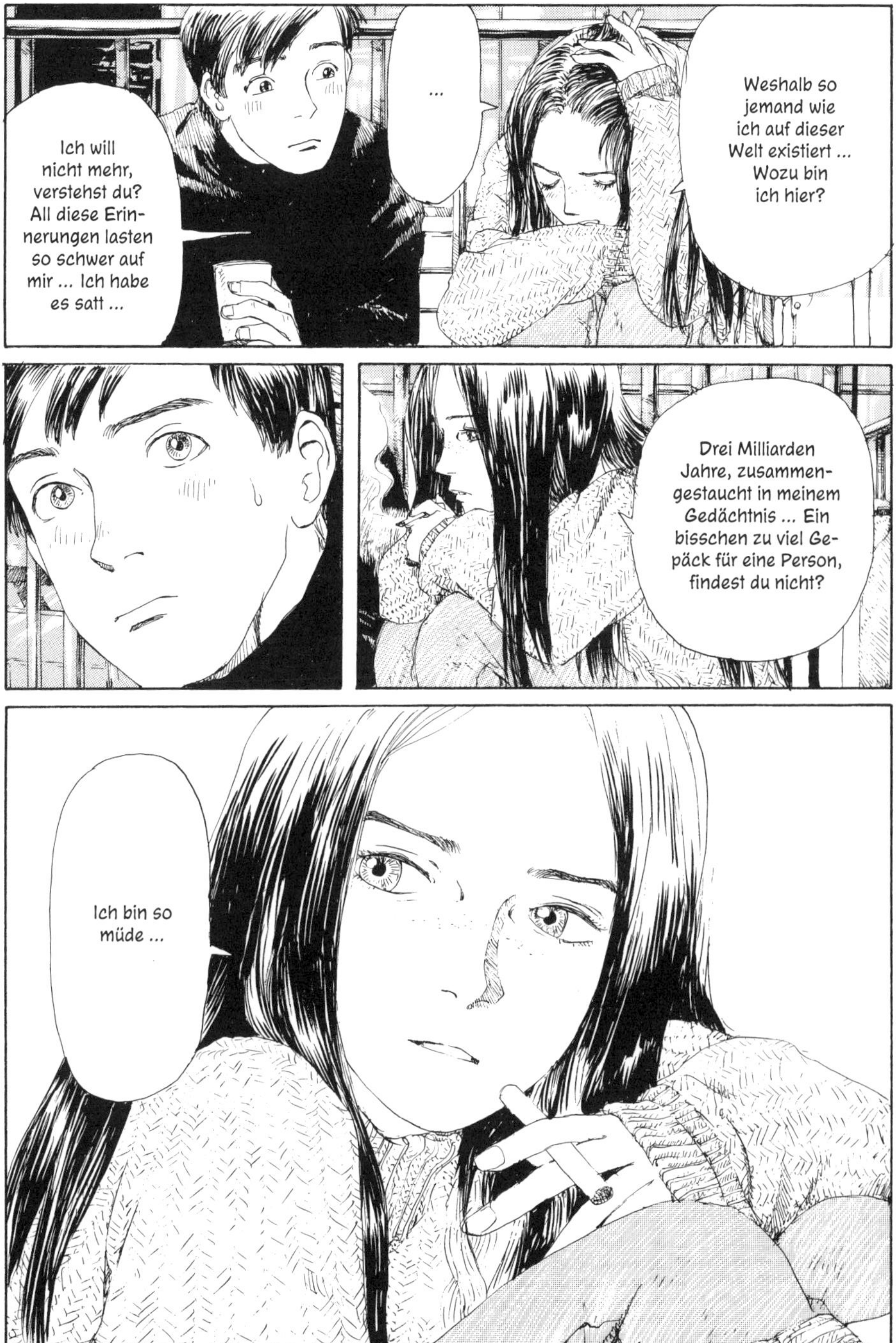
Weshalb so jemand wie ich auf dieser Welt existiert ... Wozu bin ich hier?
...
Ich will nicht mehr, verstehst du? All diese Erinnerungen lasten so schwer auf mir ... Ich habe es satt ...
Drei Milliarden Jahre, zusammengestaucht in meinem Gedächtnis ... Ein bisschen zu viel Gepäck für eine Person, findest du nicht?
Ich bin so müde ...

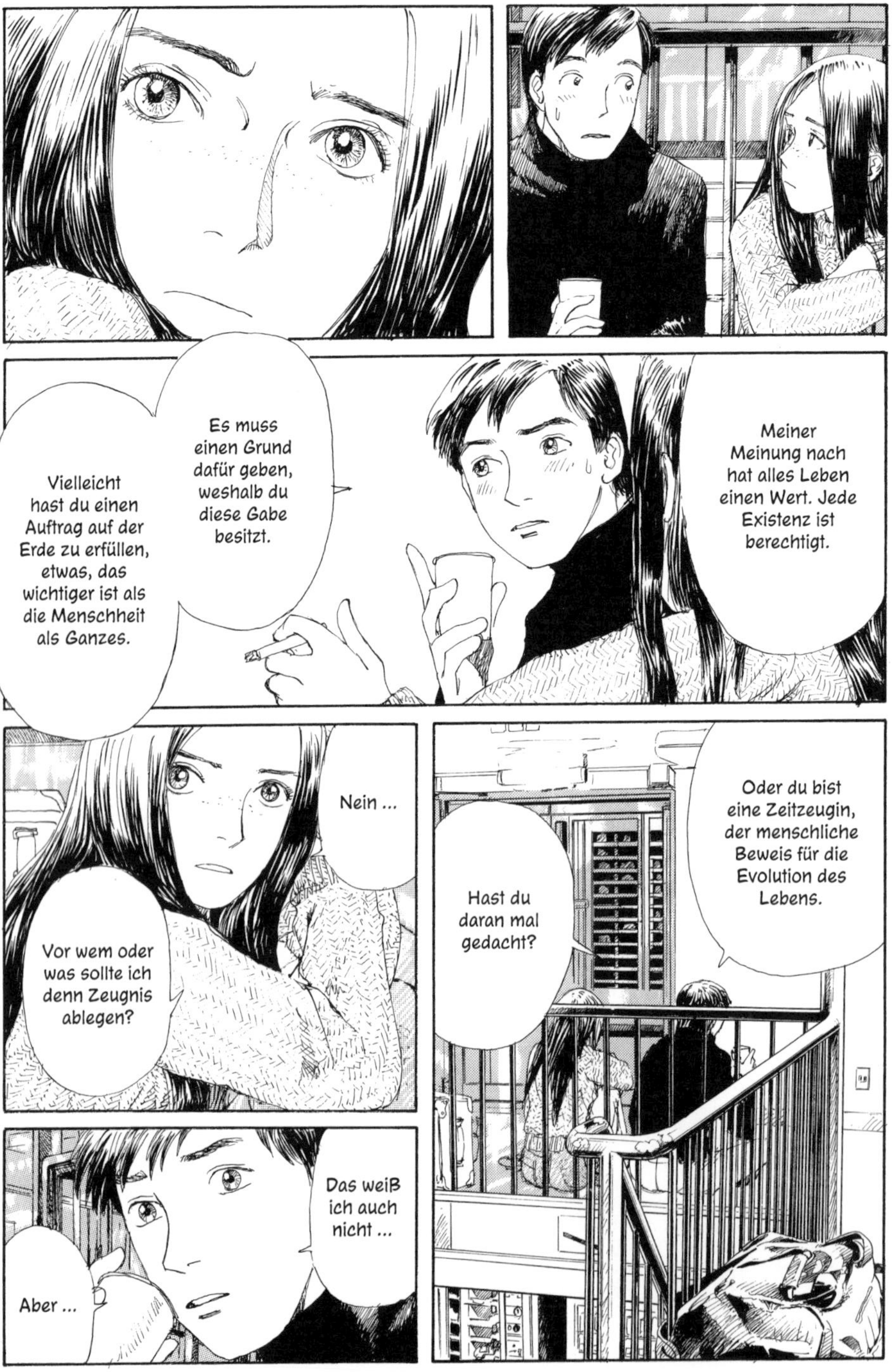

Meiner Meinung nach hat alles Leben einen Wert. Jede Existenz ist berechtigt.
Es muss einen Grund dafür geben, weshalb du diese Gabe besitzt.
Vielleicht hast du einen Auftrag auf der Erde zu erfüllen, etwas, das wichtiger ist als die Menschheit als Ganzes.
Oder du bist eine Zeitzeugin, der menschliche Beweis für die Evolution des Lebens.
Hast du daran mal gedacht?
Nein ...
Vor wem oder was sollte ich denn Zeugnis ablegen?
Das weiß ich auch nicht ...
Aber ...

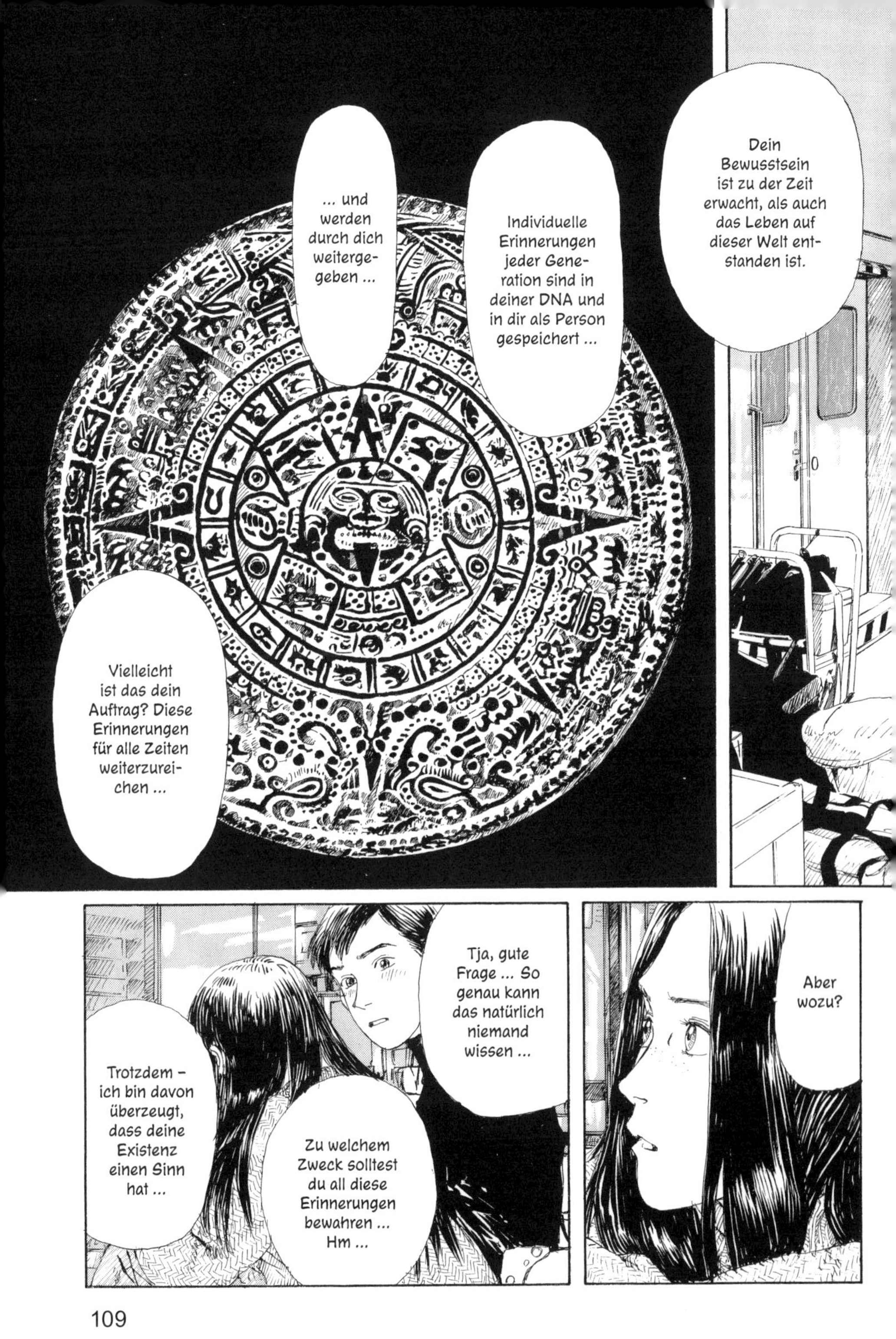
Dein Bewusstsein ist zu der Zeit erwacht, als auch das Leben auf dieser Welt entstanden ist.
Individuelle Erinnerungen jeder Generation sind in deiner DNA und in dir als Person gespeichert ...
... und werden durch dich weitergegeben ...
Vielleicht ist das dein Auftrag? Diese Erinnerungen für alle Zeiten weiterzureichen ...
Aber wozu?
Tja, gute Frage ... So genau kann das natürlich niemand wissen ...
Zu welchem Zweck solltest du all diese Erinnerungen bewahren ... Hm ...
Trotzdem – ich bin davon überzeugt, dass deine Existenz einen Sinn hat ...

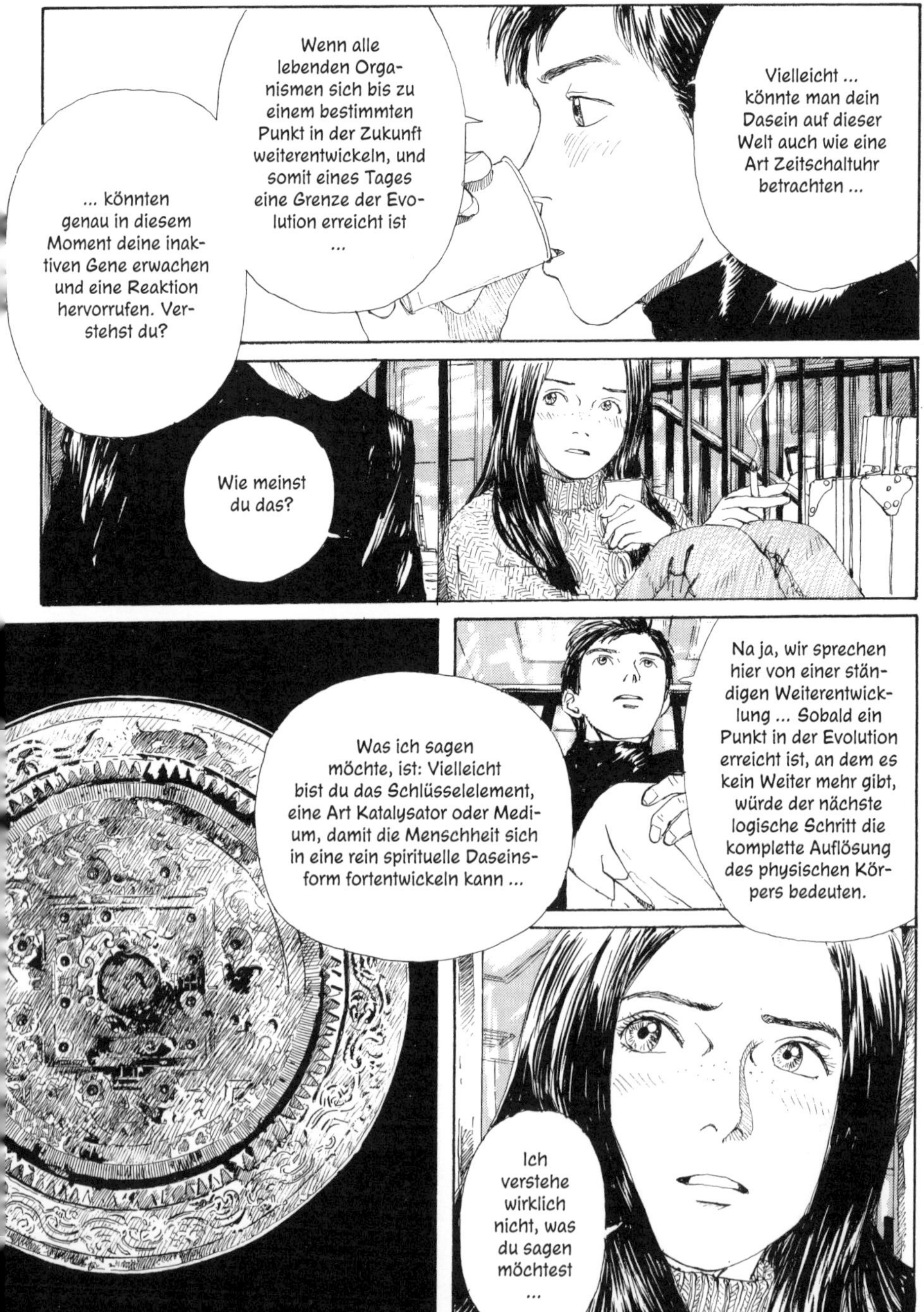
Vielleicht ... könnte man dein Dasein auf dieser Welt auch wie eine Art Zeitschaltuhr betrachten ...
Wenn alle lebenden Organismen sich bis zu einem bestimmten Punkt in der Zukunft weiterentwickeln, und somit eines Tages eine Grenze der Evolution erreicht ist ...
... könnten genau in diesem Moment deine inaktiven Gene erwachen und eine Reaktion hervorrufen. Verstehst du?
Wie meinst du das?
Na ja, wir sprechen hier von einer ständigen Weiterentwicklung ... Sobald ein Punkt in der Evolution erreicht ist, an dem es kein Weiter mehr gibt, würde der nächste logische Schritt die komplette Auflösung des physischen Körpers bedeuten.
Was ich sagen möchte, ist: Vielleicht bist du das Schlüsselelement, eine Art Katalysator oder Medium, damit die Menschheit sich in eine rein spirituelle Daseinsform fortentwickeln kann ...
Ich verstehe wirklich nicht, was du sagen möchtest ...

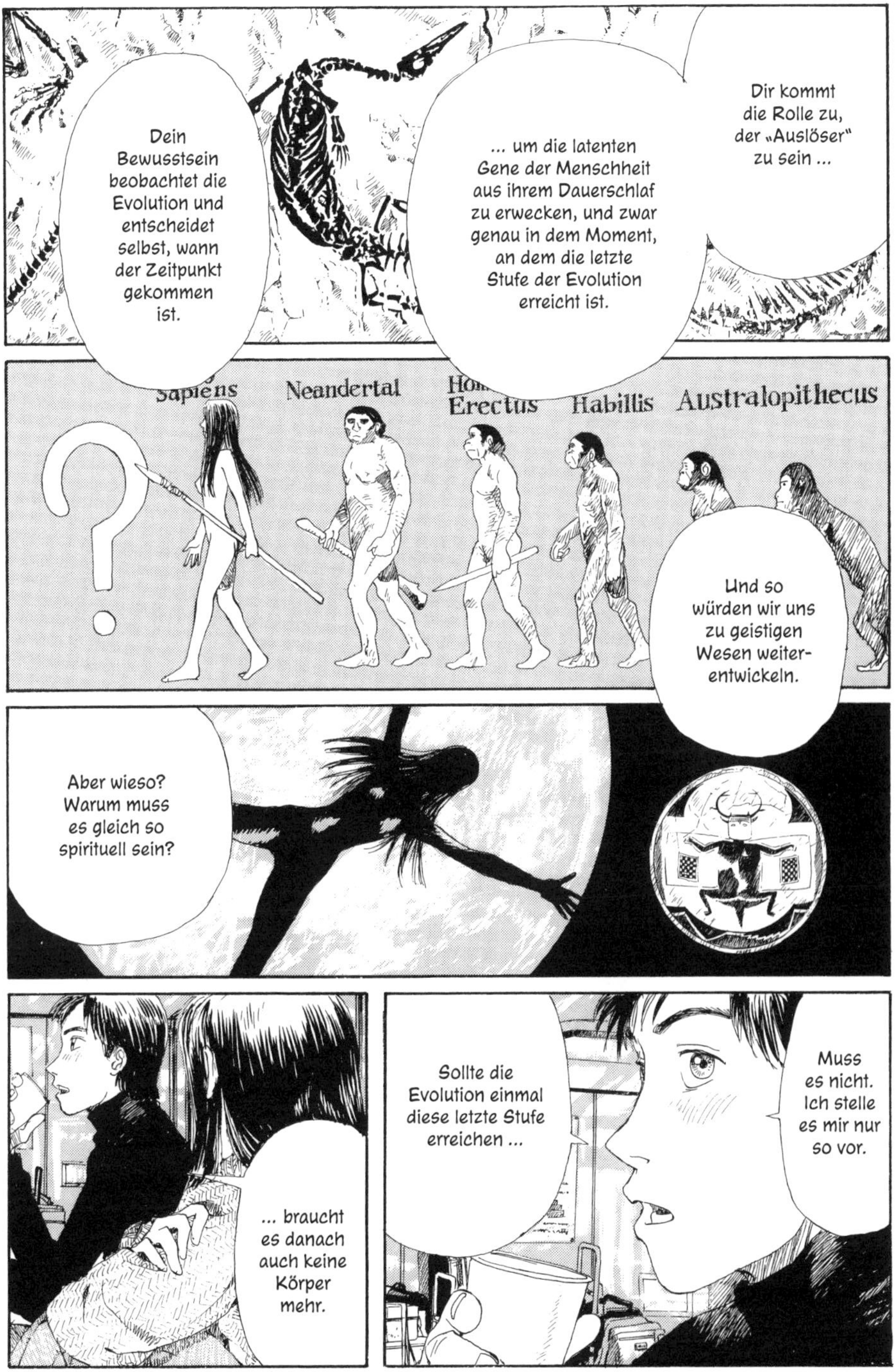

Dir kommt die Rolle zu, der „Auslöser" zu sein ...
... um die latenten Gene der Menschheit aus ihrem Dauerschlaf zu erwecken, und zwar genau in dem Moment, an dem die letzte Stufe der Evolution erreicht ist.
Dein Bewusstsein beobachtet die Evolution und entscheidet selbst, wann der Zeitpunkt gekommen ist.
Australopithecus
Habillis
Erectus
Neandertal
Sapiens
Und so würden wir uns zu geistigen Wesen weiterentwickeln.
Aber wieso? Warum muss es gleich so spirituell sein?
Muss es nicht. Ich stelle es mir nur so vor.
Sollte die Evolution einmal diese letzte Stufe erreichen ...
... braucht es danach auch keine Körper mehr.

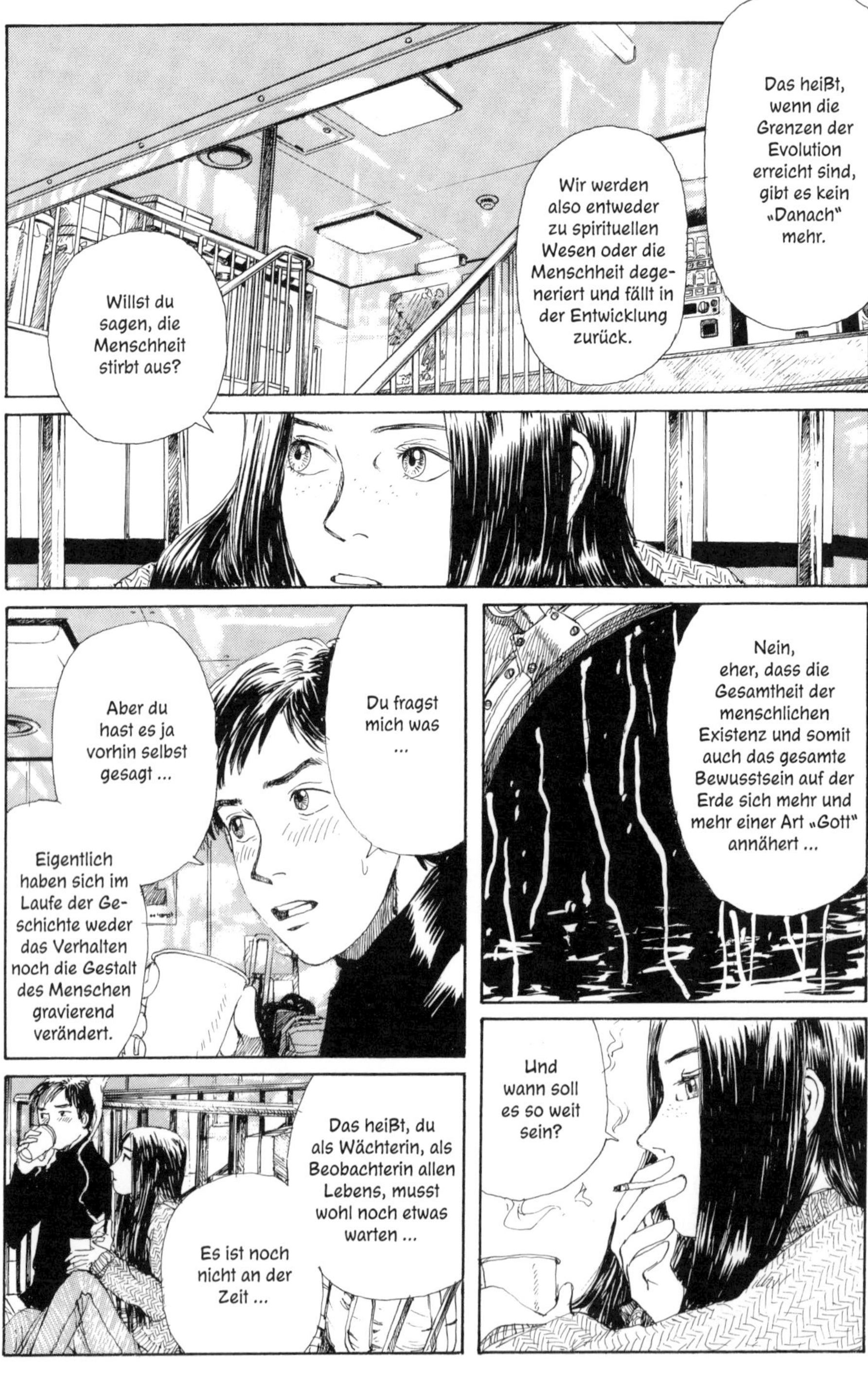
Das heißt, wenn die Grenzen der Evolution erreicht sind, gibt es kein „Danach" mehr.
Wir werden also entweder zu spirituellen Wesen oder die Menschheit degeneriert und fällt in der Entwicklung zurück.
Willst du sagen, die Menschheit stirbt aus?
Nein, eher, dass die Gesamtheit der menschlichen Existenz und somit auch das gesamte Bewusstsein auf der Erde sich mehr und mehr einer Art „Gott" annähert ...
Du fragst mich was ...
Aber du hast es ja vorhin selbst gesagt ...
Eigentlich haben sich im Laufe der Geschichte weder das Verhalten noch die Gestalt des Menschen gravierend verändert.
Und wann soll es so weit sein?
Das heißt, du als Wächterin, als Beobachterin allen Lebens, musst wohl noch etwas warten ...
Es ist noch nicht an der Zeit ...

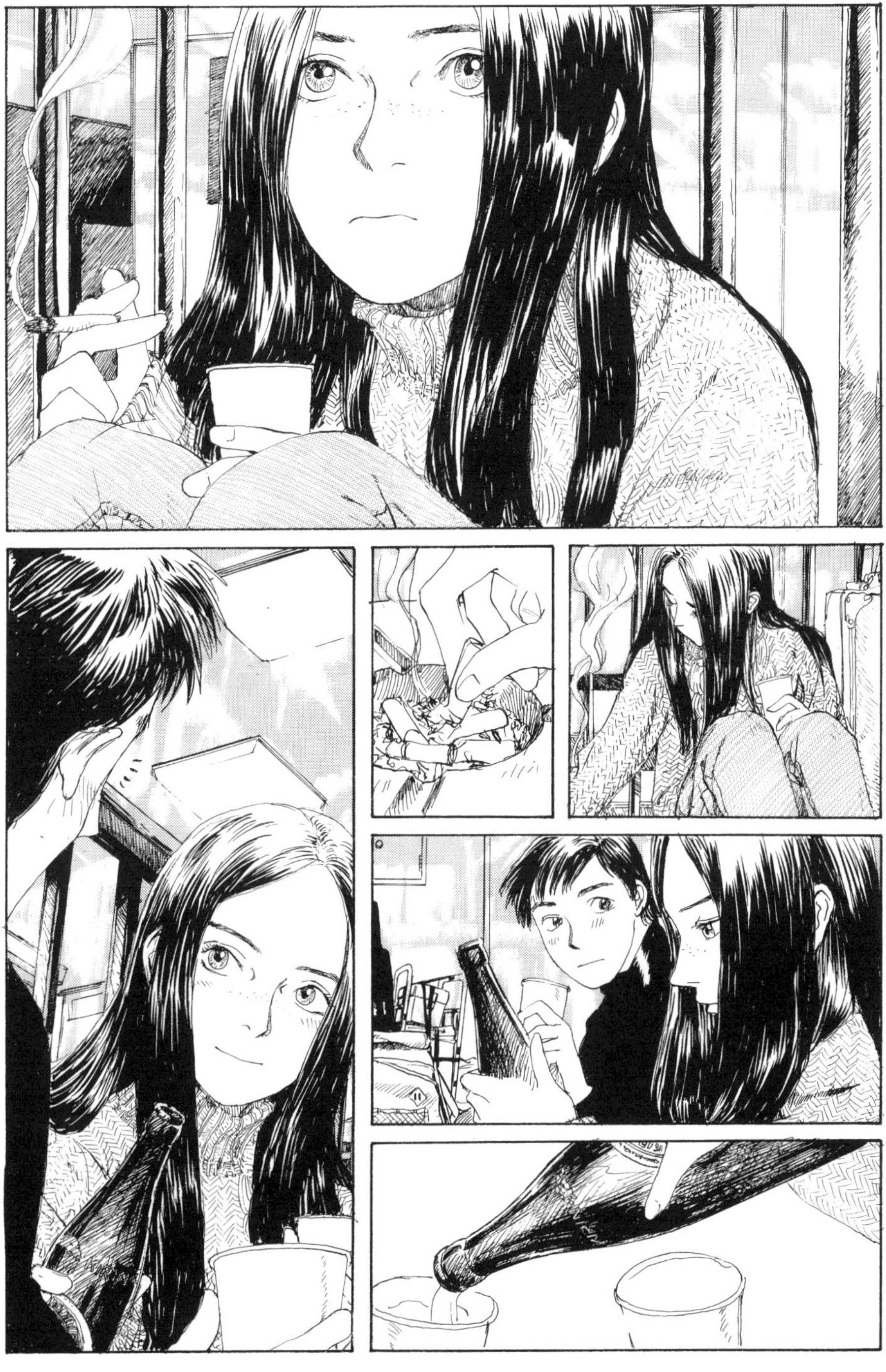

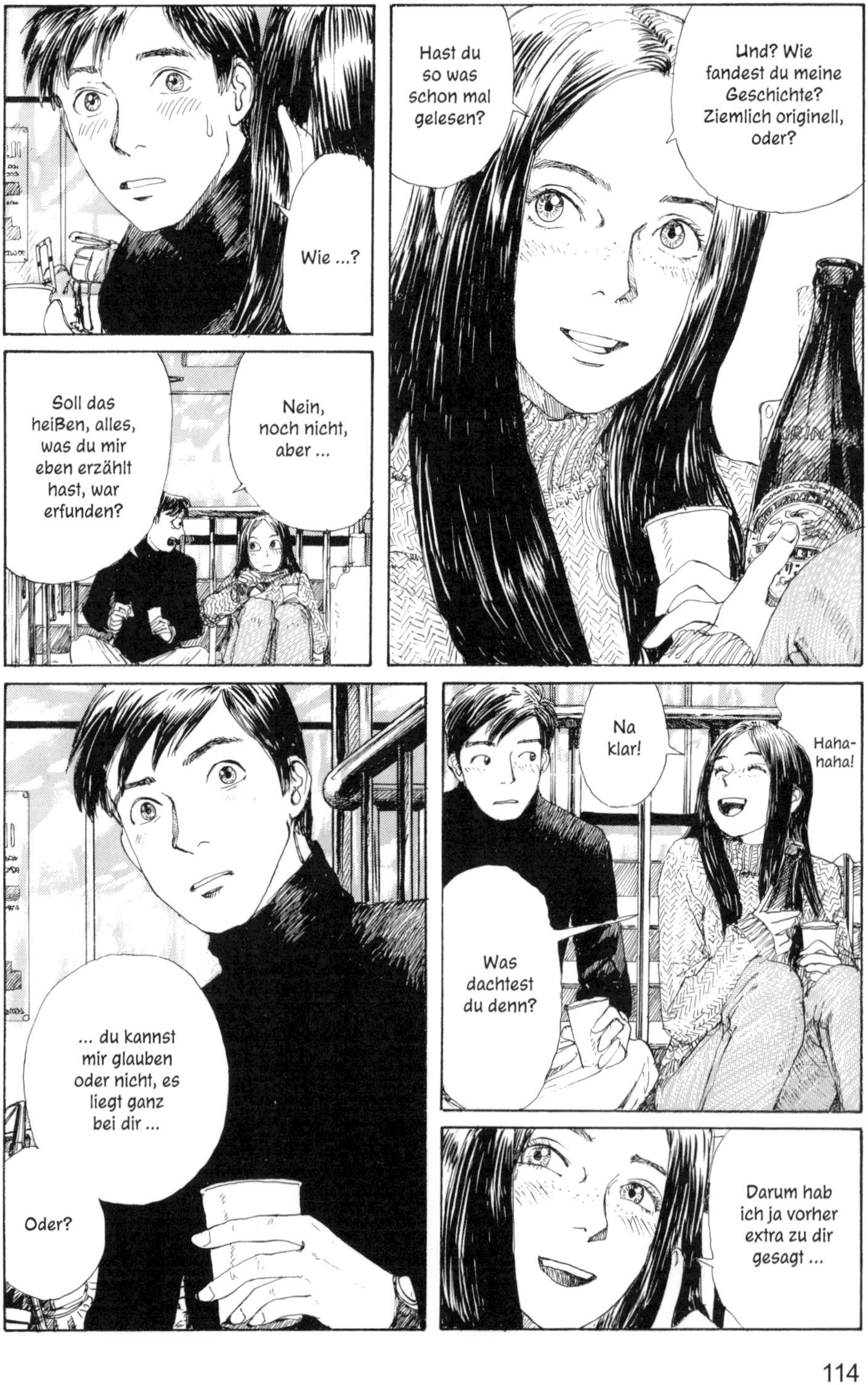
Und? Wie fandest du meine Geschichte? Ziemlich originell, oder?
Hast du so was schon mal gelesen?
Wie ...?
Nein, noch nicht, aber ...
Soll das heißen, alles, was du mir eben erzählt hast, war erfunden?
Haha-haha!
Na klar!
Was dachtest du denn?
Darum hab ich ja vorher extra zu dir gesagt ...
... du kannst mir glauben oder nicht, es liegt ganz bei dir ...
Oder?

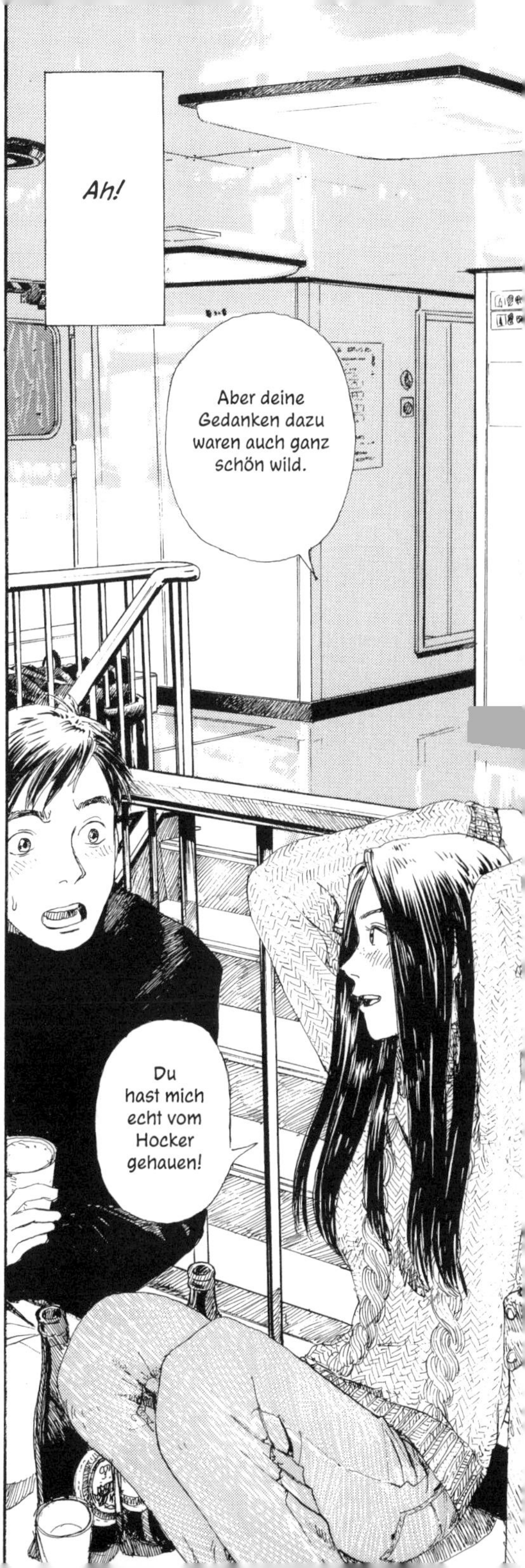
Ah!
Aber deine Gedanken dazu waren auch ganz schön wild.
Du hast mich echt vom Hocker gehauen!

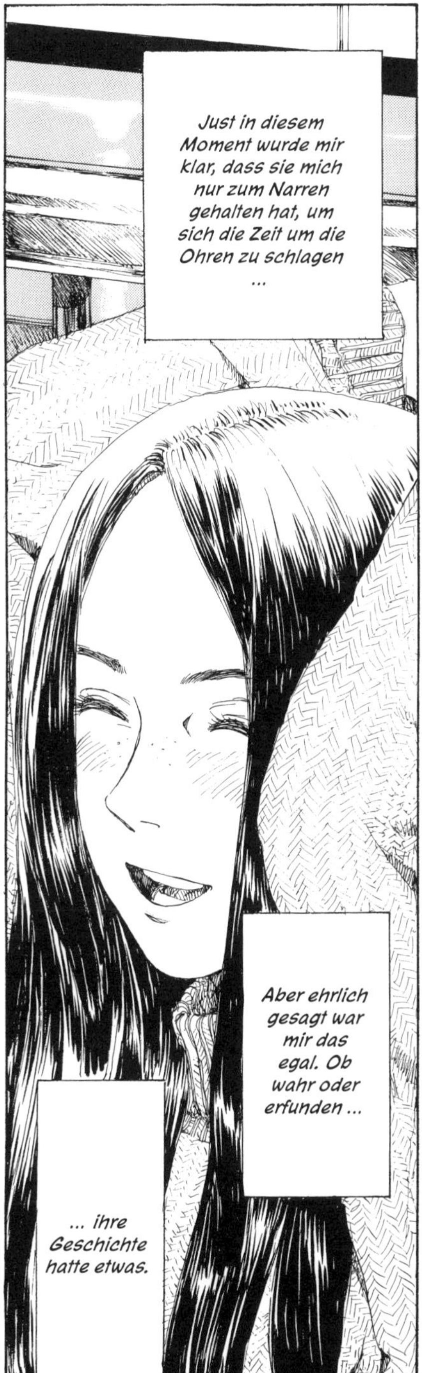
Just in diesem Moment wurde mir klar, dass sie mich nur zum Narren gehalten hat, um sich die Zeit um die Ohren zu schlagen ...
Aber ehrlich gesagt war mir das egal. Ob wahr oder erfunden ...
... ihre Geschichte hatte etwas.

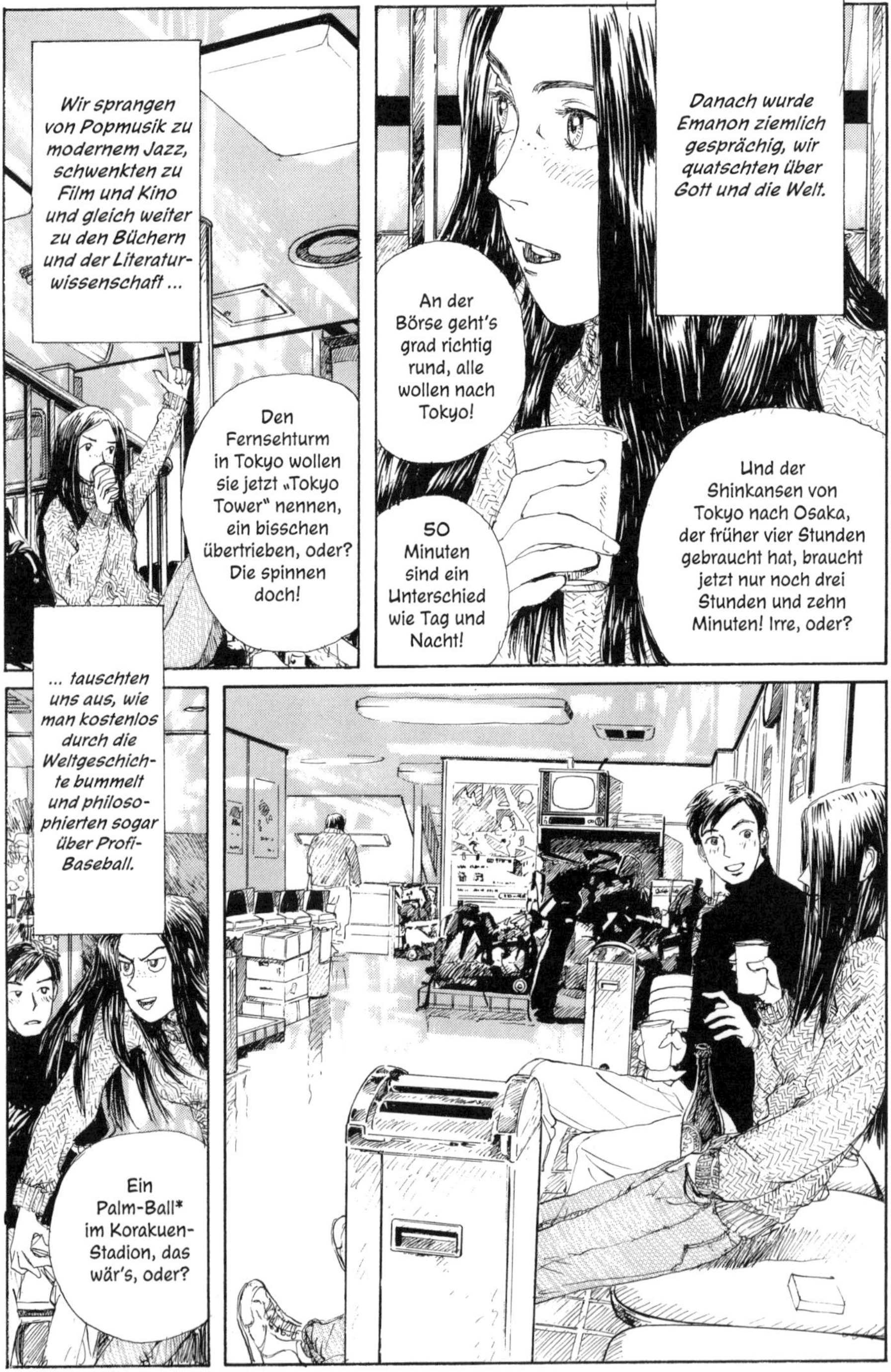

*Handflächenwurf, Wurftechnik beim Baseball

*Film aus dem Jahr 1963, der auf einem Roman von Shunrō Oshikawa beruht.

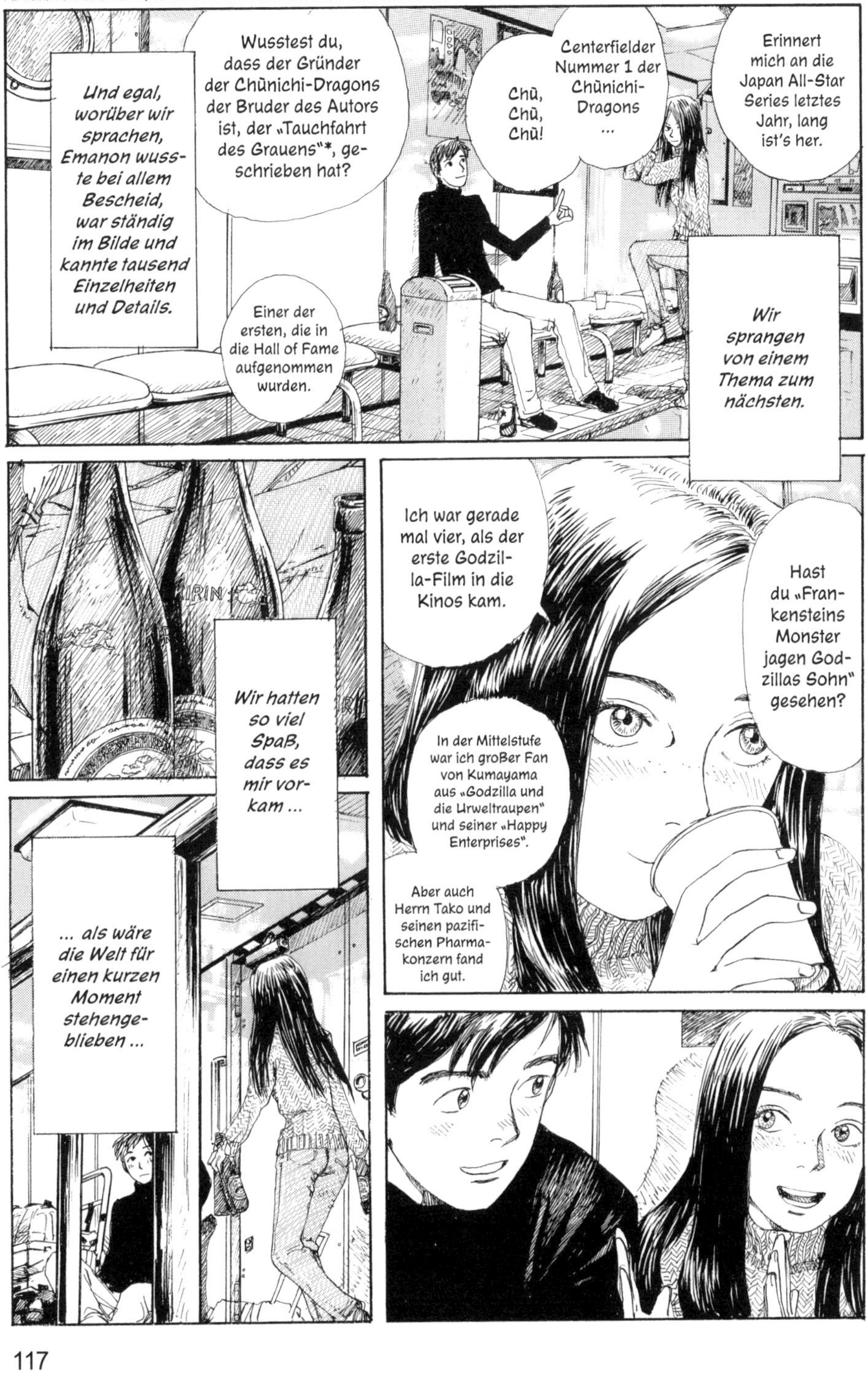

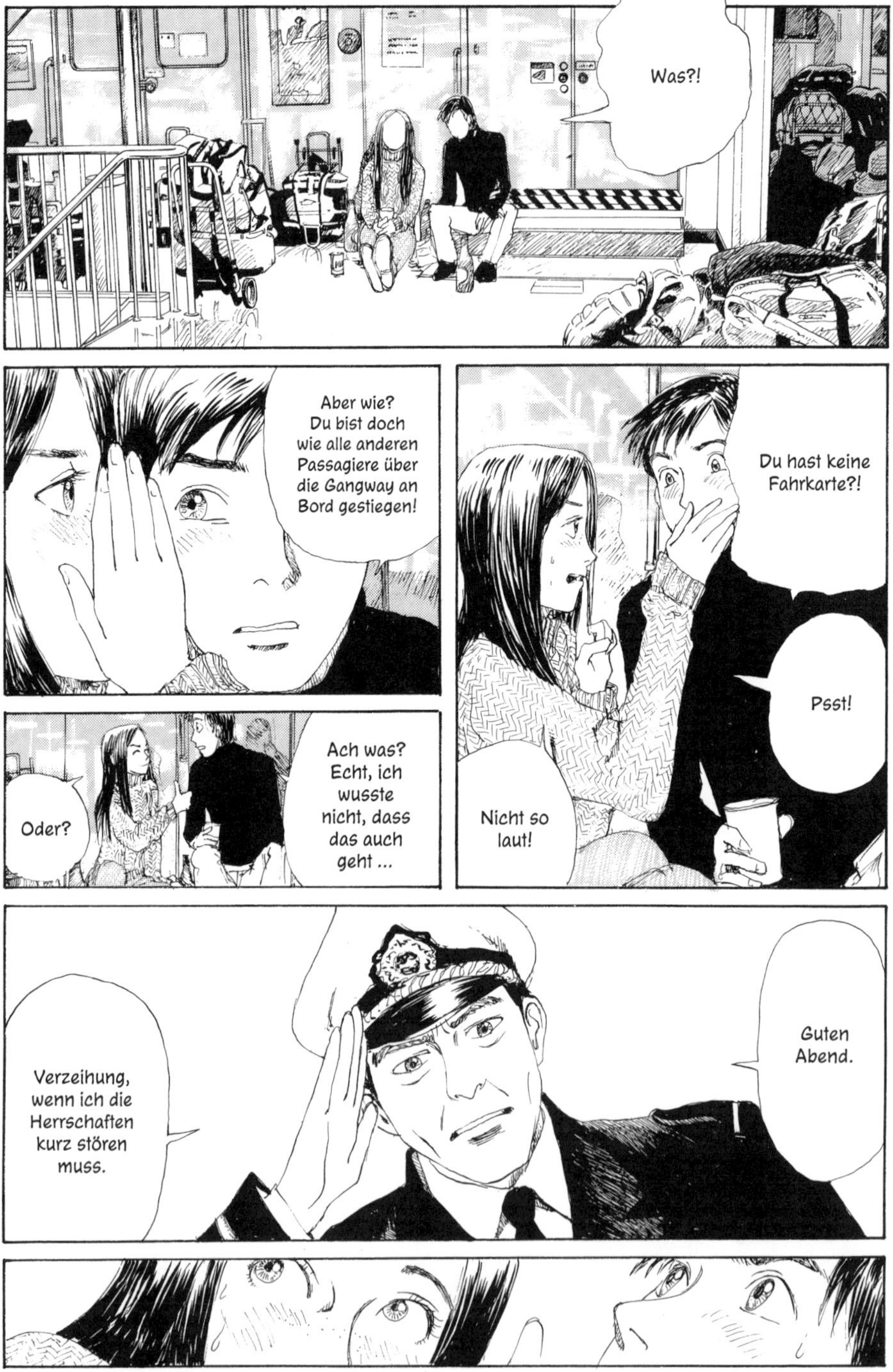
Was?!
Du hast keine Fahrkarte?!
Psst!
Nicht so laut!
Aber wie? Du bist doch wie alle anderen Passagiere über die Gangway an Bord gestiegen!
Ach was? Echt, ich wusste nicht, dass das auch geht ...
Oder?
Guten Abend.
Verzeihung, wenn ich die Herrschaften kurz stören muss.

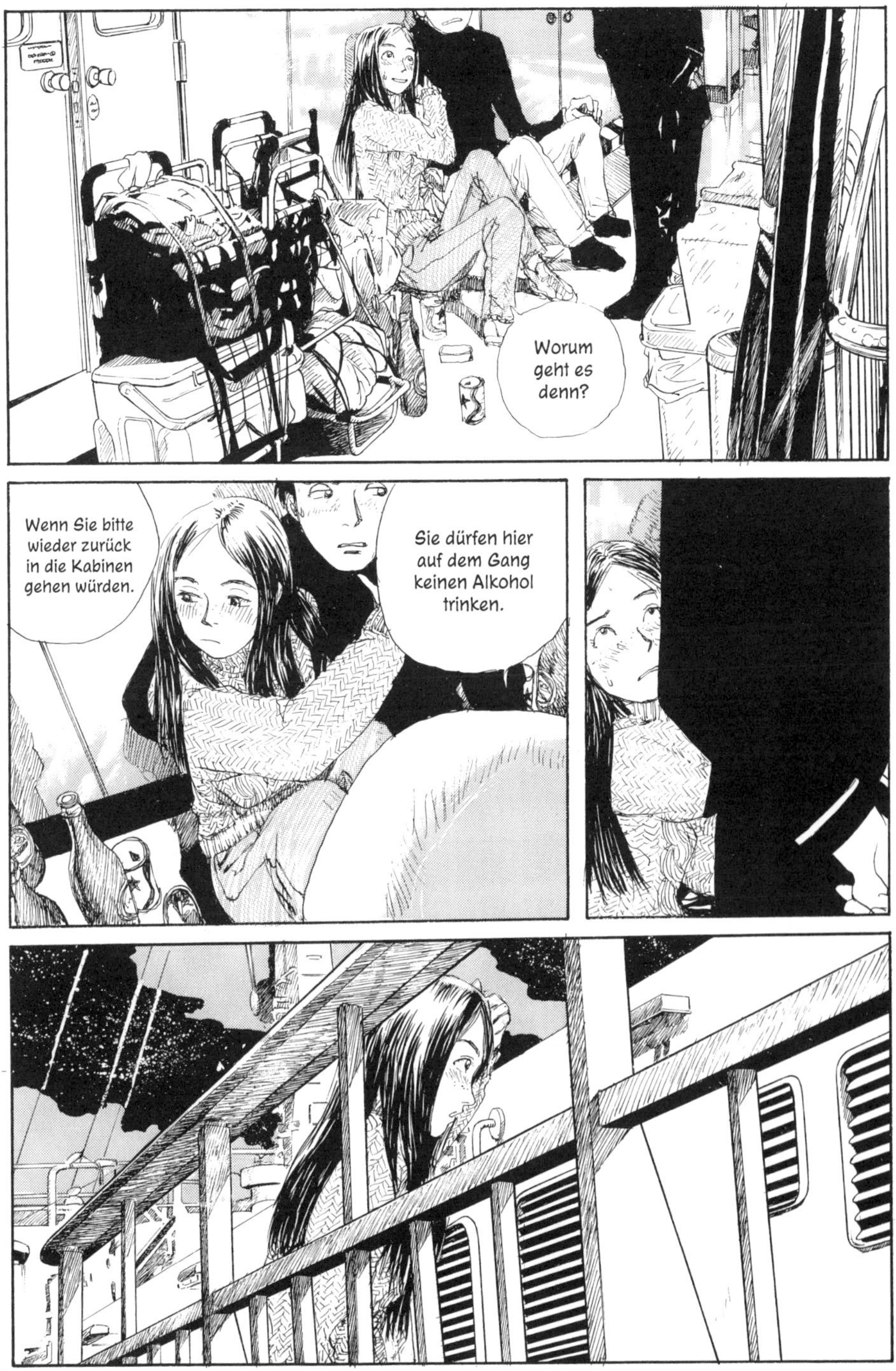
Worum geht es denn?
Sie dürfen hier auf dem Gang keinen Alkohol trinken.
Wenn Sie bitte wieder zurück in die Kabinen gehen würden.

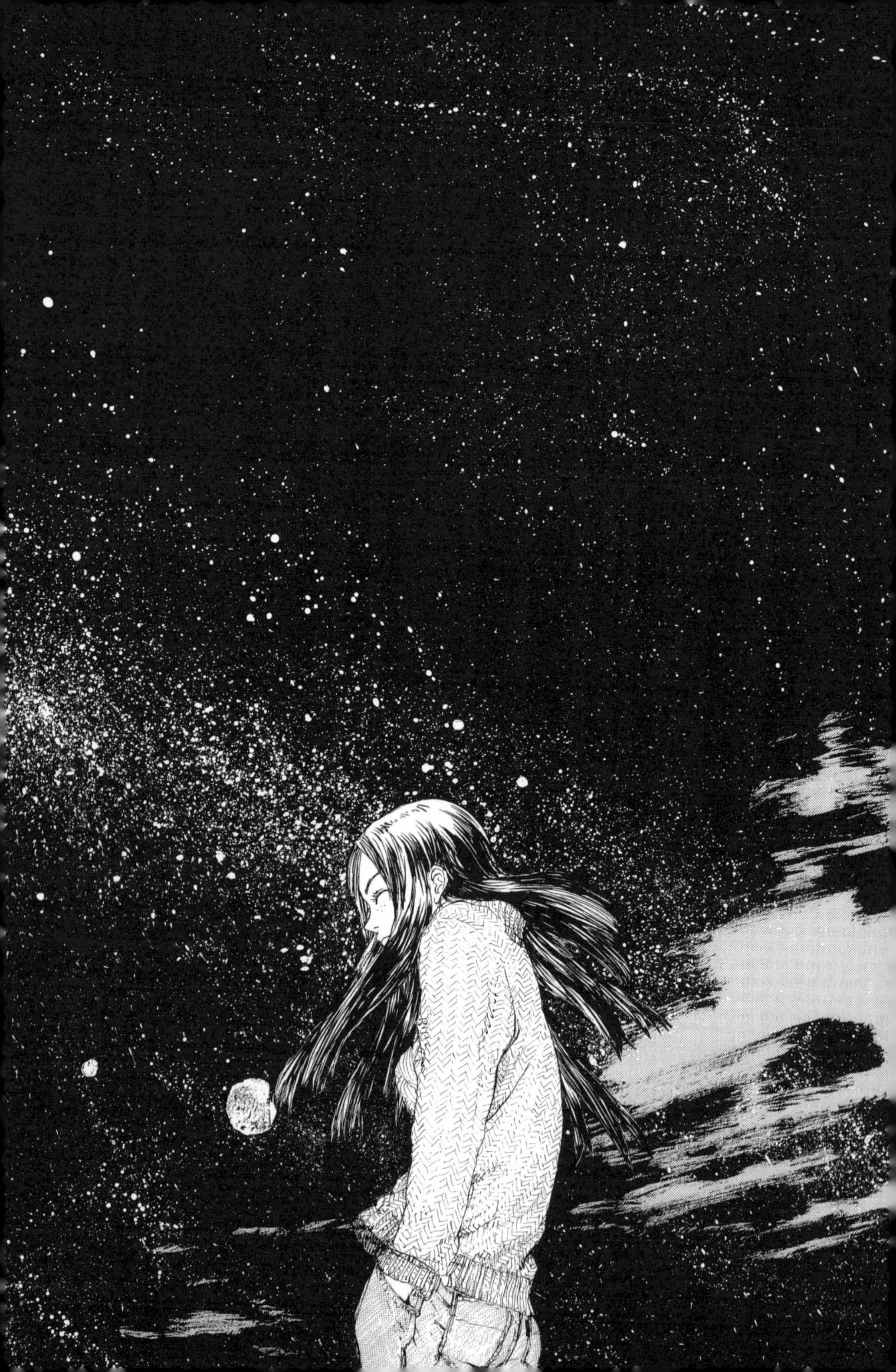

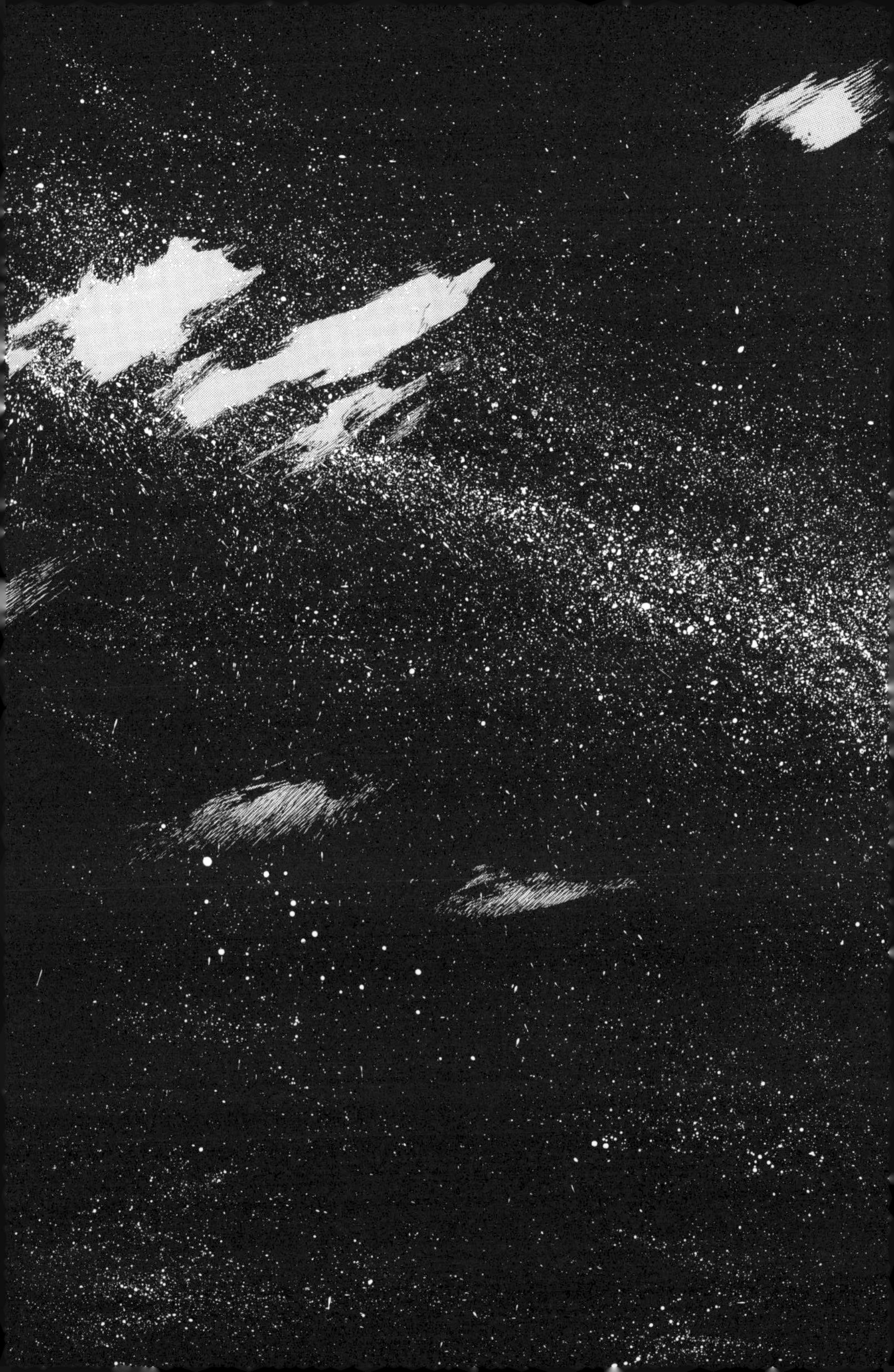

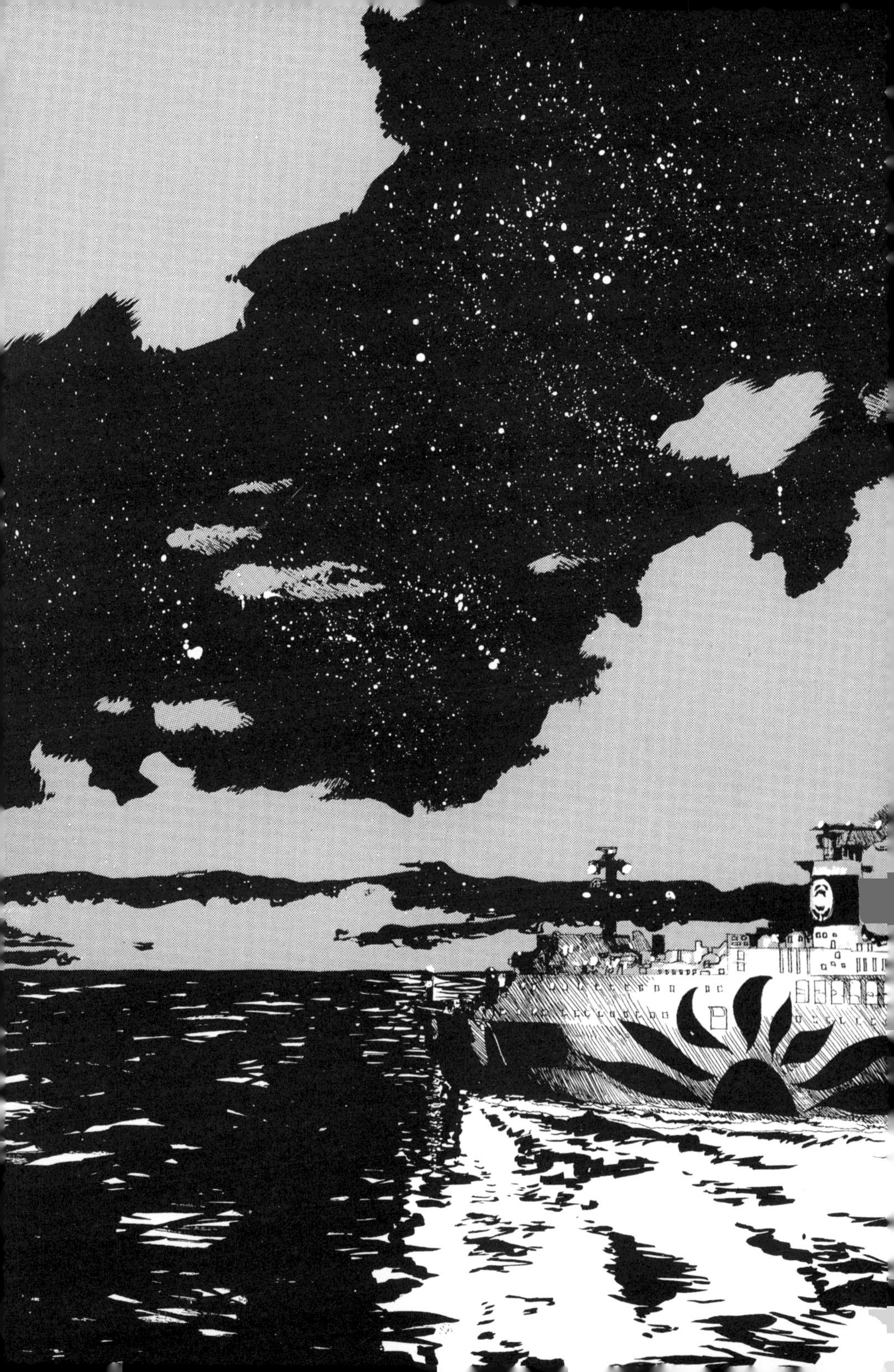

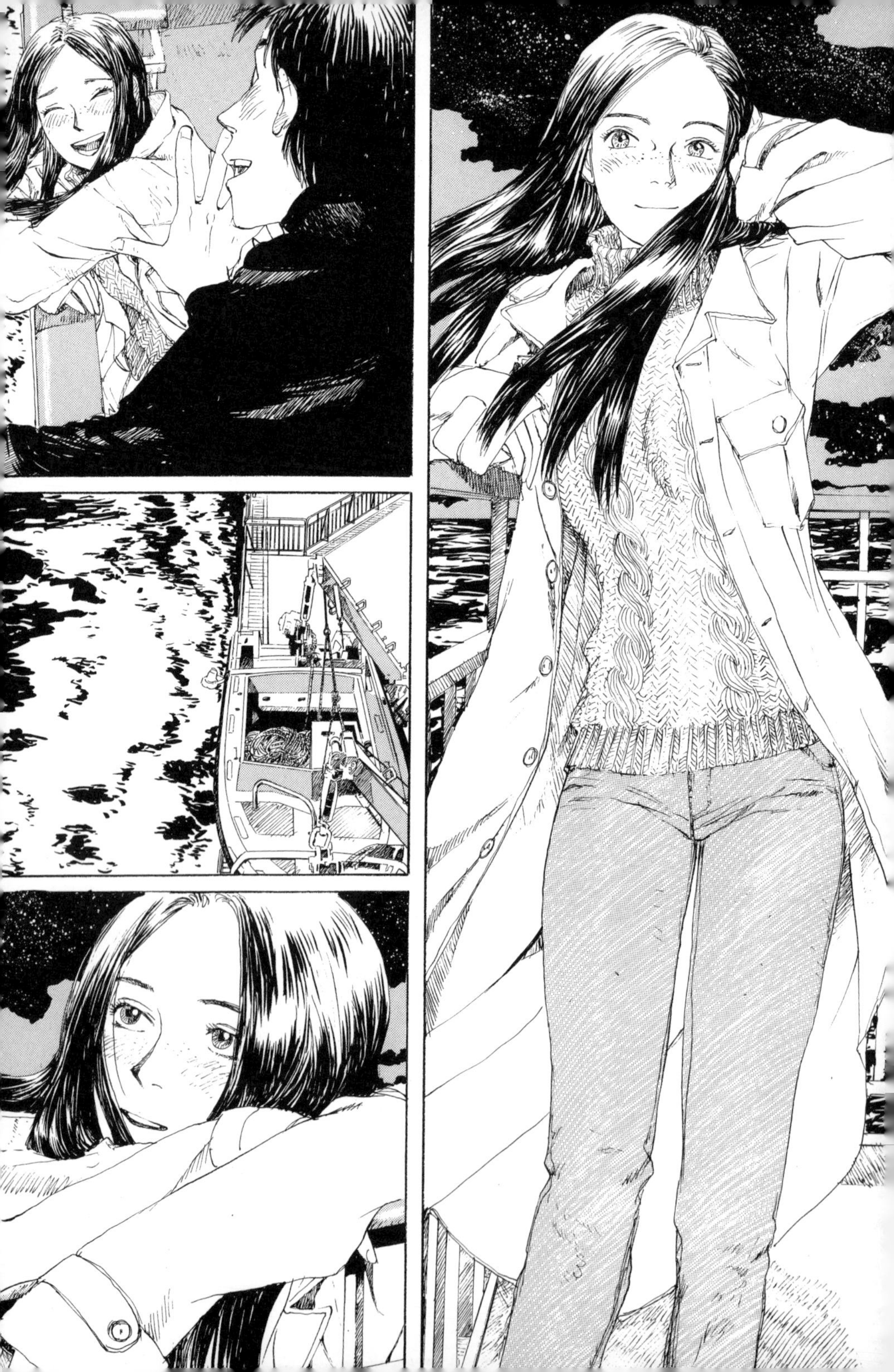

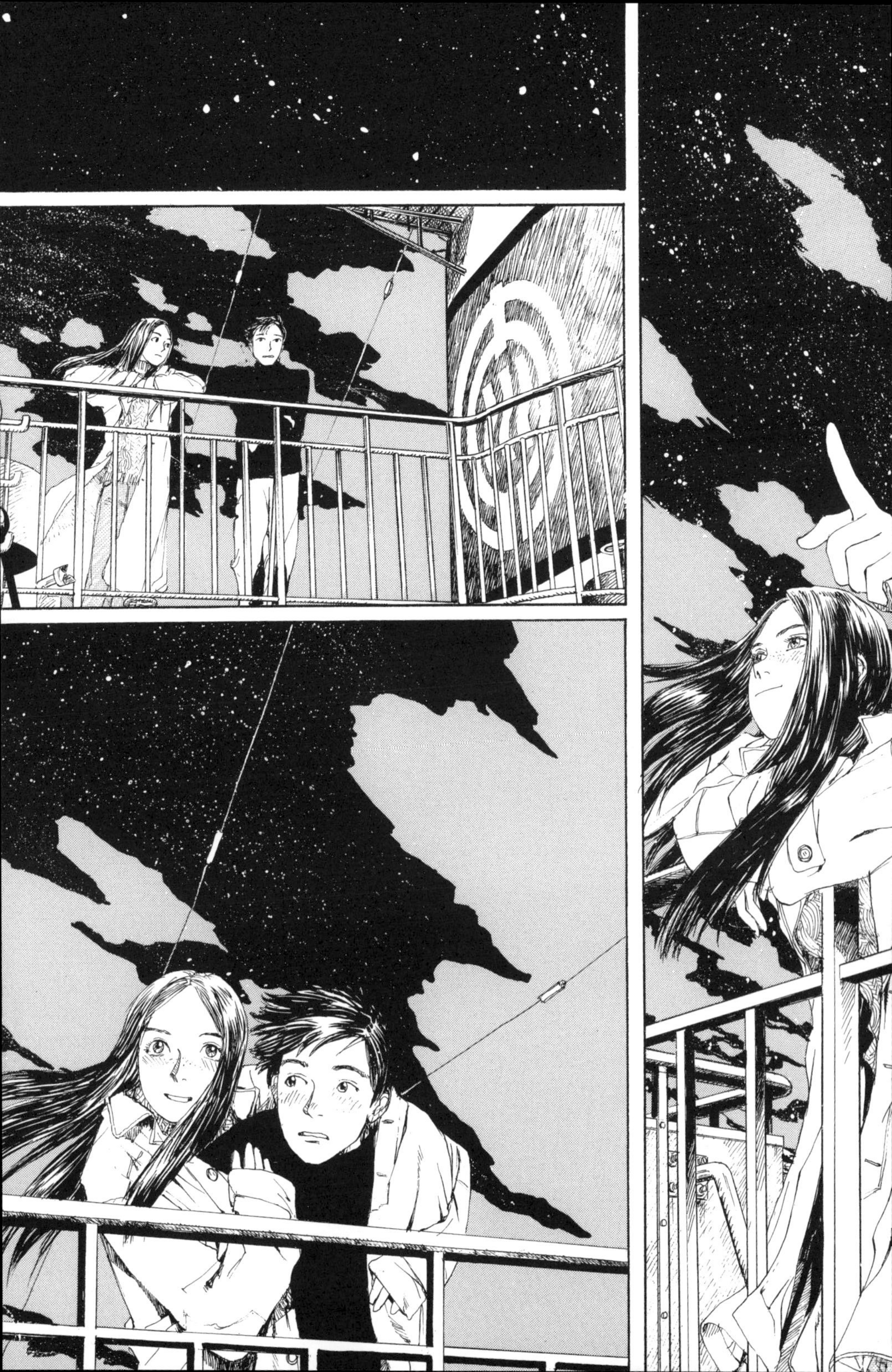

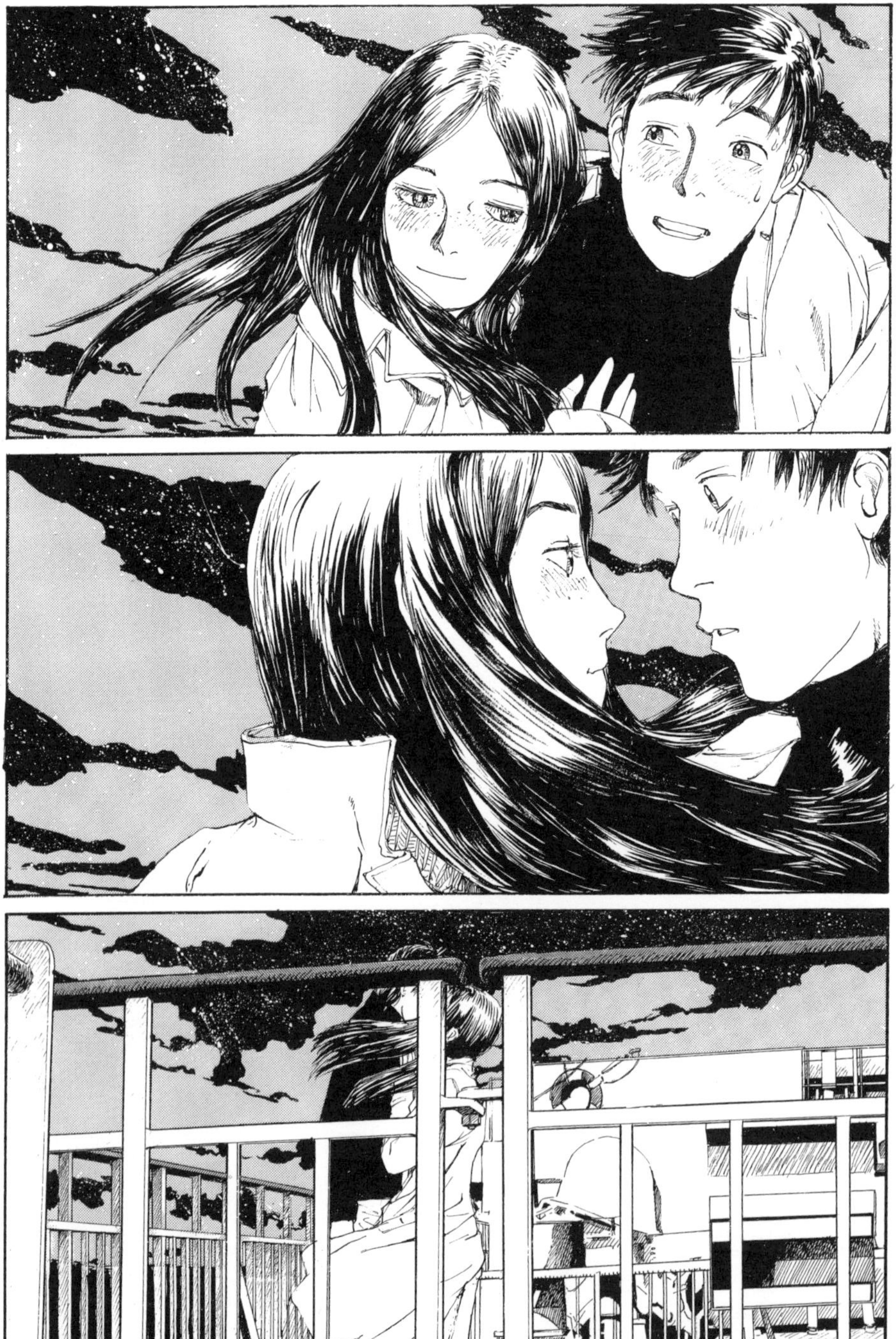

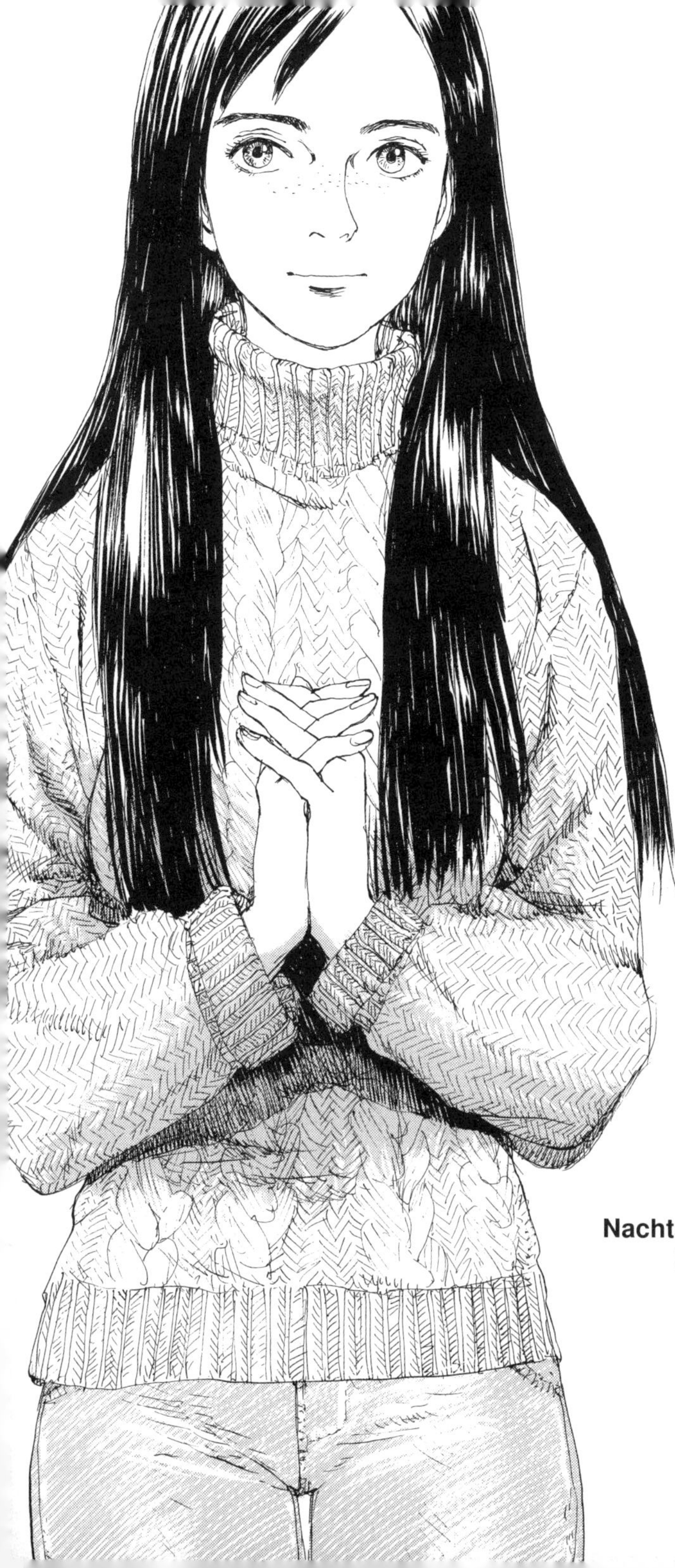

EMAИON

Nachts, zwischen 21 oder 22 Uhr, und dann …

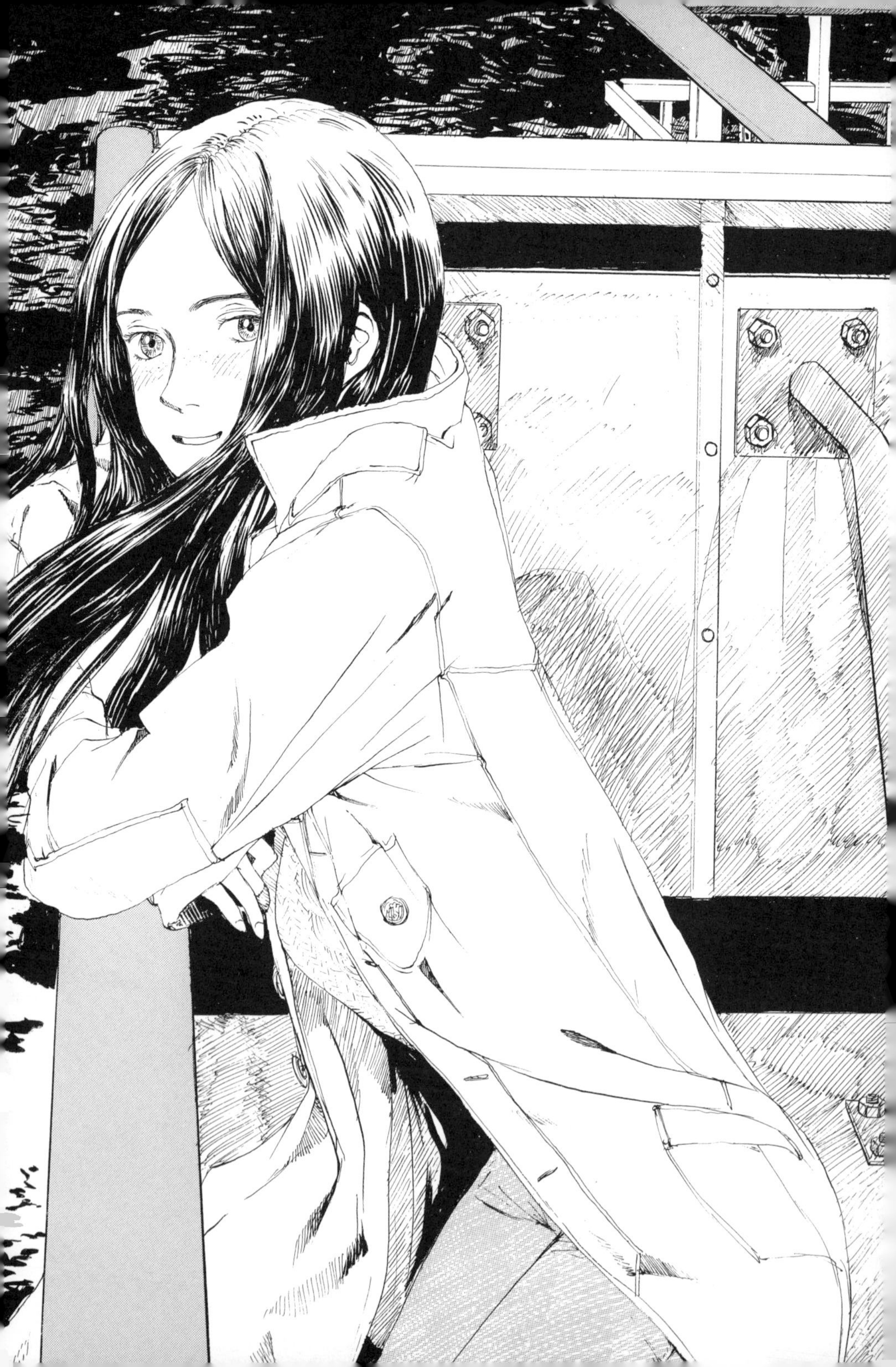

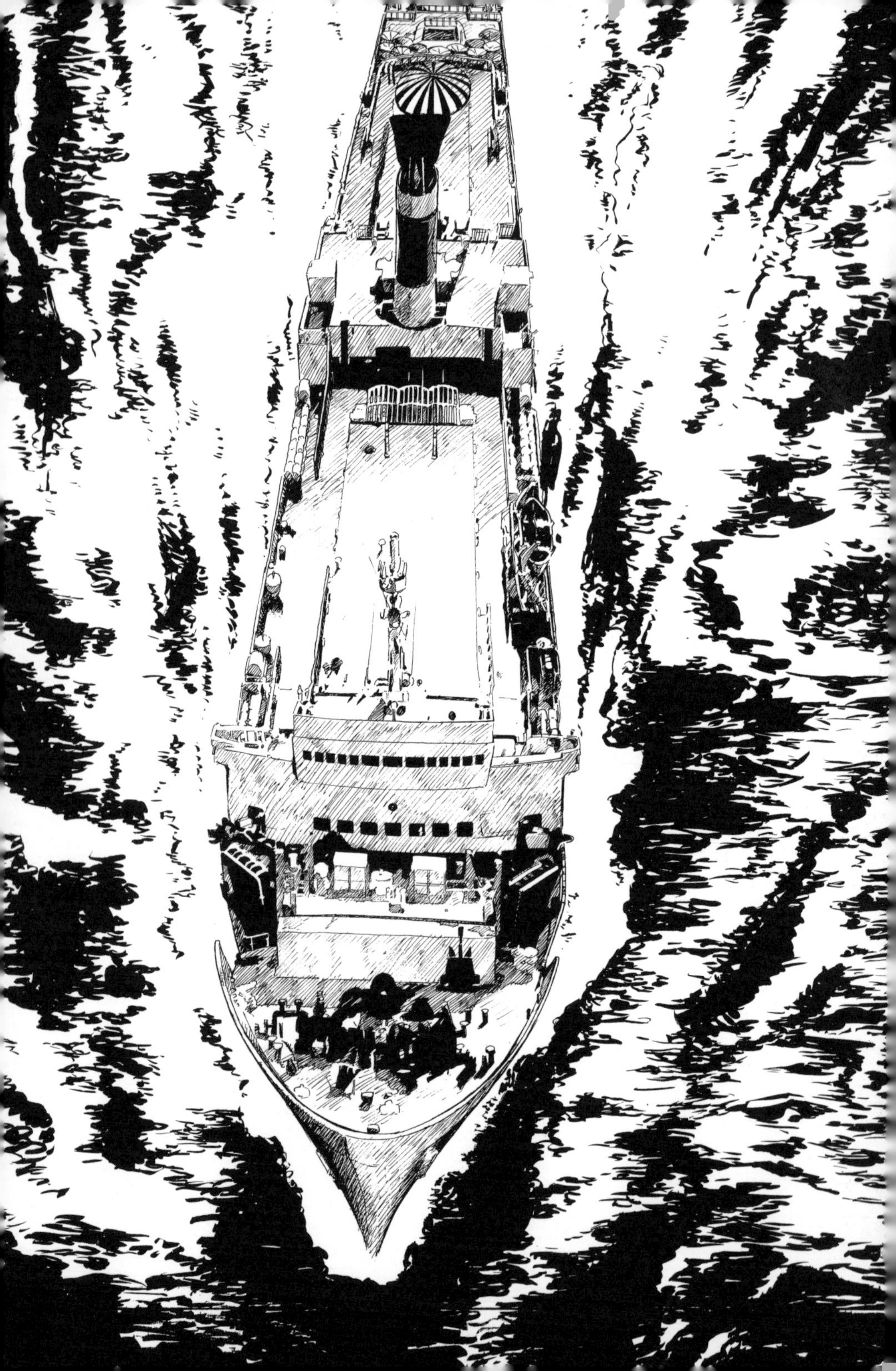

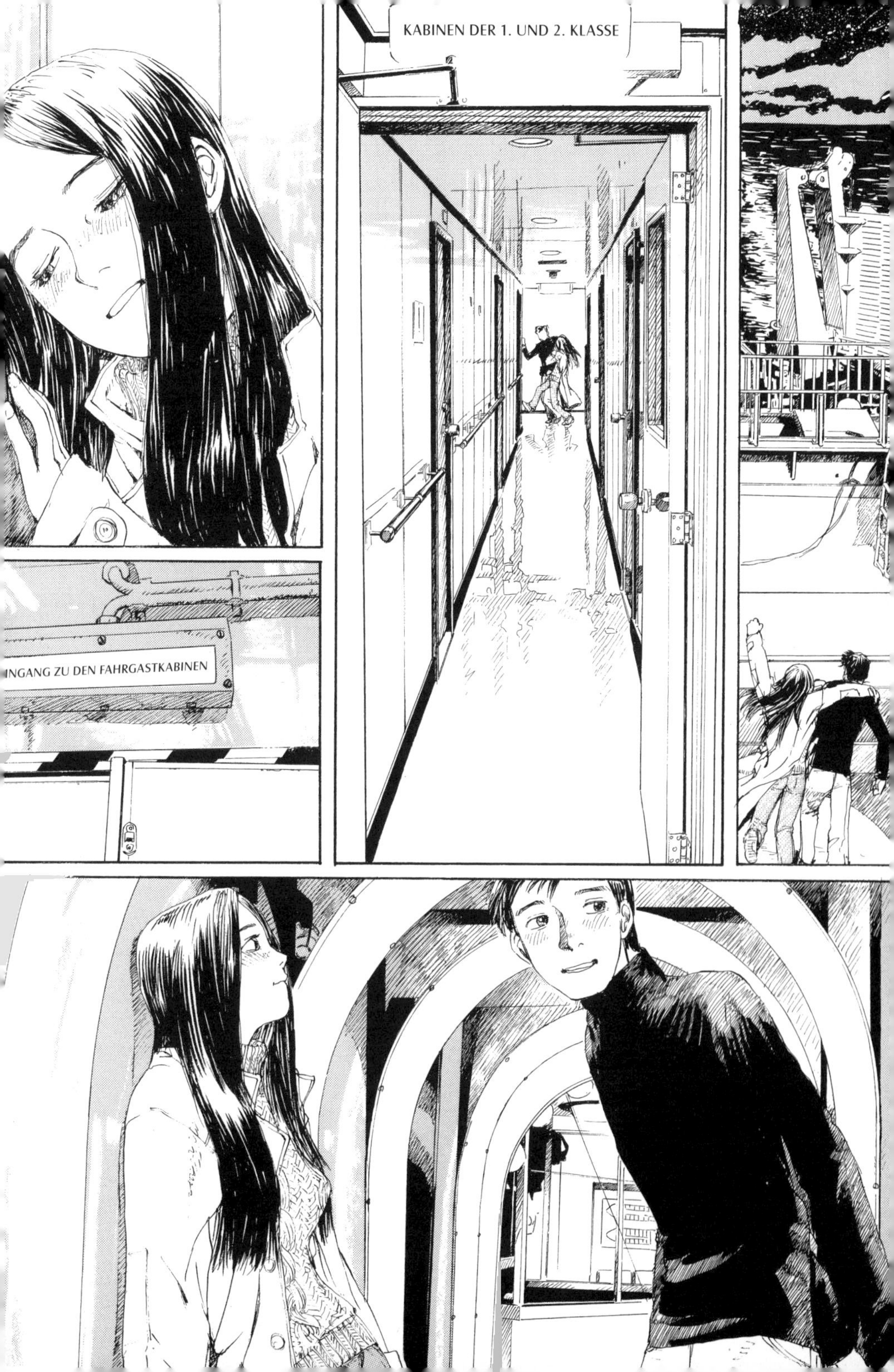
KABINEN DER 1. UND 2. KLASSE
INGANG ZU DEN FAHRGASTKABINEN

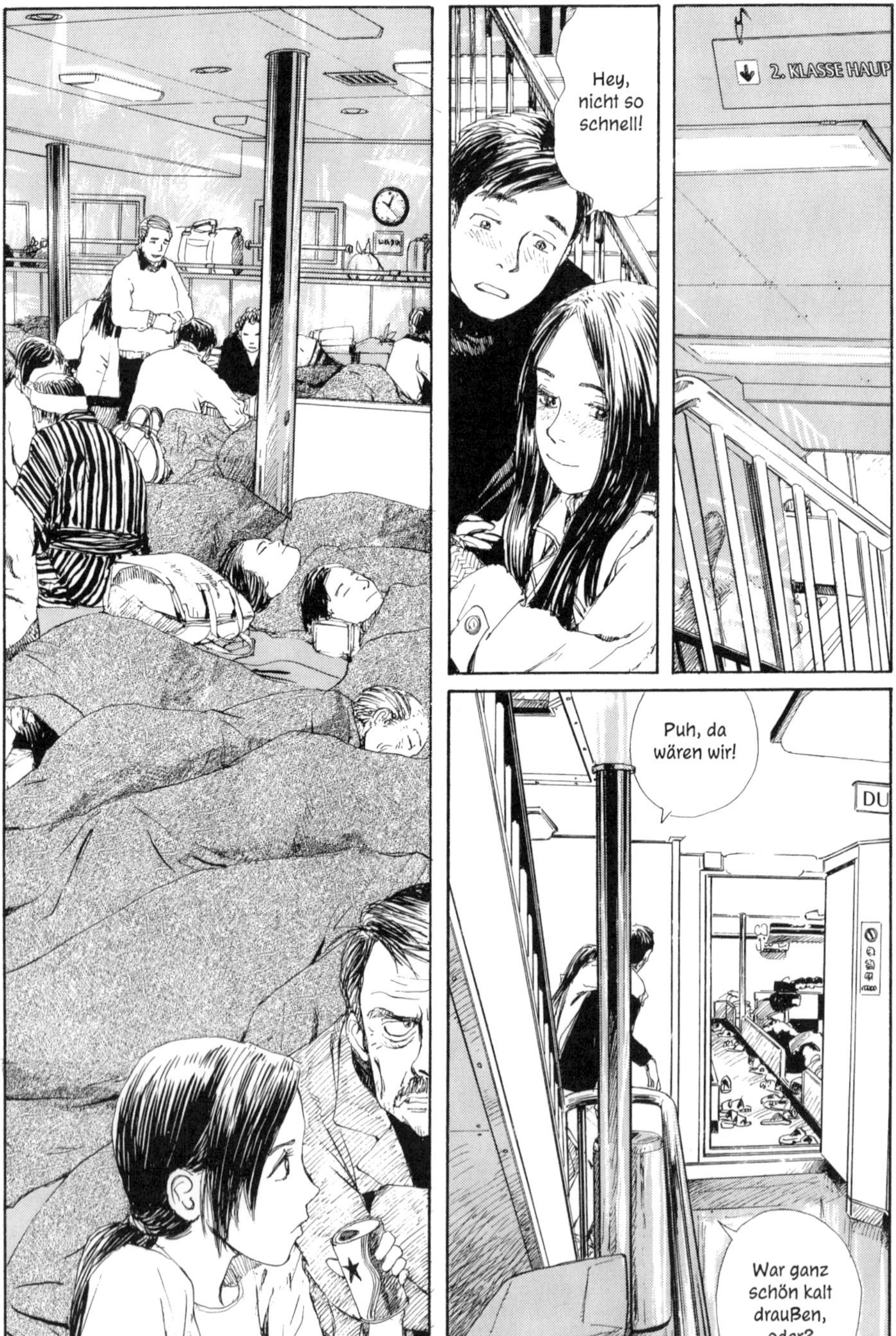
2. KLASSE HAUP
Hey, nicht so schnell!
Puh, da wären wir!
DU
War ganz schön kalt draußen, oder?

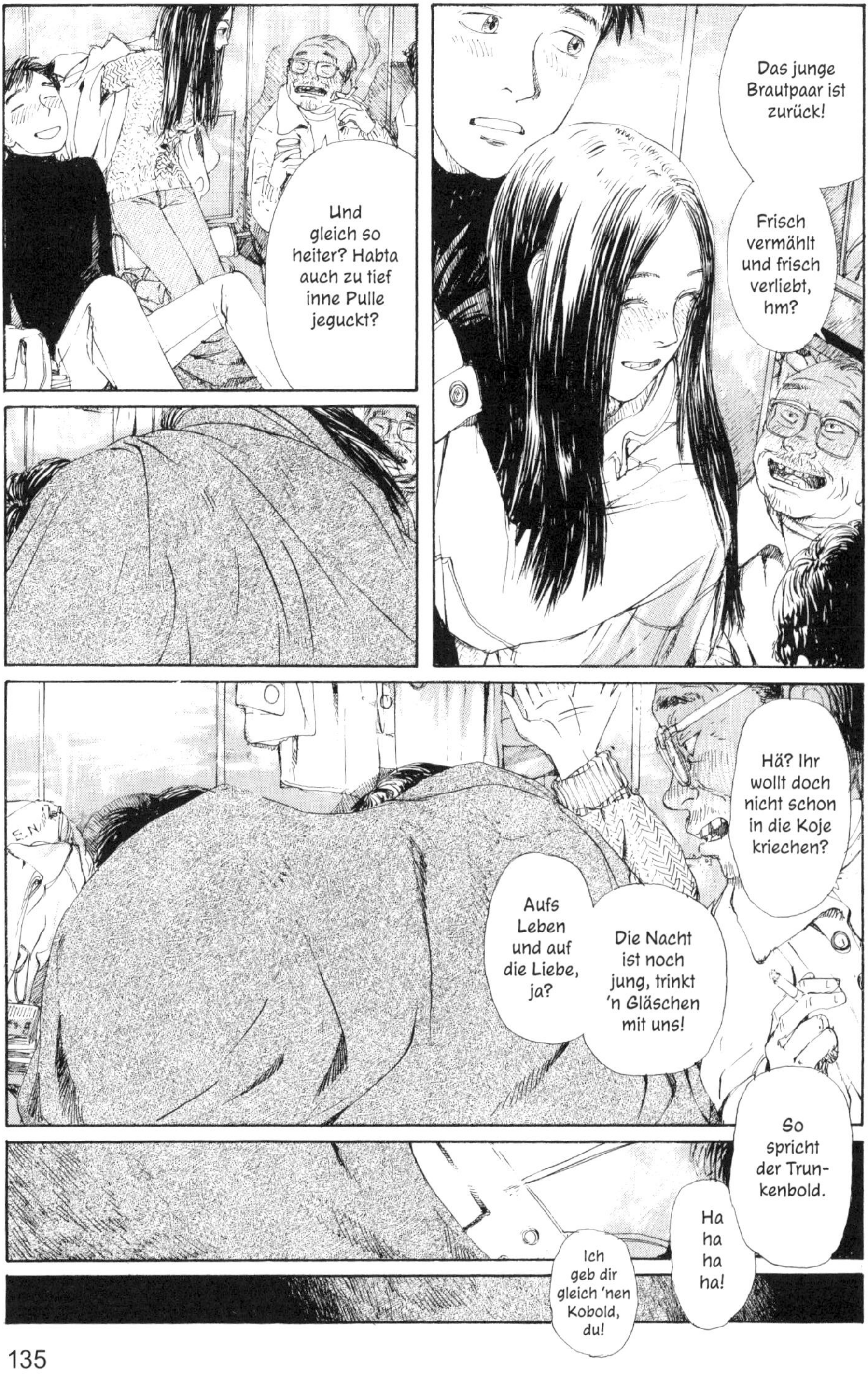
Das junge Brautpaar ist zurück!
Frisch vermählt und frisch verliebt, hm?
Und gleich so heiter? Habta auch zu tief inne Pulle jeguckt?
Hä? Ihr wollt doch nicht schon in die Koje kriechen?
Die Nacht ist noch jung, trinkt 'n Gläschen mit uns!
Aufs Leben und auf die Liebe, ja?
So spricht der Trunkenbold.
Ha ha ha ha!
Ich geb dir gleich 'nen Kobold, du!

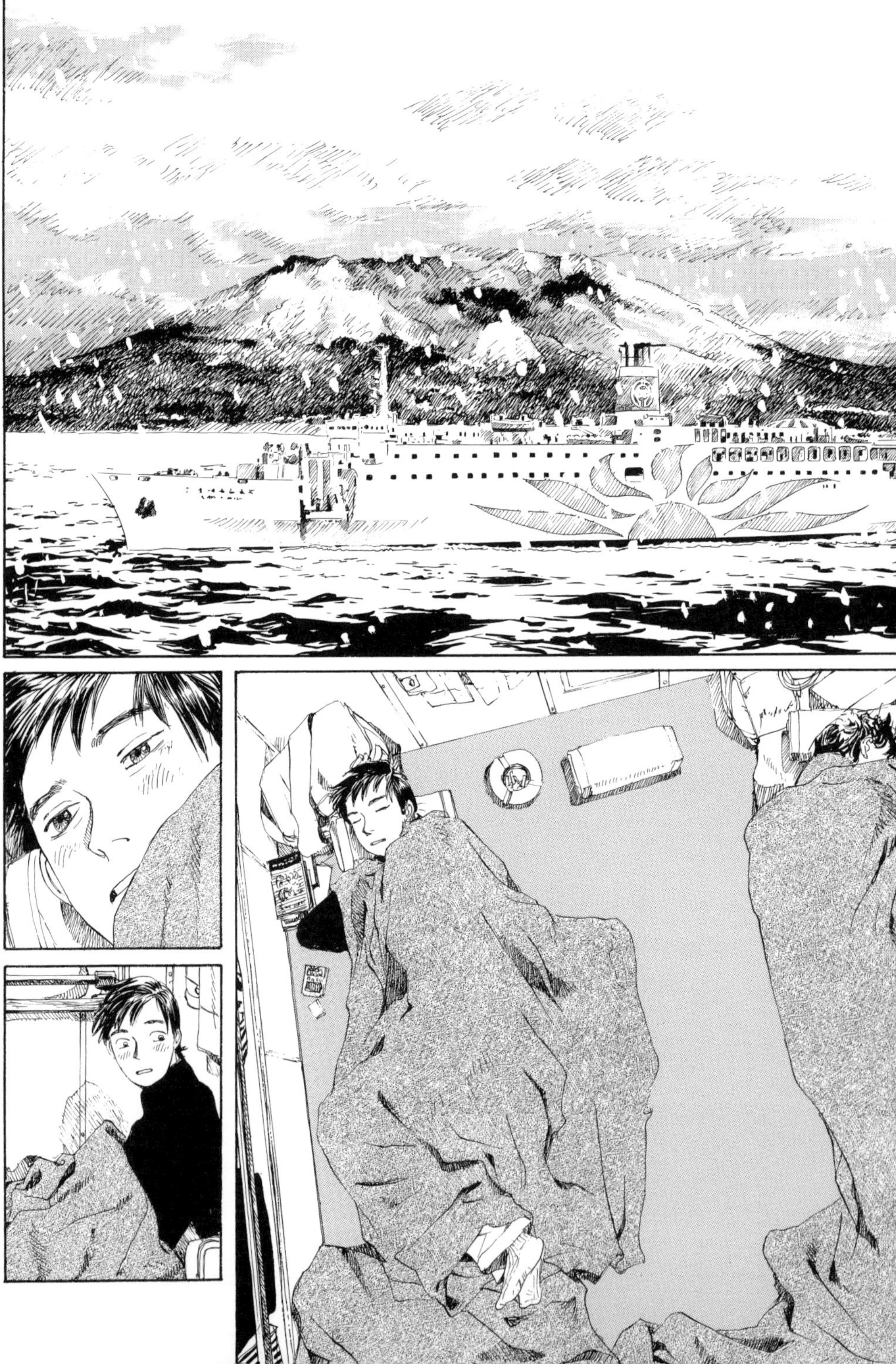

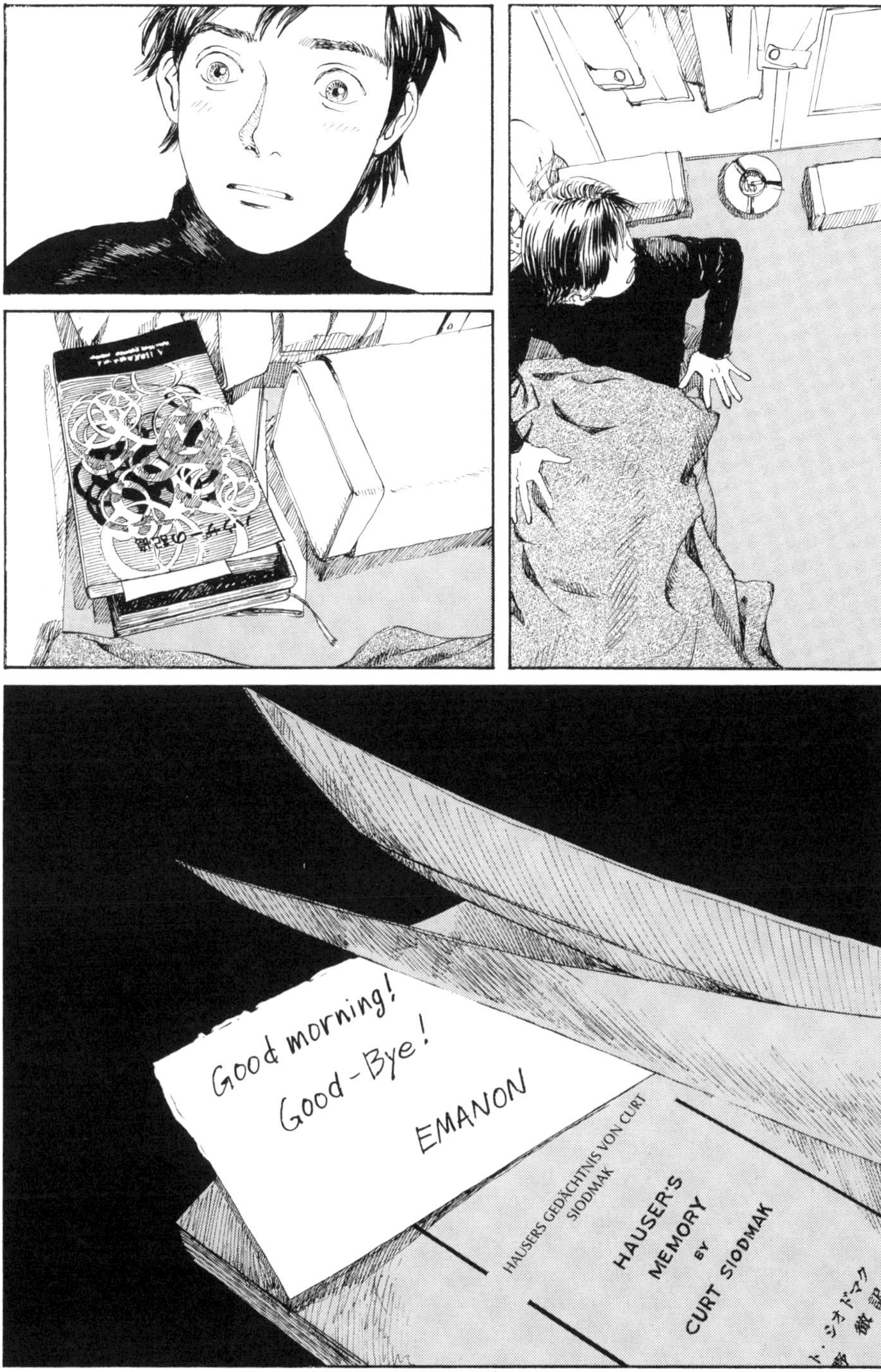
Good morning!
Good-Bye!
EMANON
HAUSERS GEDÄCHTNIS VON CURT SIODMAK
HAUSER'S MEMORY BY CURT SIODMAK

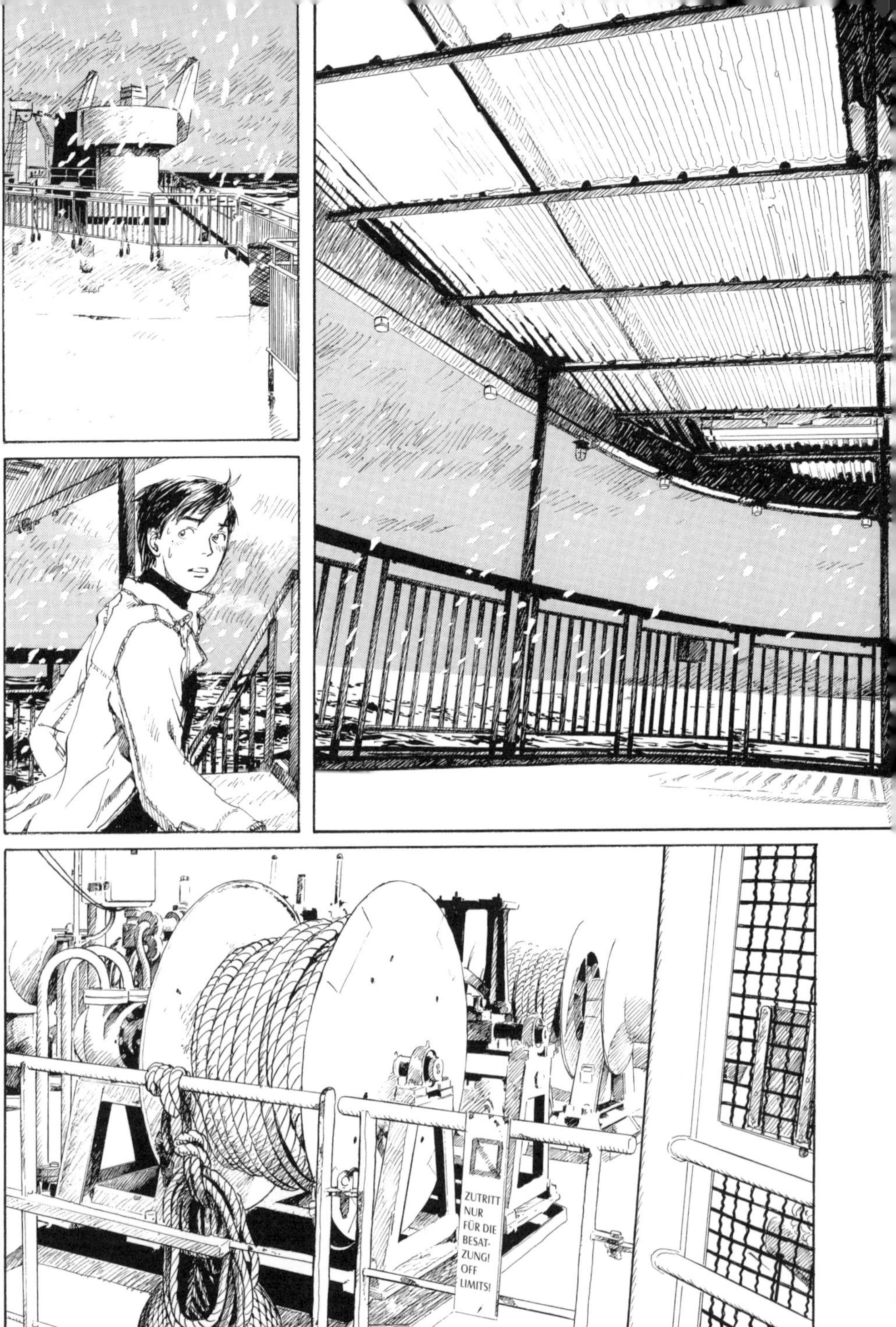
ZUTRITT NUR FÜR DIE BESATZUNG! OFF LIMITS!

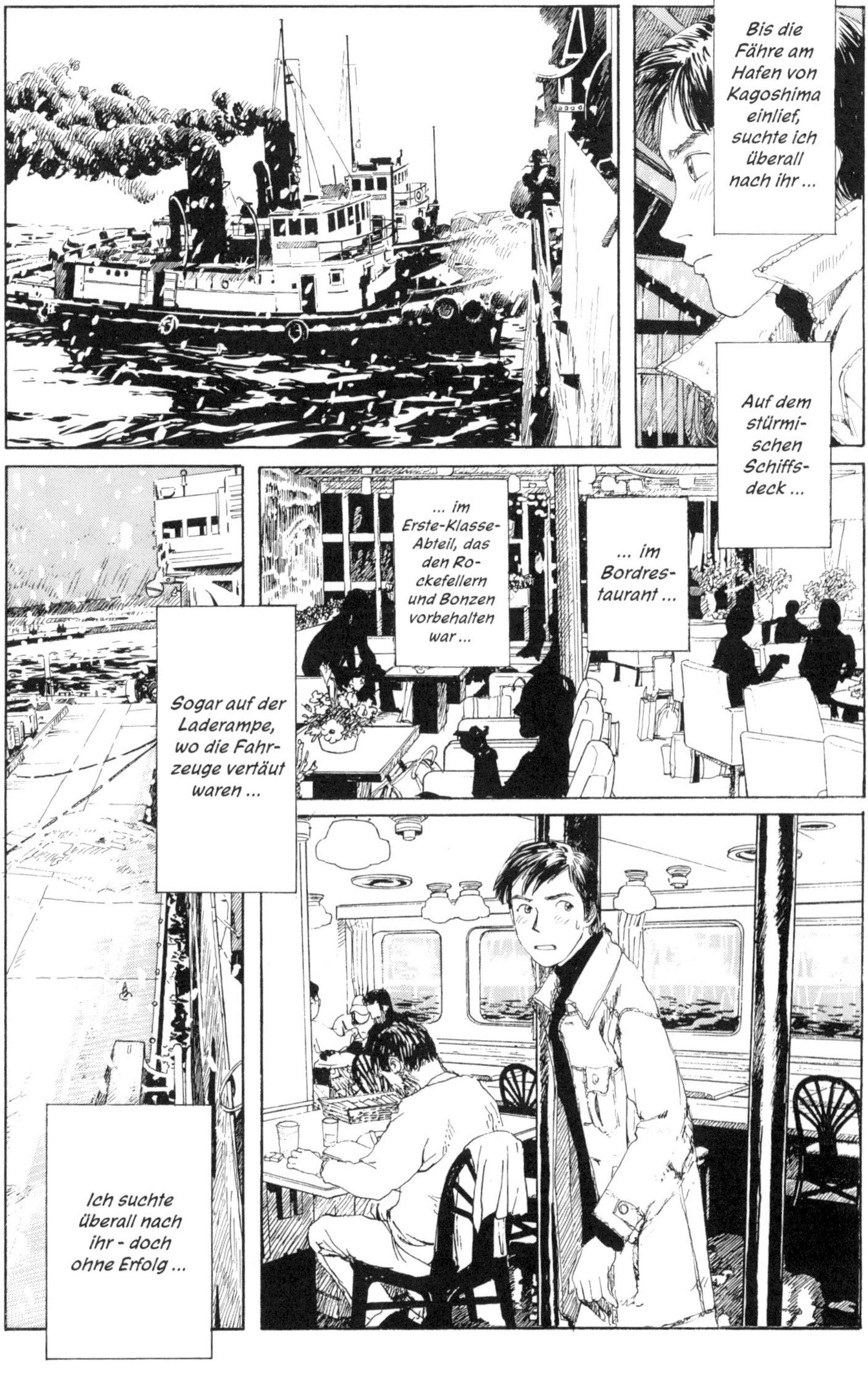
Bis die Fähre am Hafen von Kagoshima einlief, suchte ich überall nach ihr ...
Auf dem stürmischen Schiffsdeck ...
... im Bordrestaurant ...
... im Erste-Klasse-Abteil, das den Rockefellern und Bonzen vorbehalten war ...
Sogar auf der Laderampe, wo die Fahrzeuge vertäut waren ...
Ich suchte überall nach ihr - doch ohne Erfolg ...

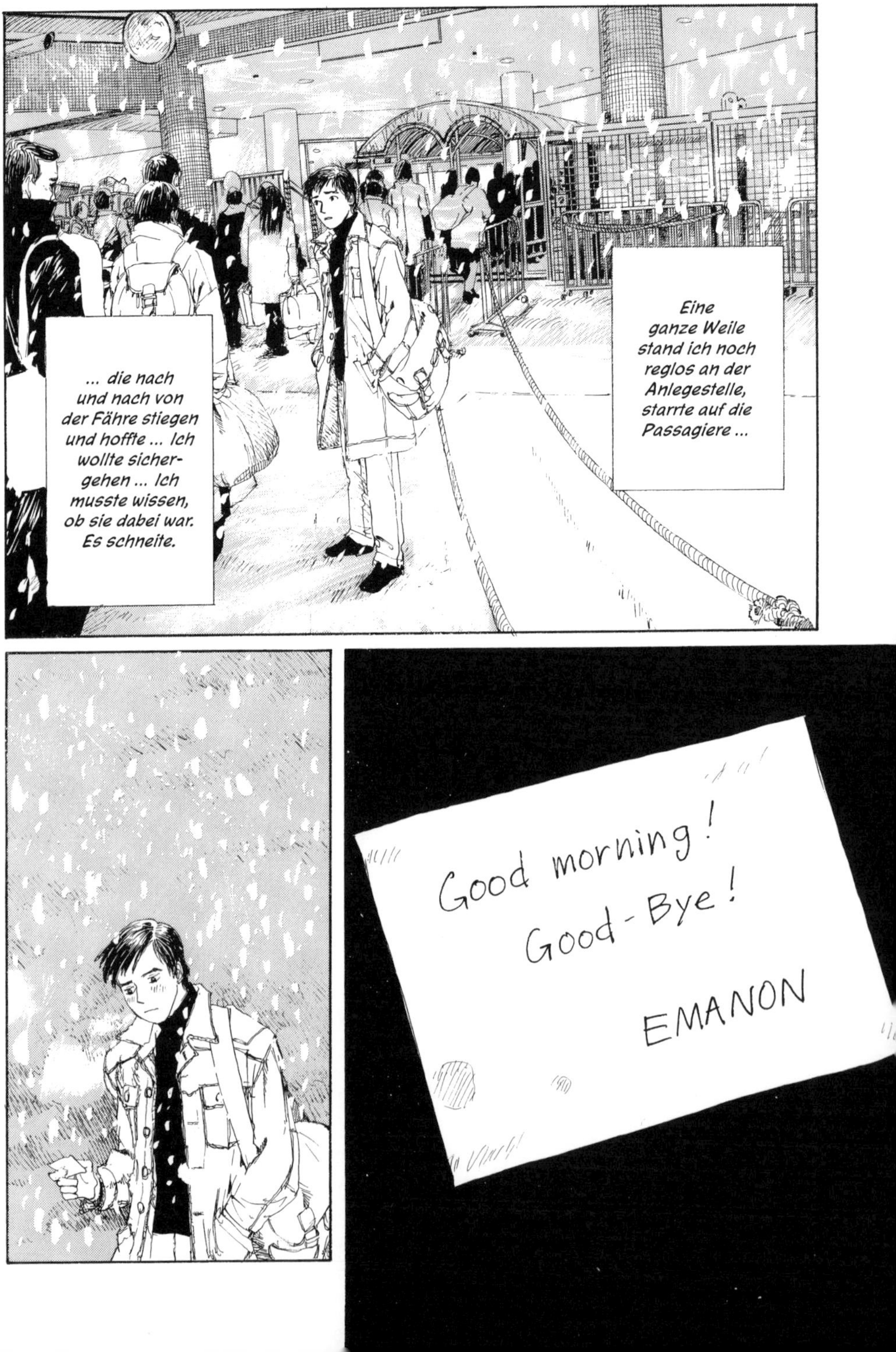
Eine ganze Weile stand ich noch reglos an der Anlegestelle, starrte auf die Passagiere ...
... die nach und nach von der Fähre stiegen und hoffte ... Ich wollte sicher-gehen ... Ich musste wissen, ob sie dabei war. Es schneite.
Good morning!
Good-Bye!
EMANON

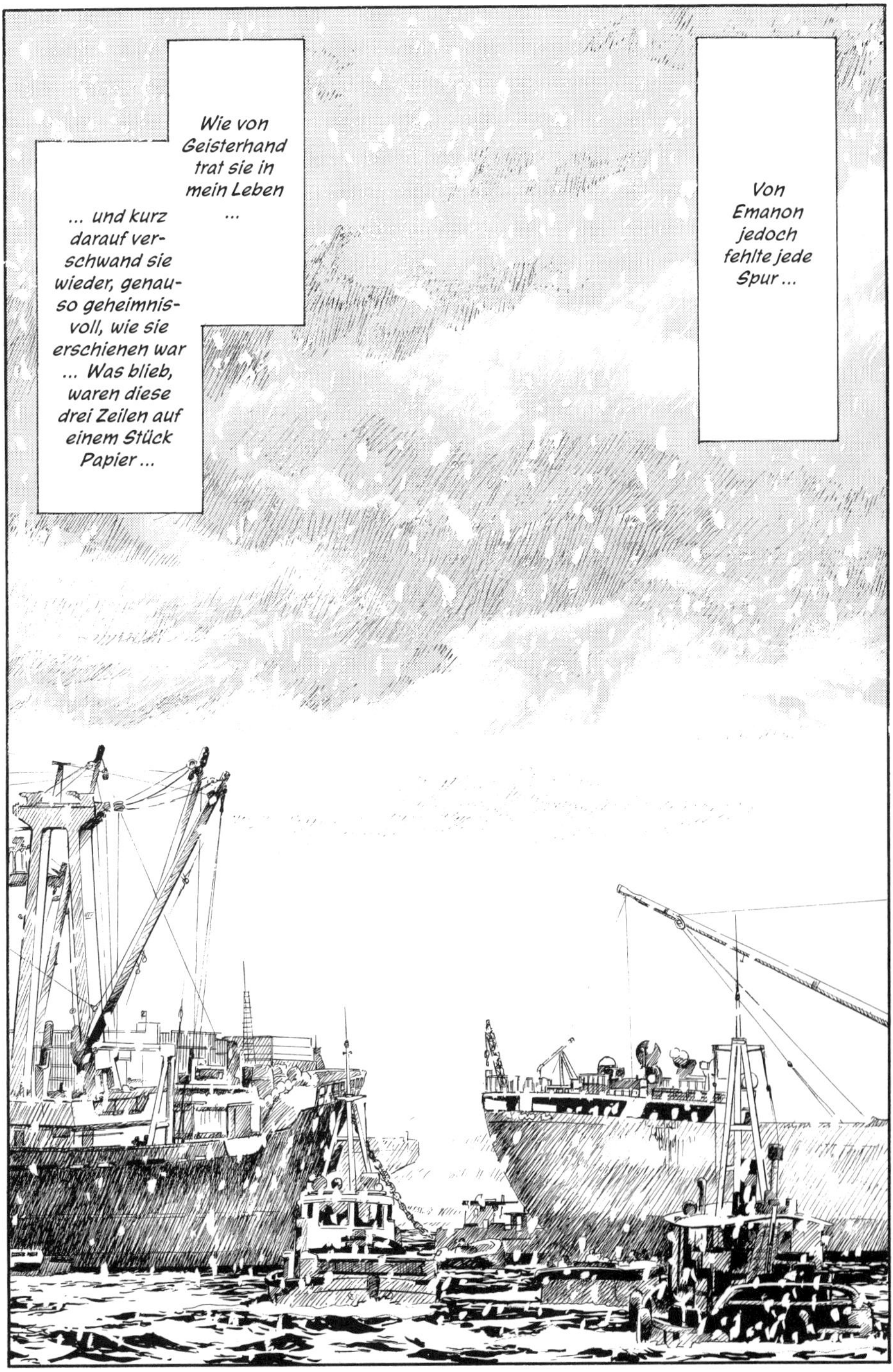
Von Emanon jedoch fehlte jede Spur ...
Wie von Geisterhand trat sie in mein Leben ...
... und kurz darauf ver-schwand sie wieder, genau-so geheimnis-voll, wie sie erschienen war ... Was blieb, waren diese drei Zeilen auf einem Stück Papier ...

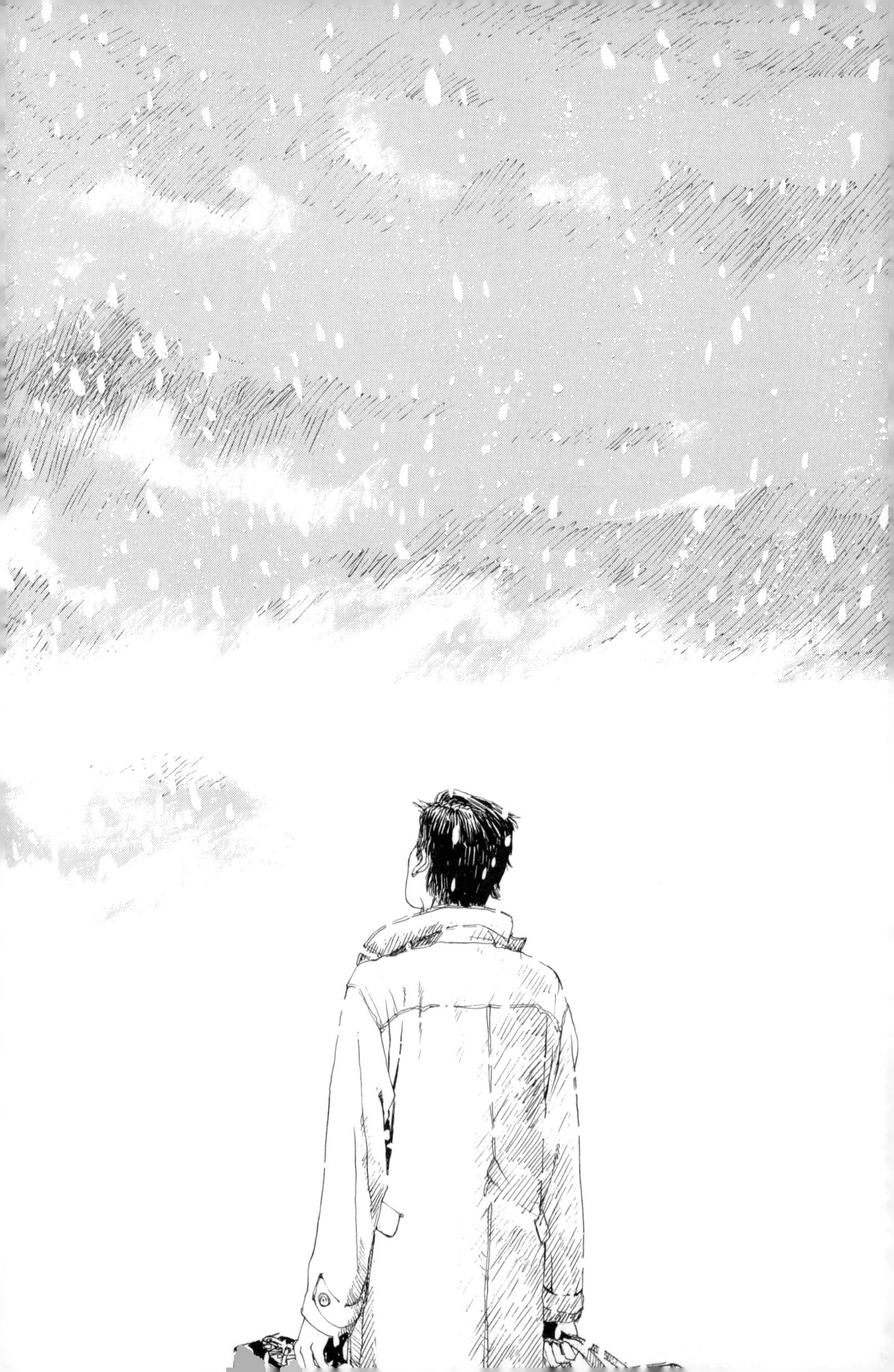

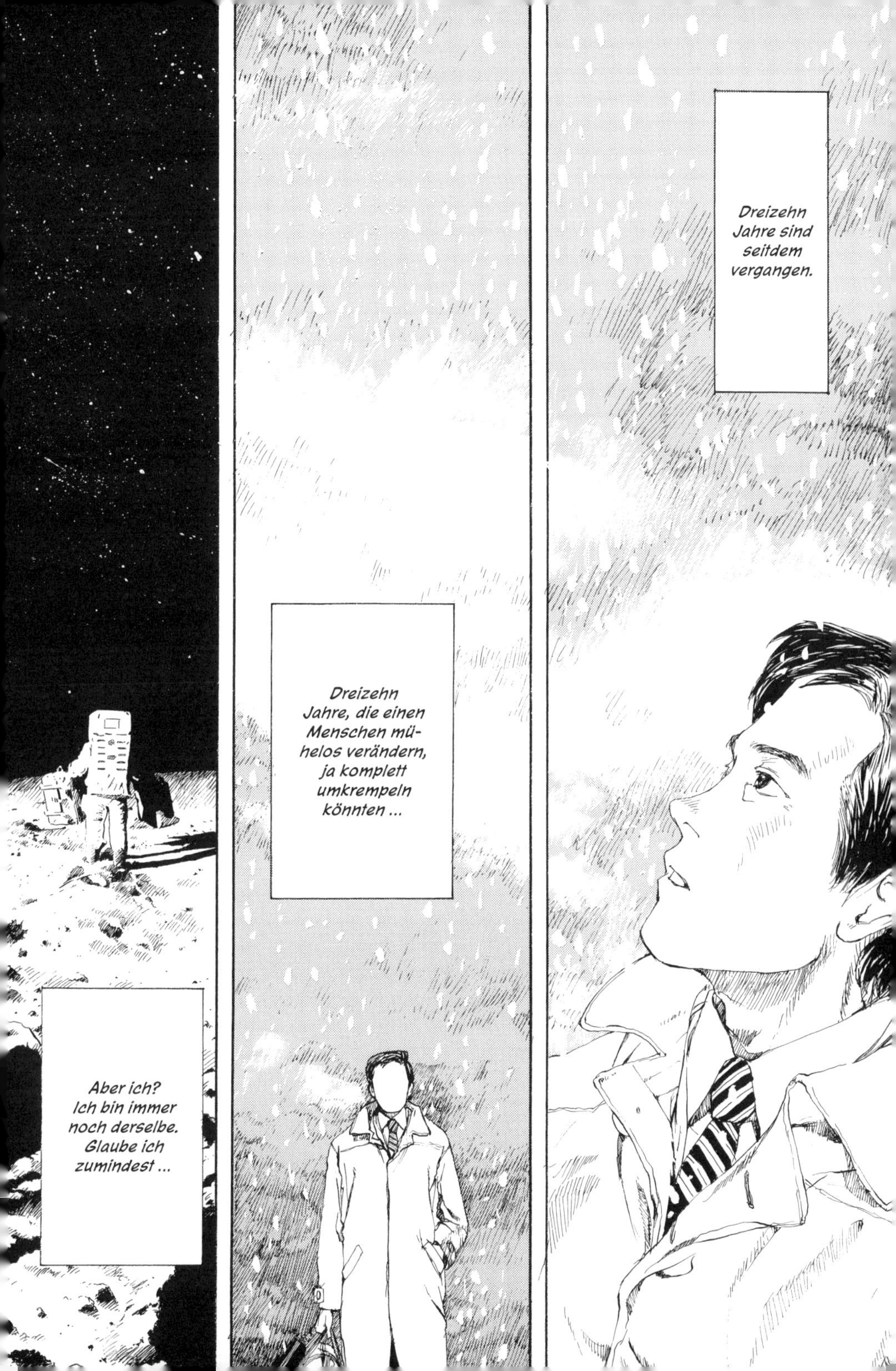
Dreizehn Jahre sind seitdem vergangen.
Dreizehn Jahre, die einen Menschen mühelos verändern, ja komplett umkrempeln könnten ...
Aber ich? Ich bin immer noch derselbe. Glaube ich zumindest ...

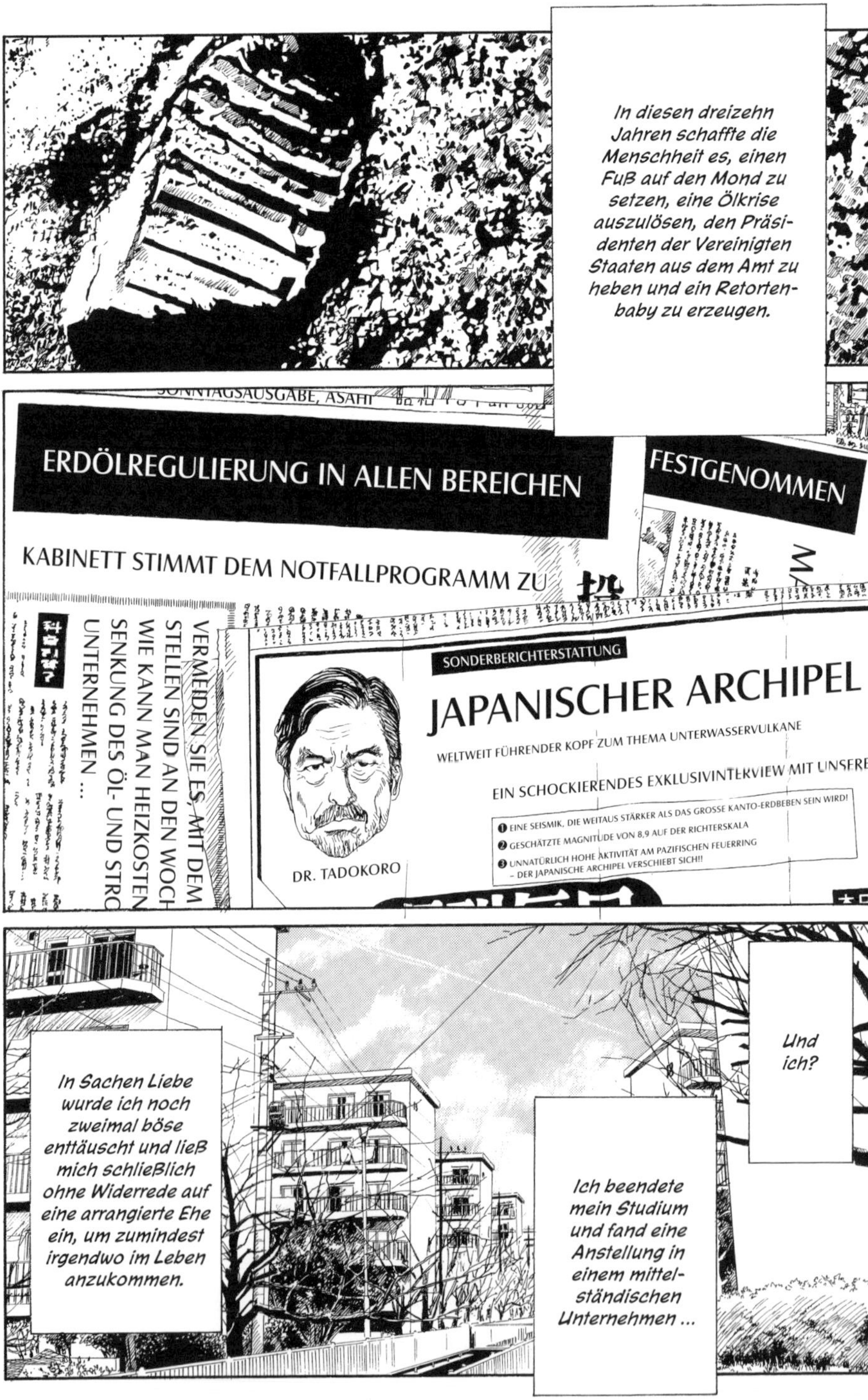

In diesen dreizehn Jahren schaffte die Menschheit es, einen Fuß auf den Mond zu setzen, eine Ölkrise auszulösen, den Präsidenten der Vereinigten Staaten aus dem Amt zu heben und ein Retortenbaby zu erzeugen.
SONNTAGSAUSGABE, ASAHI
ERDÖLREGULIERUNG IN ALLEN BEREICHEN
FESTGENOMMEN
KABINETT STIMMT DEM NOTFALLPROGRAMM ZU
VERMEIDEN SIE ES, MIT DEM
STELLEN SIND AN DEN WOCH
WIE KANN MAN HEIZKOSTEN
SENKUNG DES ÖL- UND STRO
UNTERNEHMEN ...
SONDERBERICHTERSTATTUNG
JAPANISCHER ARCHIPEL
WELTWEIT FÜHRENDER KOPF ZUM THEMA UNTERWASSERVULKANE
EIN SCHOCKIERENDES EXKLUSIVINTERVIEW MIT UNSERE
DR. TADOKORO
EINE SEISMIK, DIE WEITAUS STÄRKER ALS DAS GROSSE KANTO-ERDBEBEN SEIN WIRD!
❶ EINE SEISMIK, DIE WEITAUS STÄRKER ALS DAS GROSSE KANTO-ERDBEBEN SEIN WIRD!
❷ GESCHÄTZTE MAGNITUDE VON 8,9 AUF DER RICHTERSKALA
❸ UNNATÜRLICH HOHE AKTIVITÄT AM PAZIFISCHEN FEUERRING – DER JAPANISCHE ARCHIPEL VERSCHIEBT SICH!!
Und ich?
Ich beendete mein Studium und fand eine Anstellung in einem mittelständischen Unternehmen ...
In Sachen Liebe wurde ich noch zweimal böse enttäuscht und ließ mich schließlich ohne Widerrede auf eine arrangierte Ehe ein, um zumindest irgendwo im Leben anzukommen.

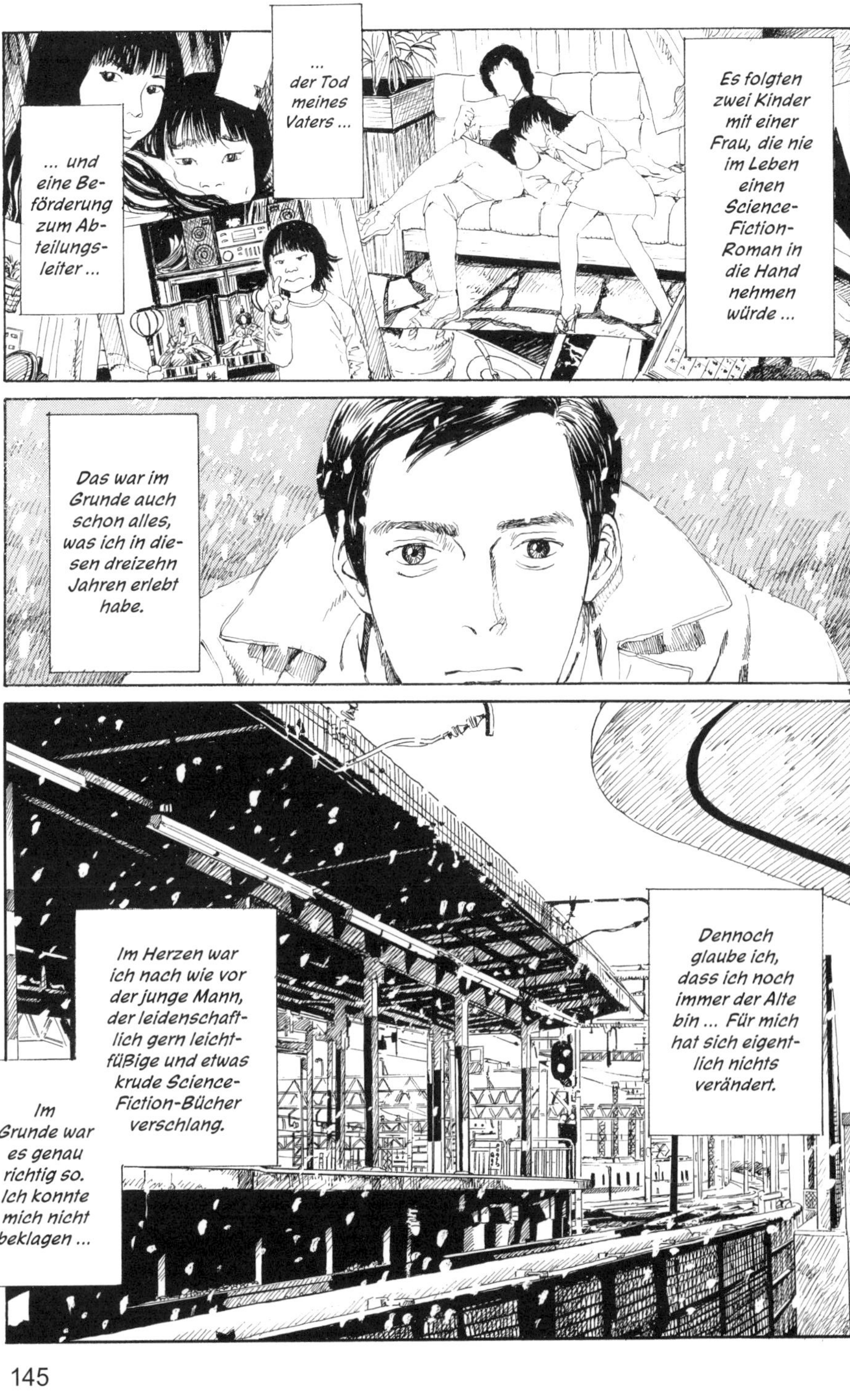
Es folgten zwei Kinder mit einer Frau, die nie im Leben einen Science-Fiction-Roman in die Hand nehmen würde ...
... der Tod meines Vaters ...
... und eine Beförderung zum Abteilungsleiter ...
Das war im Grunde auch schon alles, was ich in diesen dreizehn Jahren erlebt habe.
Dennoch glaube ich, dass ich noch immer der Alte bin ... Für mich hat sich eigentlich nichts verändert.
Im Herzen war ich nach wie vor der junge Mann, der leidenschaftlich gern leichtfüßige und etwas krude Science-Fiction-Bücher verschlang.
Im Grunde war es genau richtig so. Ich konnte mich nicht beklagen ...

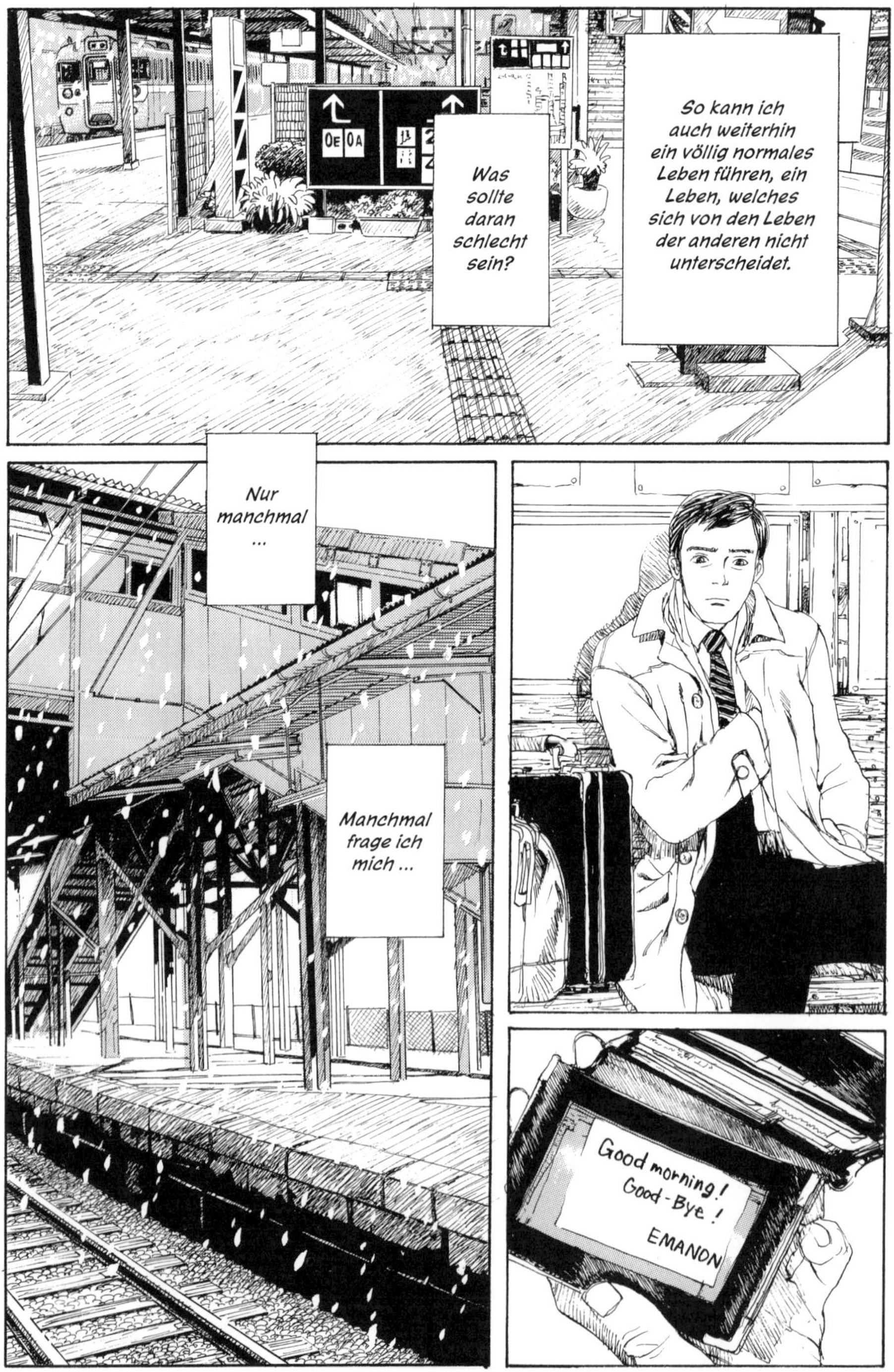
So kann ich auch weiterhin ein völlig normales Leben führen, ein Leben, welches sich von den Leben der anderen nicht unterscheidet.
Was sollte daran schlecht sein?
Nur manchmal ...
Manchmal frage ich mich ...
Good morning! Good-Bye! EMANON

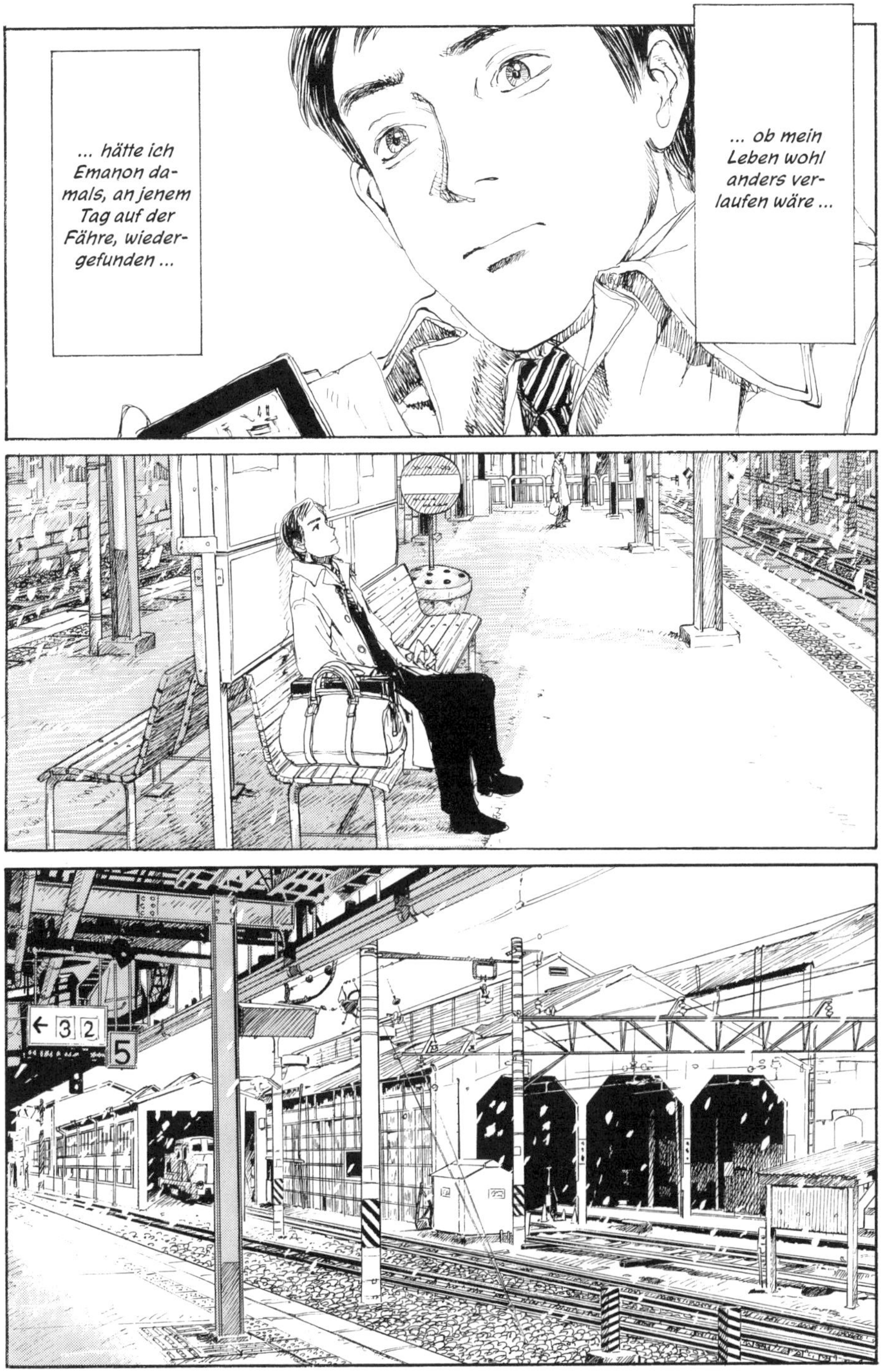
... ob mein Leben wohl anders verlaufen wäre ...
... hätte ich Emanon damals, an jenem Tag auf der Fähre, wiedergefunden ...

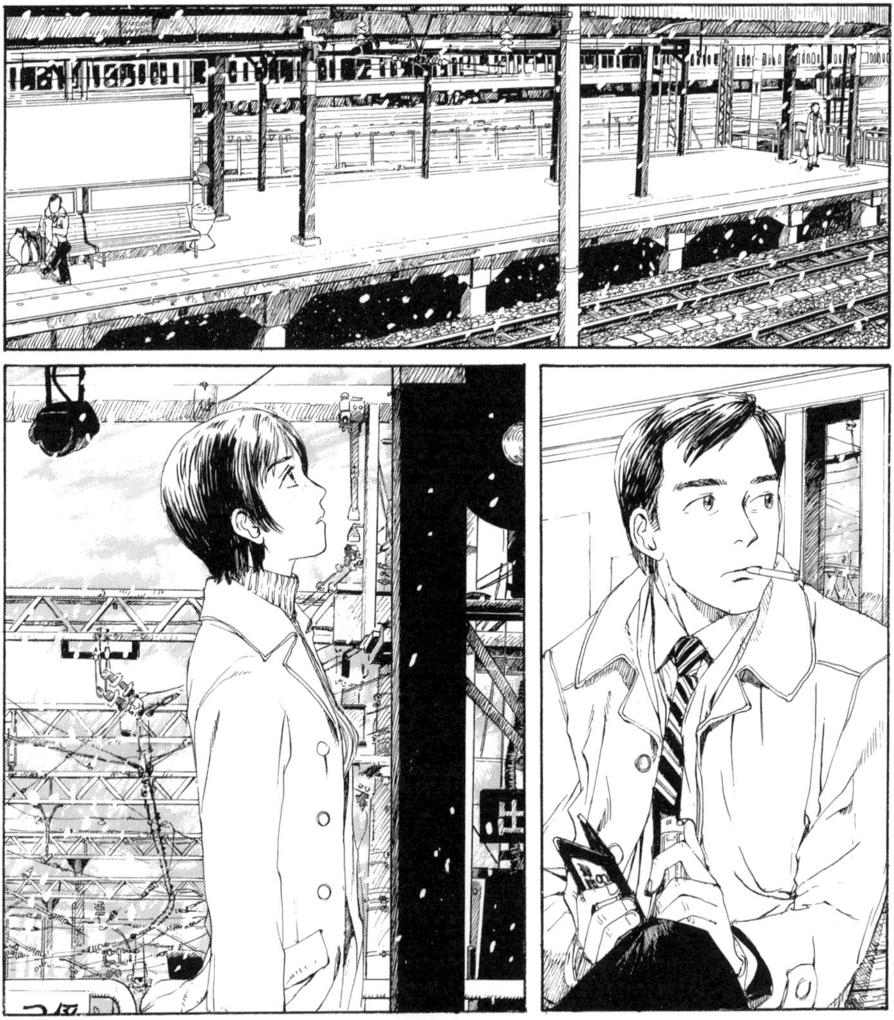

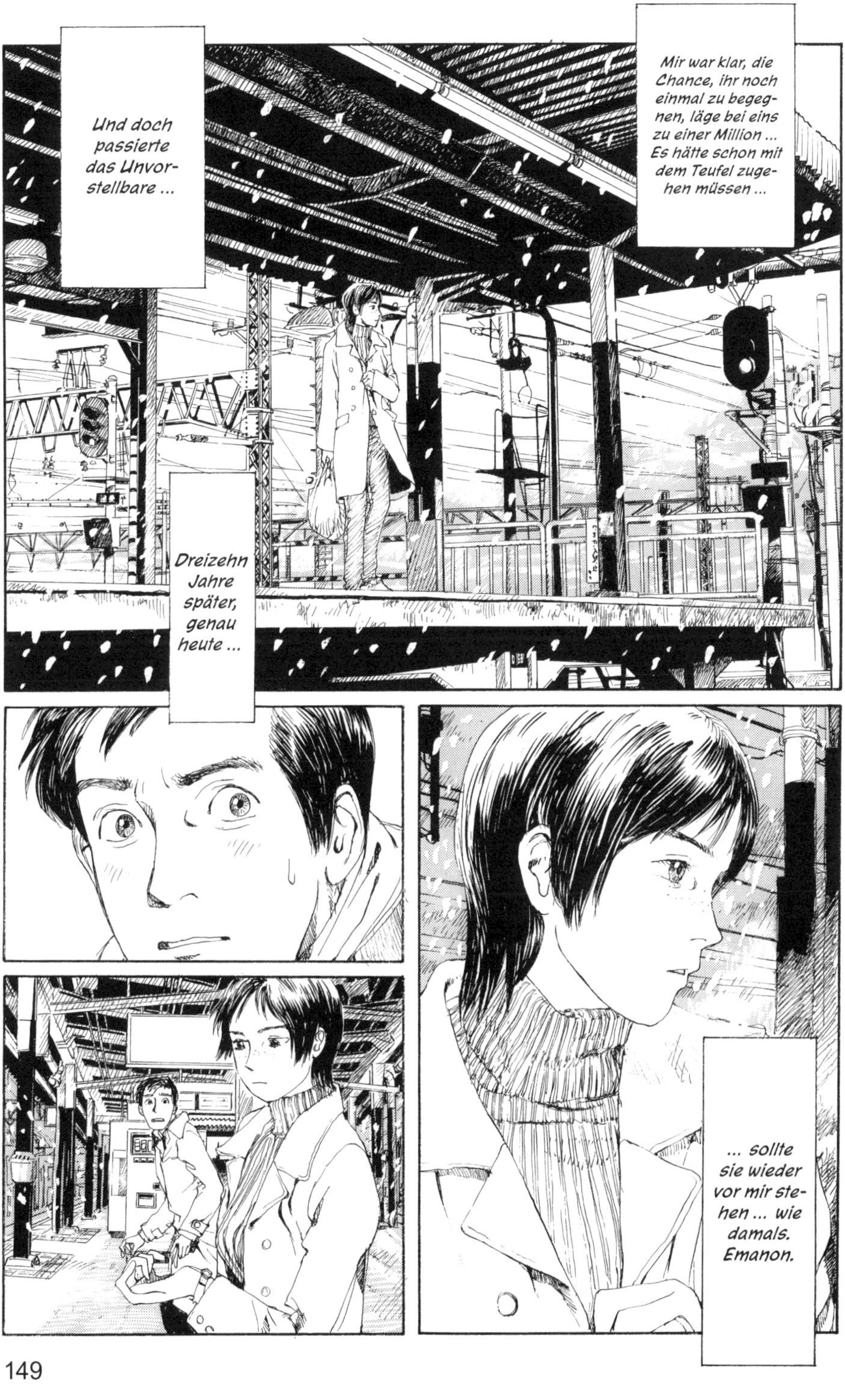
Mir war klar, die Chance, ihr noch einmal zu begegnen, läge bei eins zu einer Million ... Es hätte schon mit dem Teufel zugehen müssen ...
Und doch passierte das Unvorstellbare ...
Dreizehn Jahre später, genau heute ...
... sollte sie wieder vor mir stehen ... wie damals. Emanon.

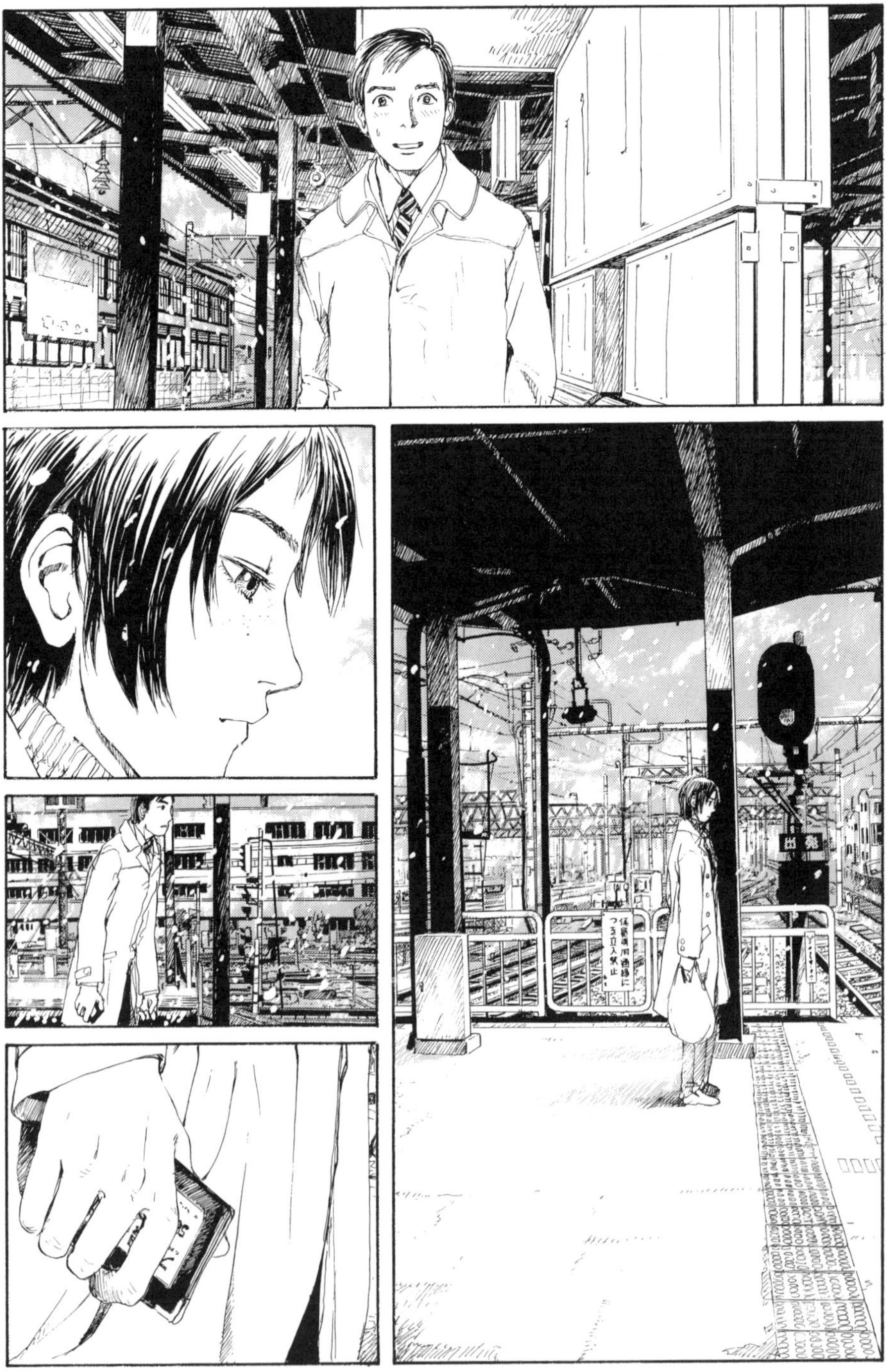
係員専用通路につき立入禁止
出発

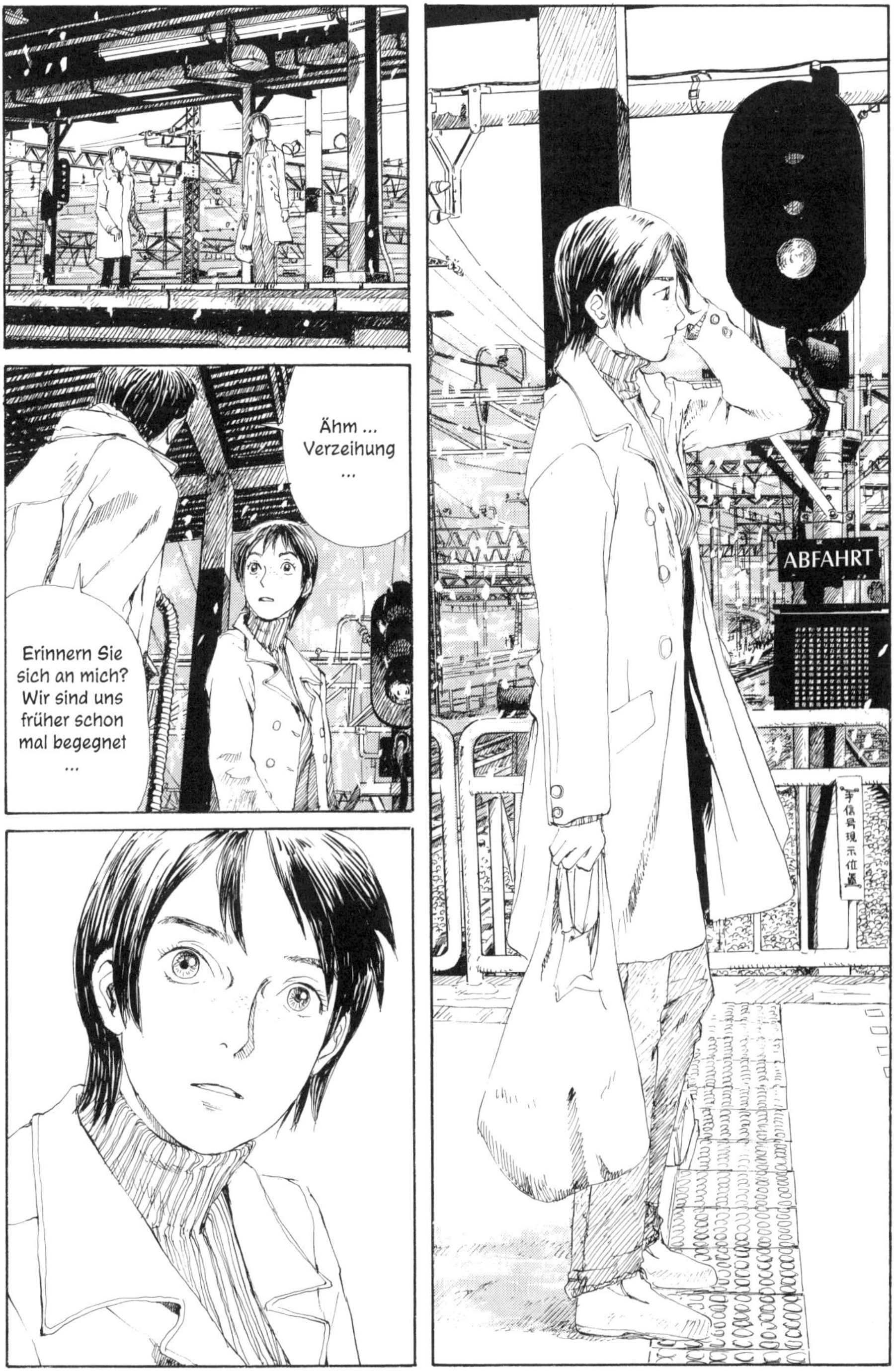
ABFAHRT
手信号現示位置
Ähm ... Verzeihung ...
Erinnern Sie sich an mich? Wir sind uns früher schon mal begegnet ...

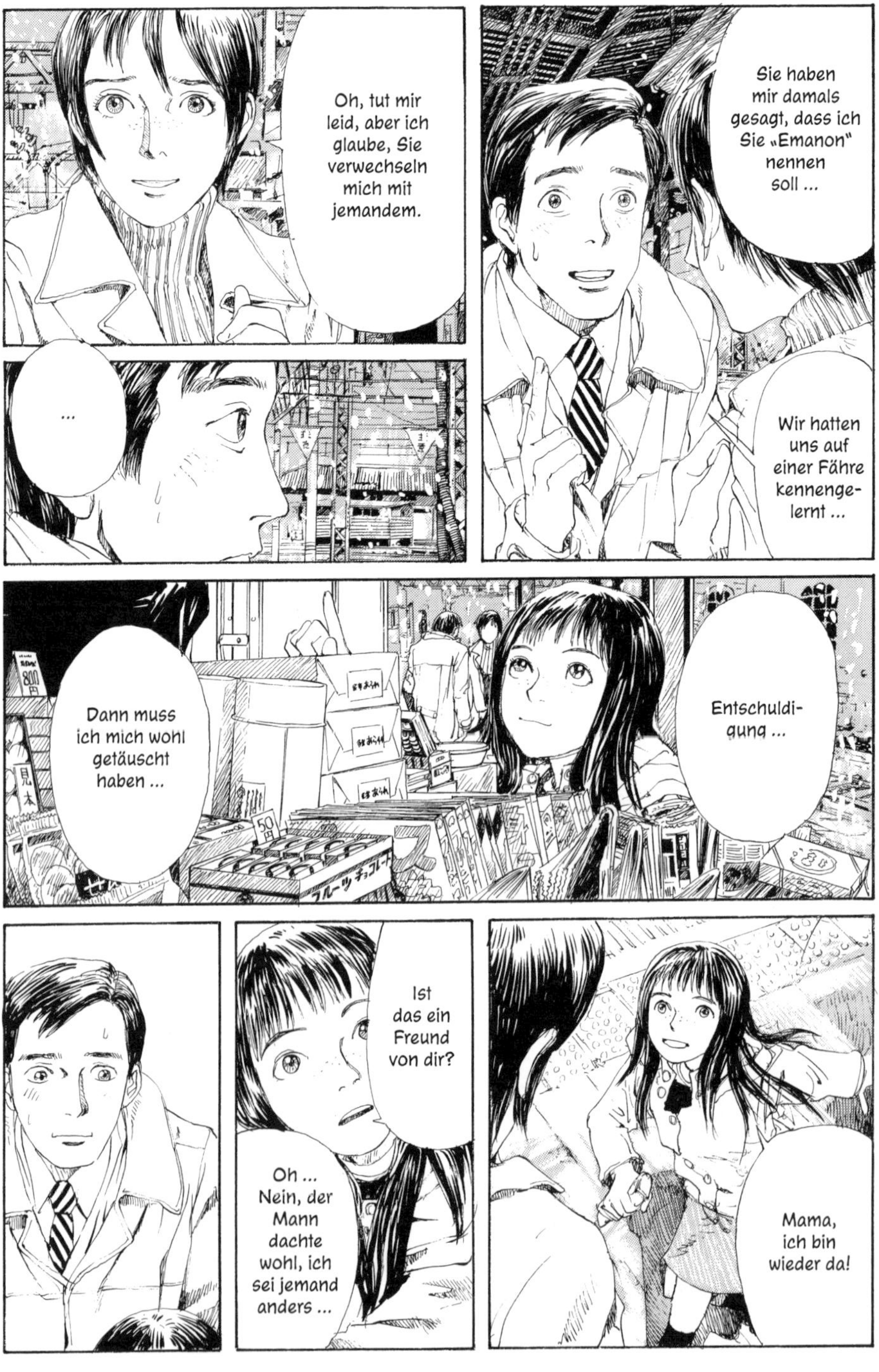
Sie haben mir damals gesagt, dass ich Sie „Emanon“ nennen soll …
Wir hatten uns auf einer Fähre kennengelernt …
Oh, tut mir leid, aber ich glaube, Sie verwechseln mich mit jemandem.
…
Entschuldigung …
Dann muss ich mich wohl getäuscht haben …
Mama, ich bin wieder da!
Ist das ein Freund von dir?
Oh … Nein, der Mann dachte wohl, ich sei jemand anders …

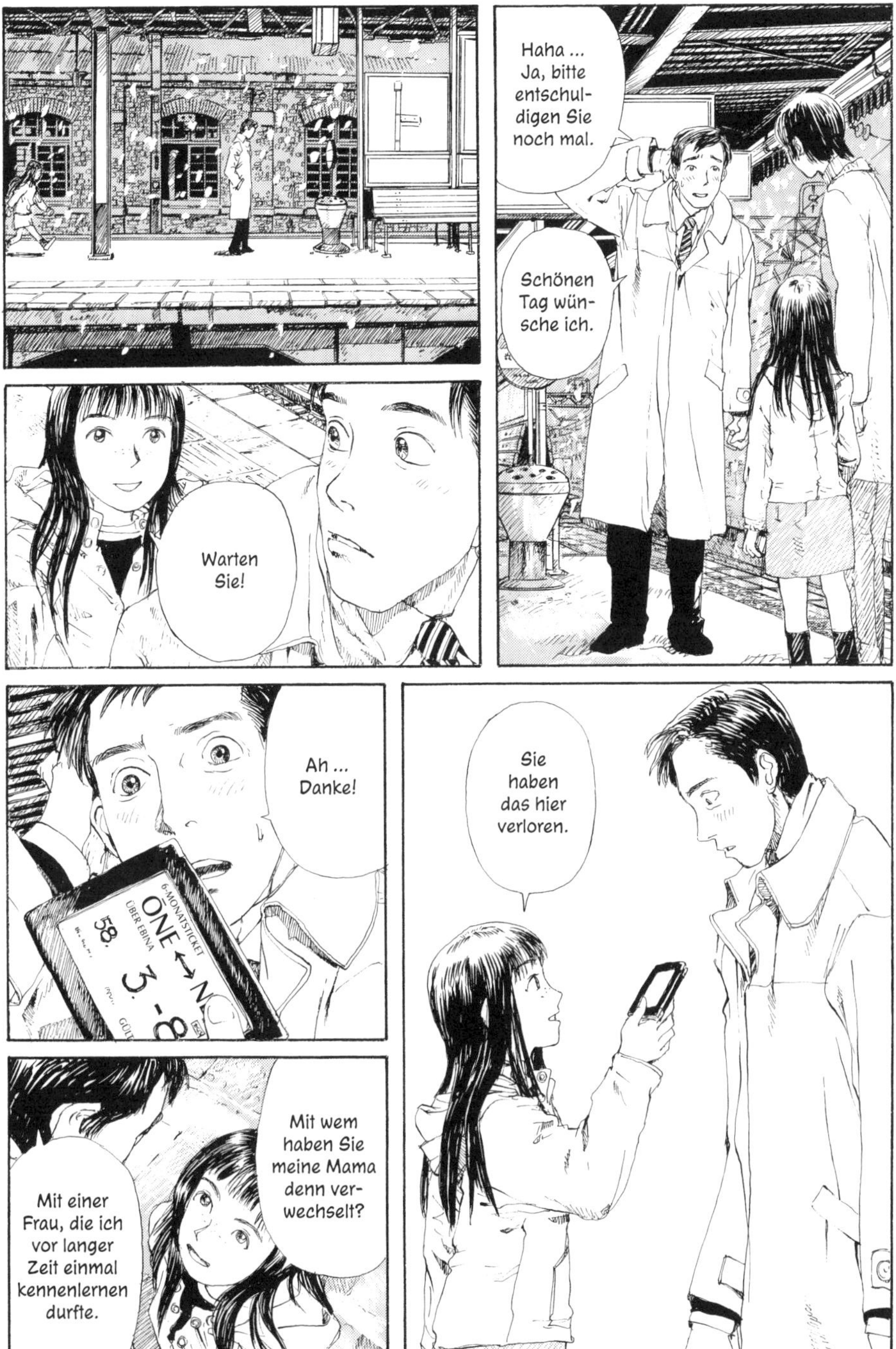
Haha ... Ja, bitte entschuldigen Sie noch mal.
Schönen Tag wünsche ich.
Warten Sie!
Sie haben das hier verloren.
Ah ... Danke!
6-MONATSTICKET
ÜBER EBINA
Mit wem haben Sie meine Mama denn verwechselt?
Mit einer Frau, die ich vor langer Zeit einmal kennenlernen durfte.

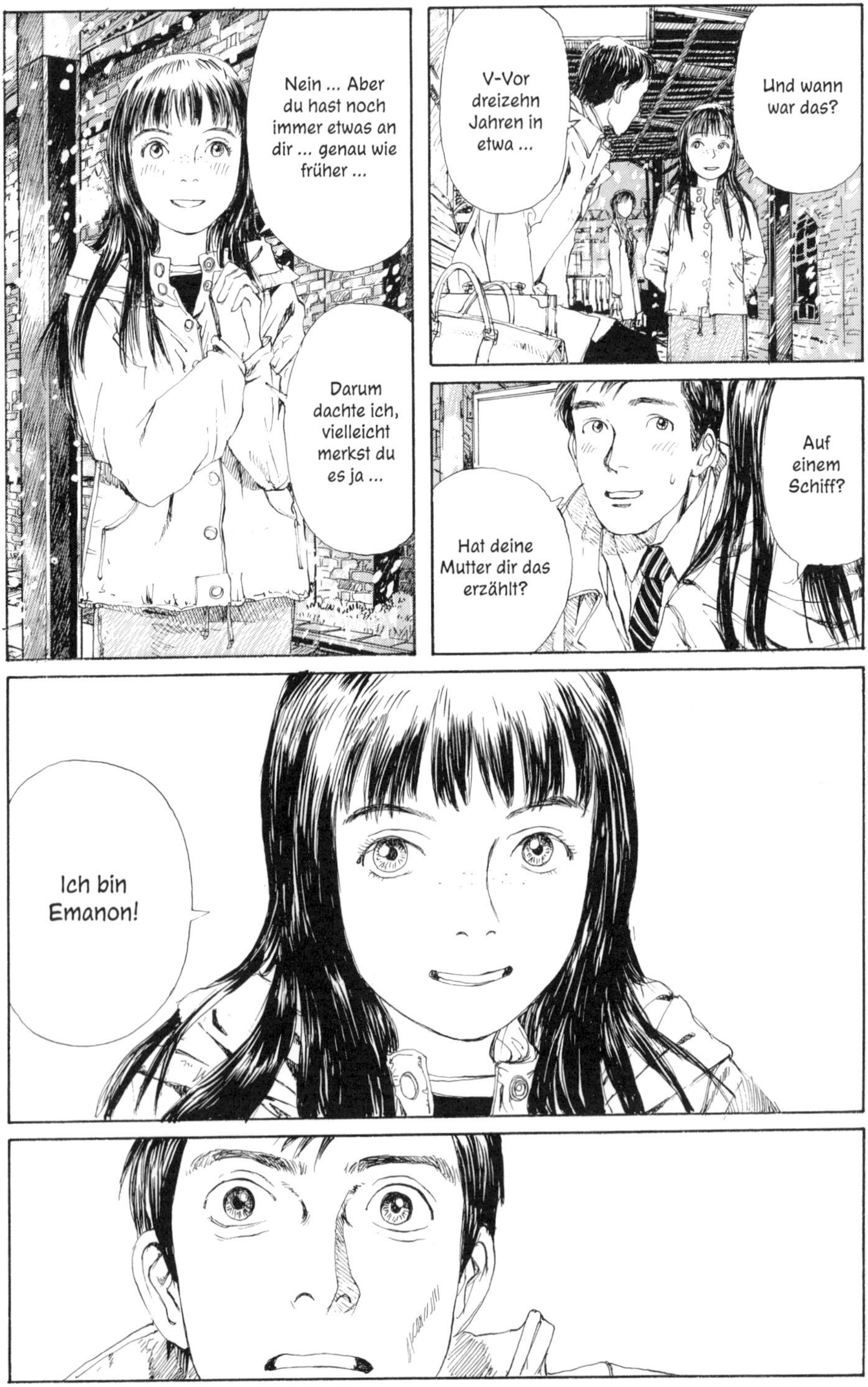

Und wann war das?
V-Vor dreizehn Jahren in etwa ...
Auf einem Schiff?
Hat deine Mutter dir das erzählt?
Nein ... Aber du hast noch immer etwas an dir ... genau wie früher ...
Darum dachte ich, vielleicht merkst du es ja ...
Ich bin Emanon!

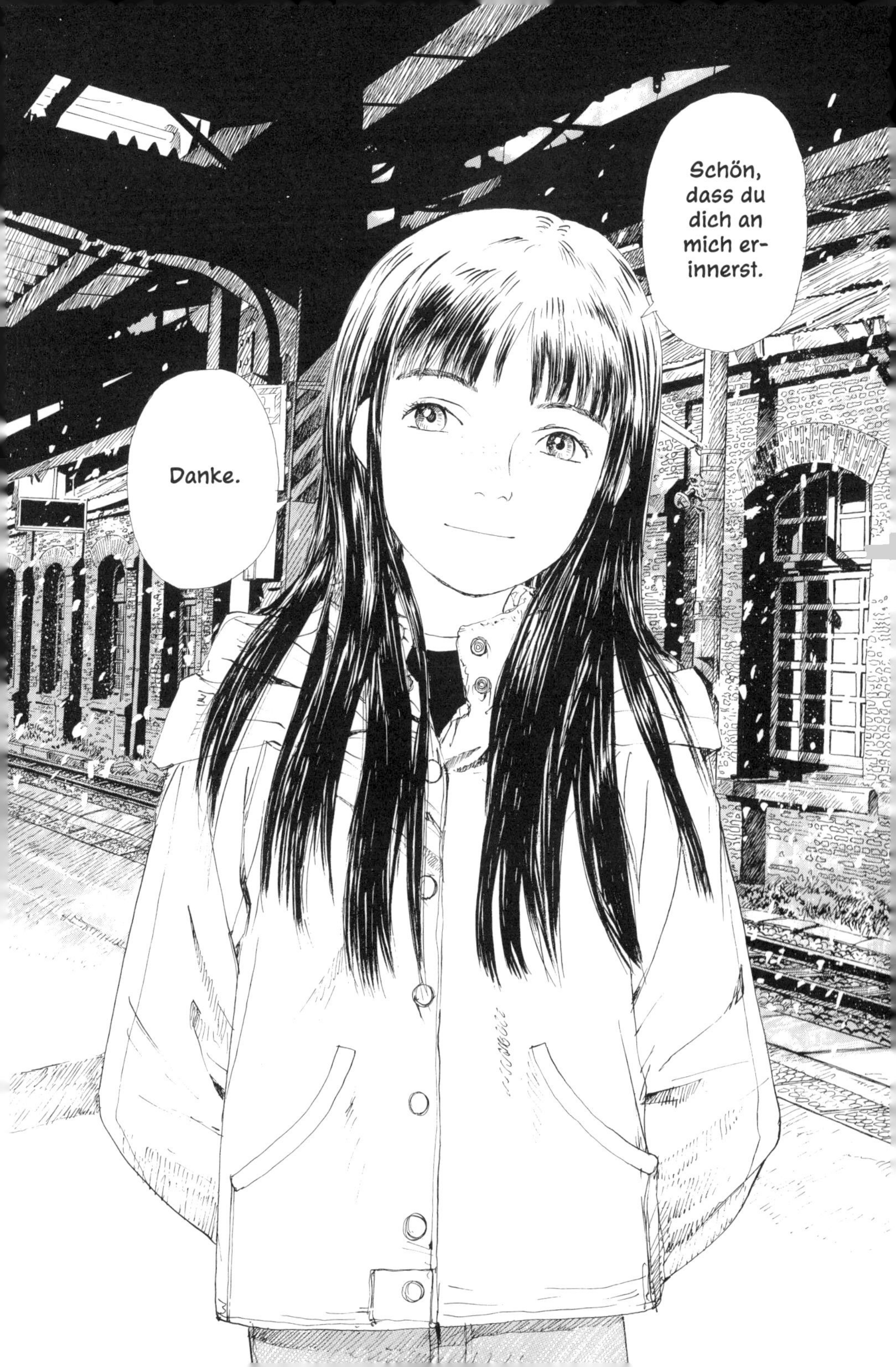
Schön, dass du dich an mich er- innerst.
Danke.

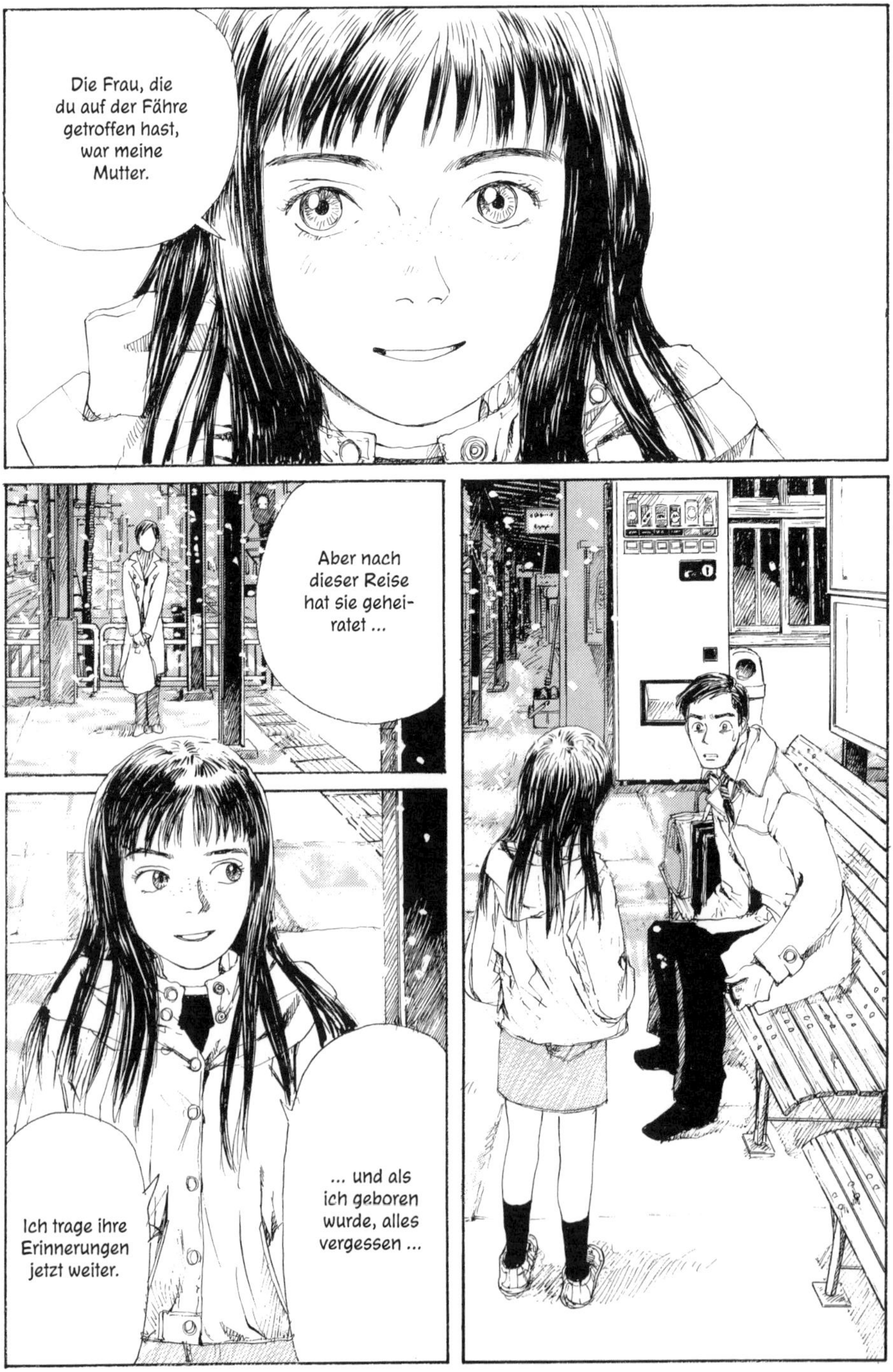
Die Frau, die du auf der Fähre getroffen hast, war meine Mutter.
Aber nach dieser Reise hat sie geheiratet ...
... und als ich geboren wurde, alles vergessen ...
Ich trage ihre Erinnerungen jetzt weiter.

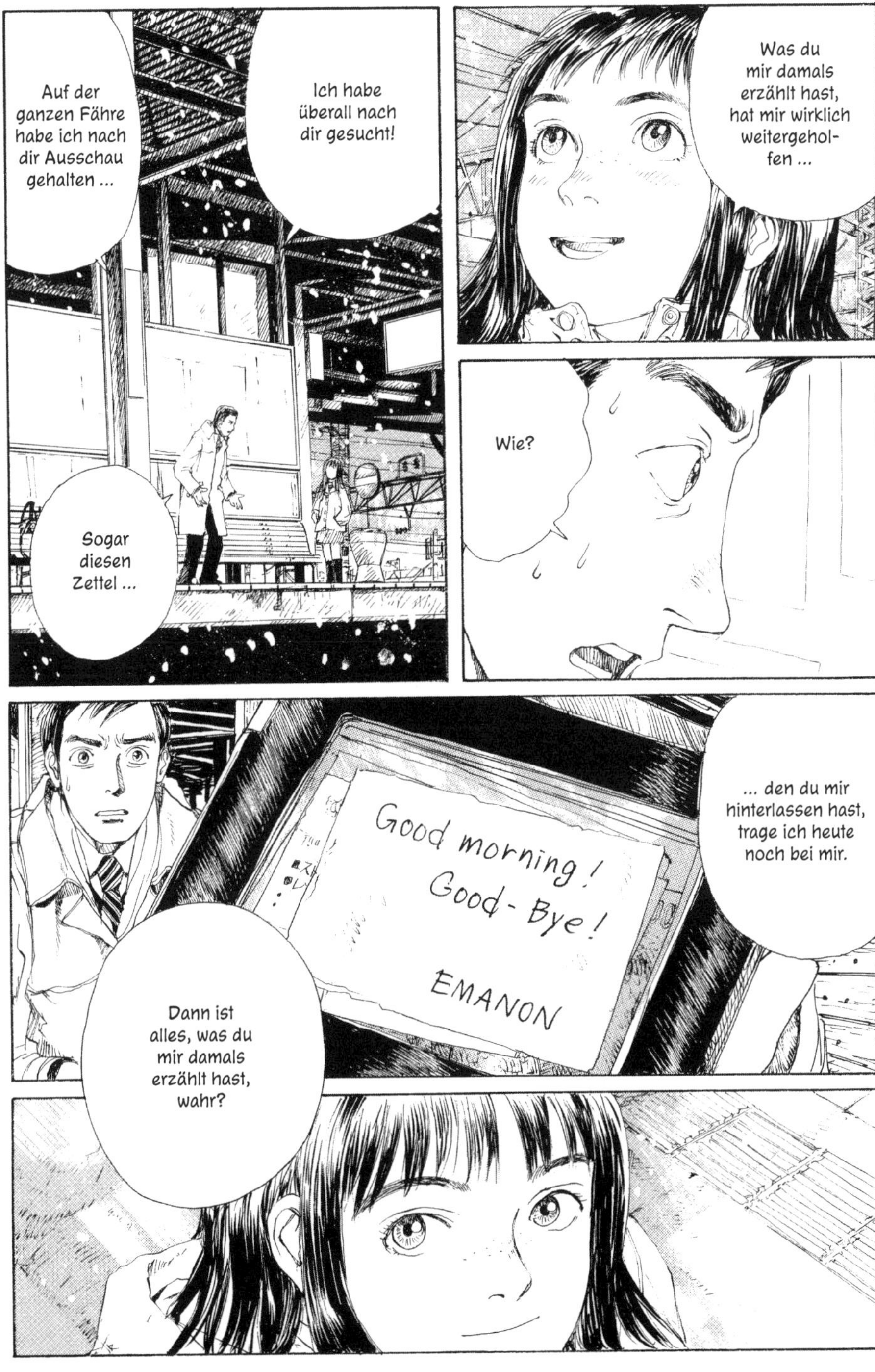
Was du mir damals erzählt hast, hat mir wirklich weitergeholfen ...
Wie?
Ich habe überall nach dir gesucht!
Auf der ganzen Fähre habe ich nach dir Ausschau gehalten ...
Sogar diesen Zettel ...
... den du mir hinterlassen hast, trage ich heute noch bei mir.
Good morning! Good-Bye! EMANON
Dann ist alles, was du mir damals erzählt hast, wahr?

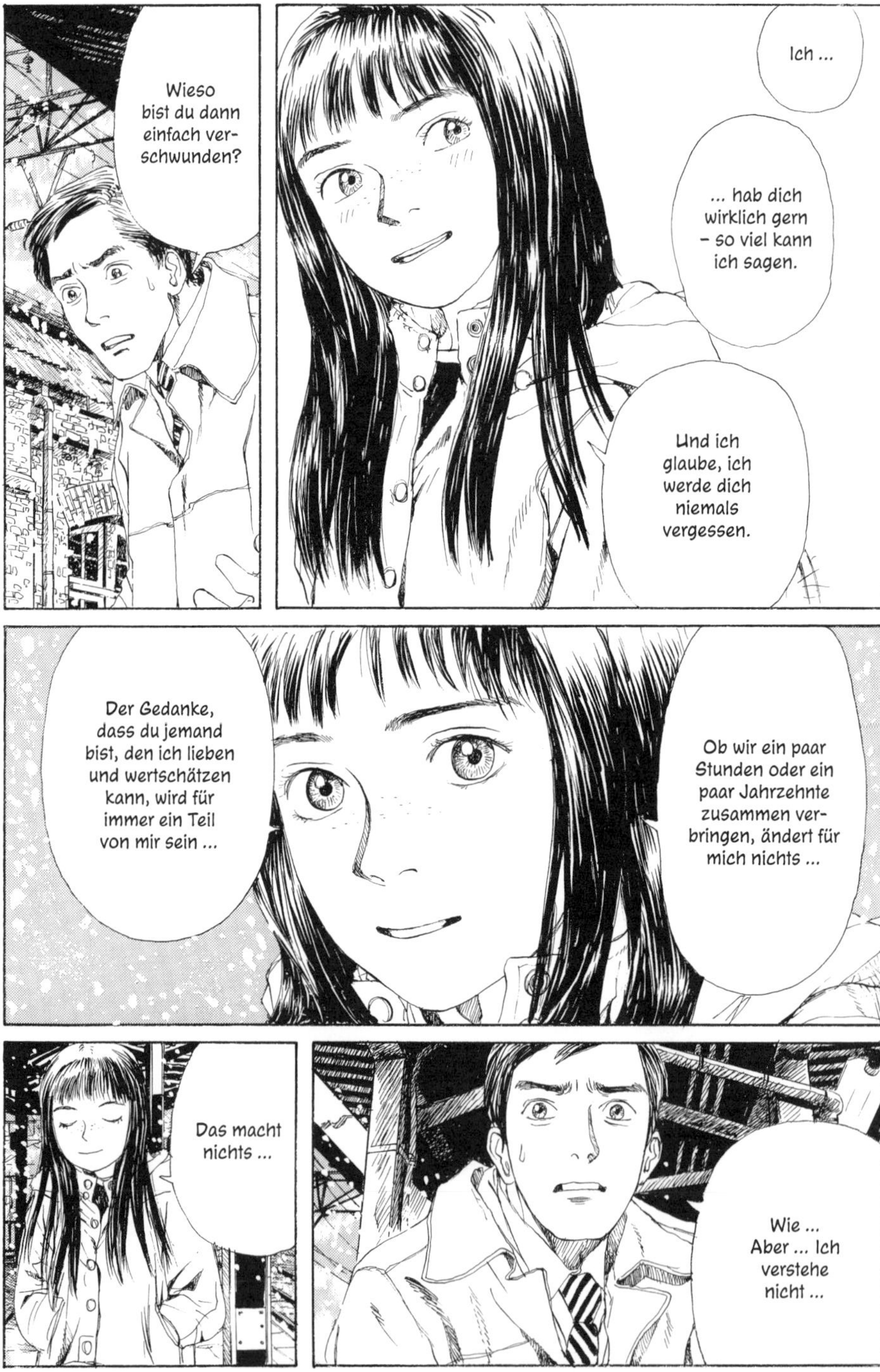
Ich ...
... hab dich wirklich gern – so viel kann ich sagen.
Und ich glaube, ich werde dich niemals vergessen.
Wieso bist du dann einfach verschwunden?
Ob wir ein paar Stunden oder ein paar Jahrzehnte zusammen verbringen, ändert für mich nichts ...
Der Gedanke, dass du jemand bist, den ich lieben und wertschätzen kann, wird für immer ein Teil von mir sein ...
Das macht nichts ...
Wie ... Aber ... Ich verstehe nicht ...

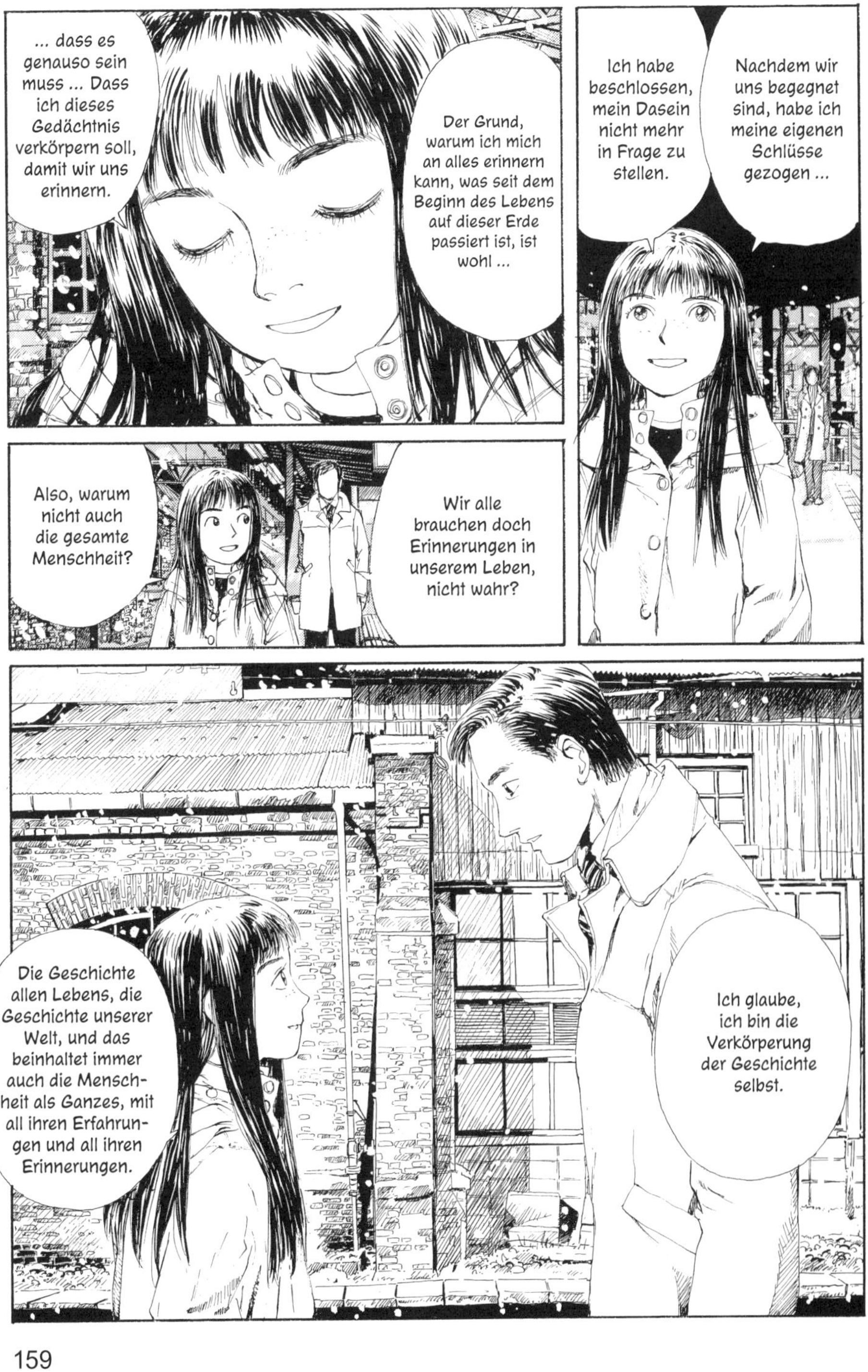
Nachdem wir uns begegnet sind, habe ich meine eigenen Schlüsse gezogen ...
Ich habe beschlossen, mein Dasein nicht mehr in Frage zu stellen.
Der Grund, warum ich mich an alles erinnern kann, was seit dem Beginn des Lebens auf dieser Erde passiert ist, ist wohl ...
... dass es genauso sein muss ... Dass ich dieses Gedächtnis verkörpern soll, damit wir uns erinnern.
Wir alle brauchen doch Erinnerungen in unserem Leben, nicht wahr?
Also, warum nicht auch die gesamte Menschheit?
Ich glaube, ich bin die Verkörperung der Geschichte selbst.
Die Geschichte allen Lebens, die Geschichte unserer Welt, und das beinhaltet immer auch die Menschheit als Ganzes, mit all ihren Erfahrungen und all ihren Erinnerungen.

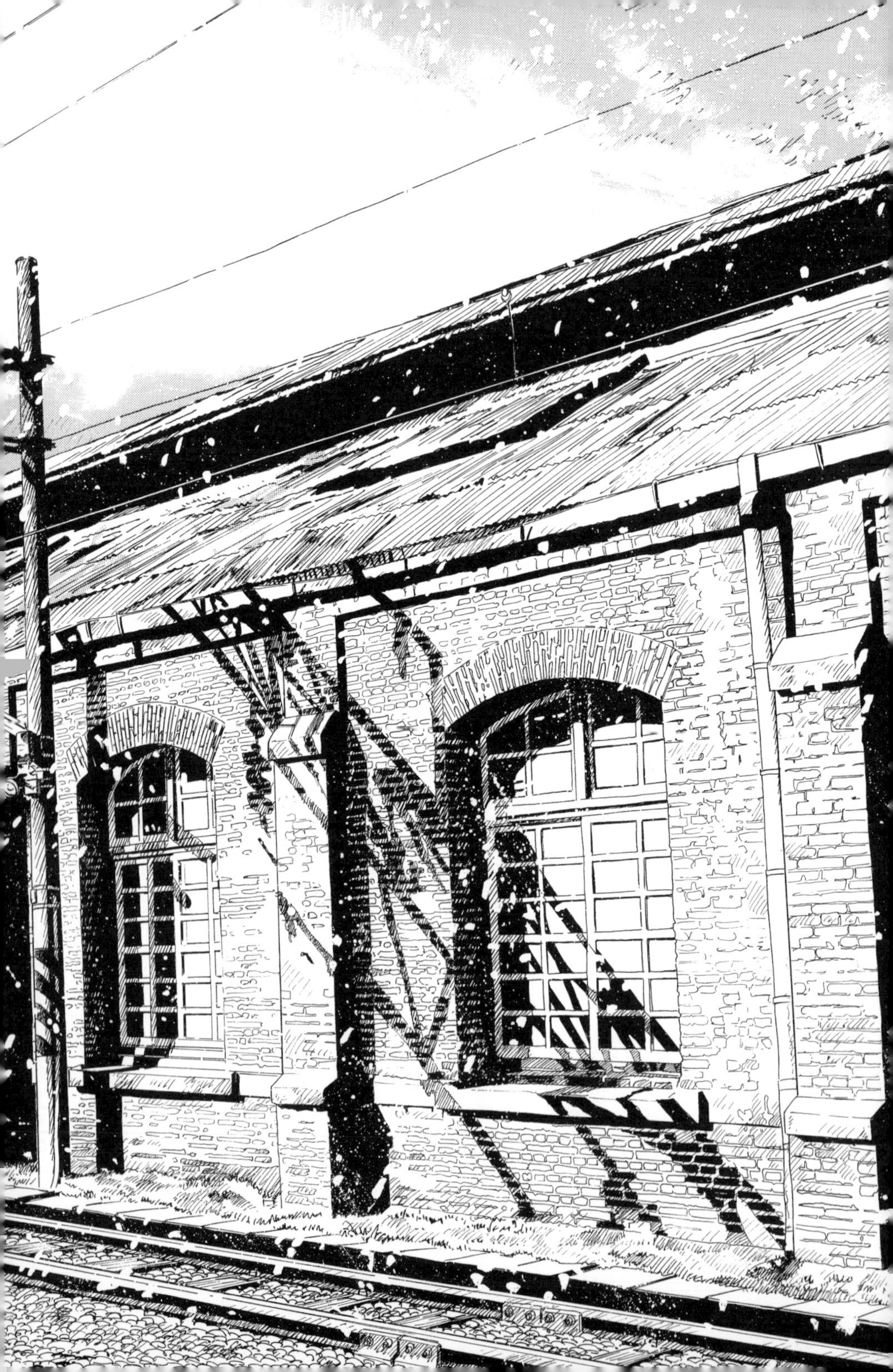

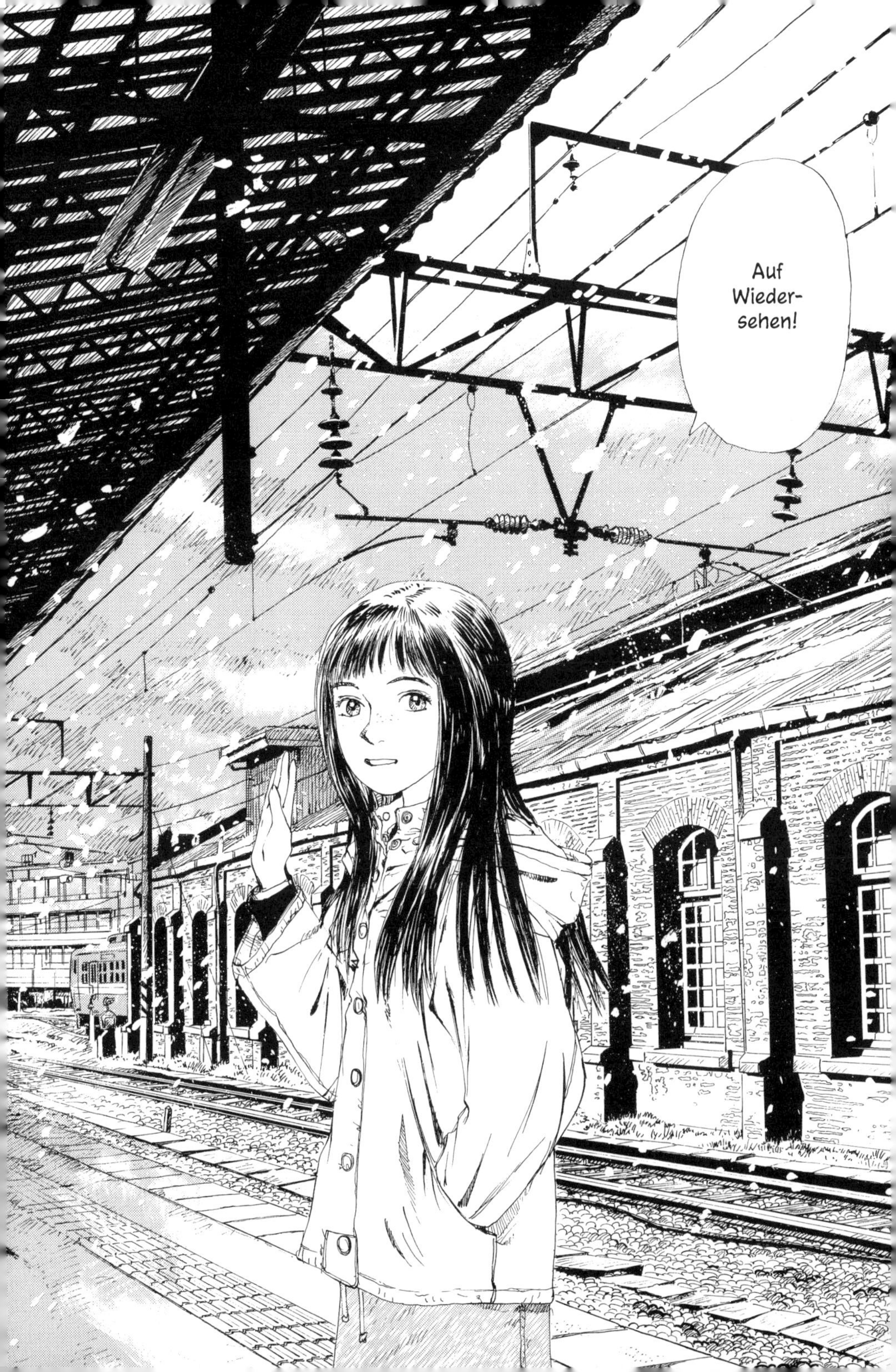
Auf Wieder-sehen!

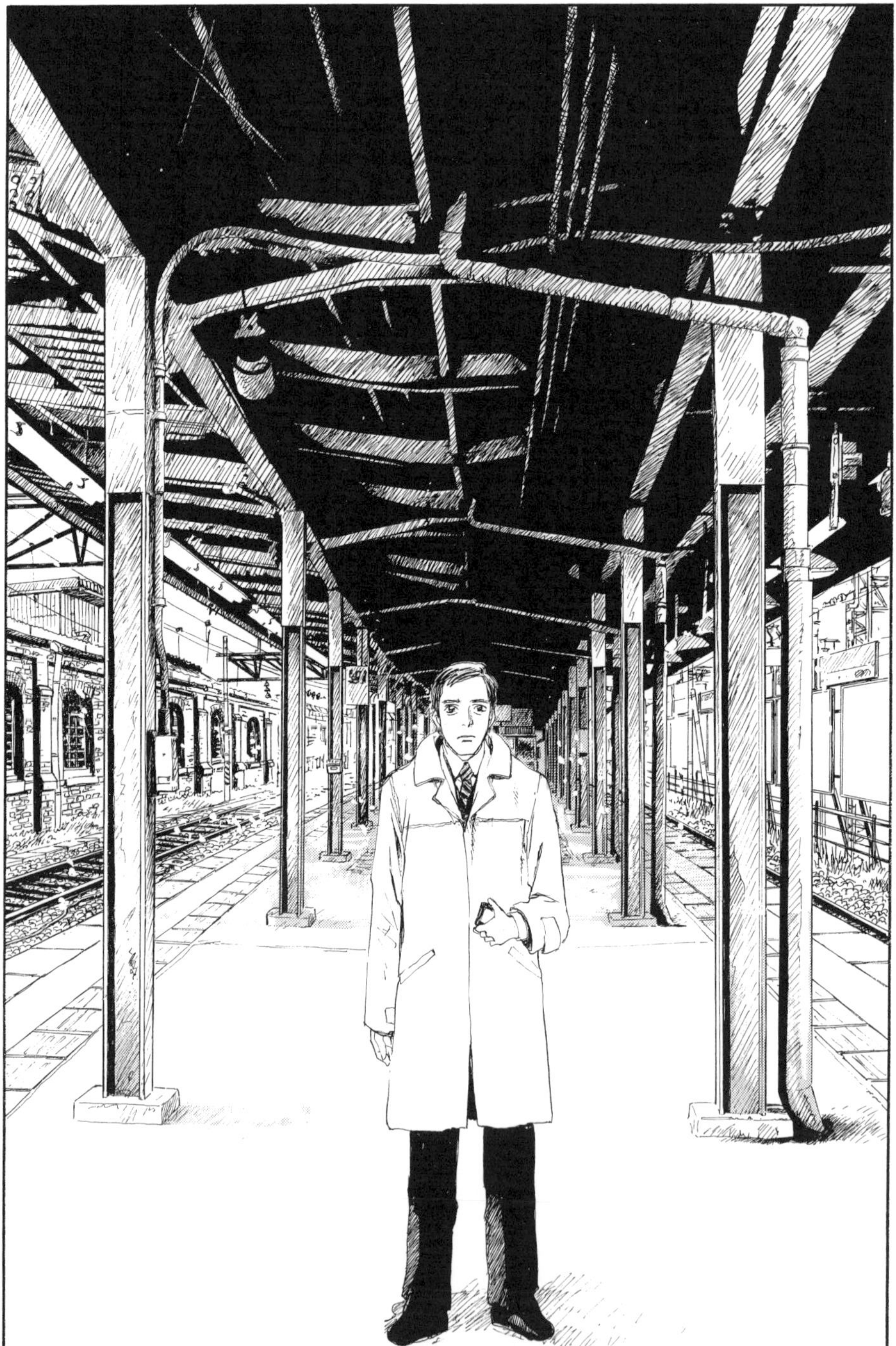

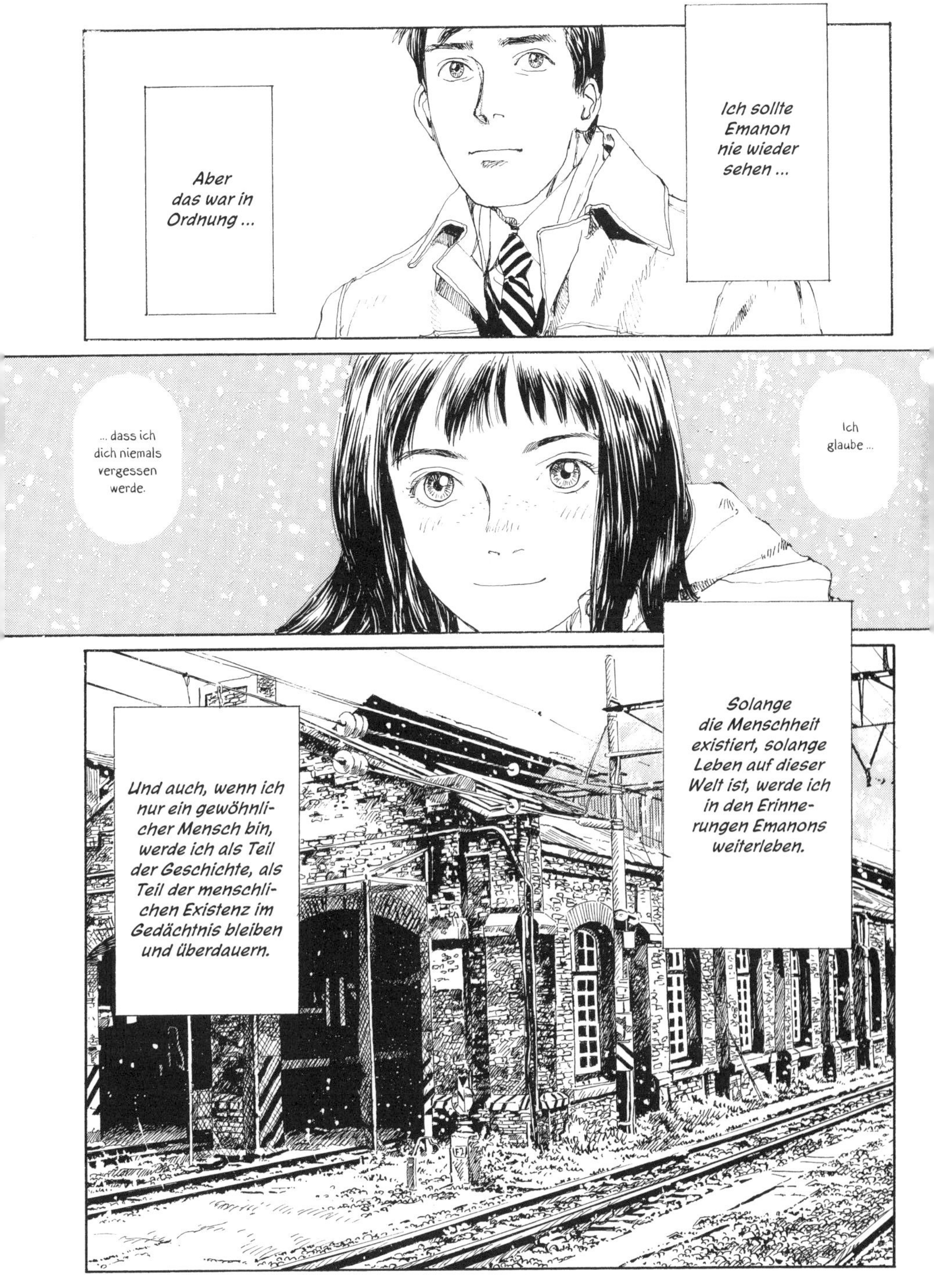
Ich sollte Emanon nie wieder sehen ...
Aber das war in Ordnung ...
Ich glaube ...
... dass ich dich niemals vergessen werde.
Solange die Menschheit existiert, solange Leben auf dieser Welt ist, werde ich in den Erinnerungen Emanons weiterleben.
Und auch, wenn ich nur ein gewöhnlicher Mensch bin, werde ich als Teil der Geschichte, als Teil der menschlichen Existenz im Gedächtnis bleiben und überdauern.

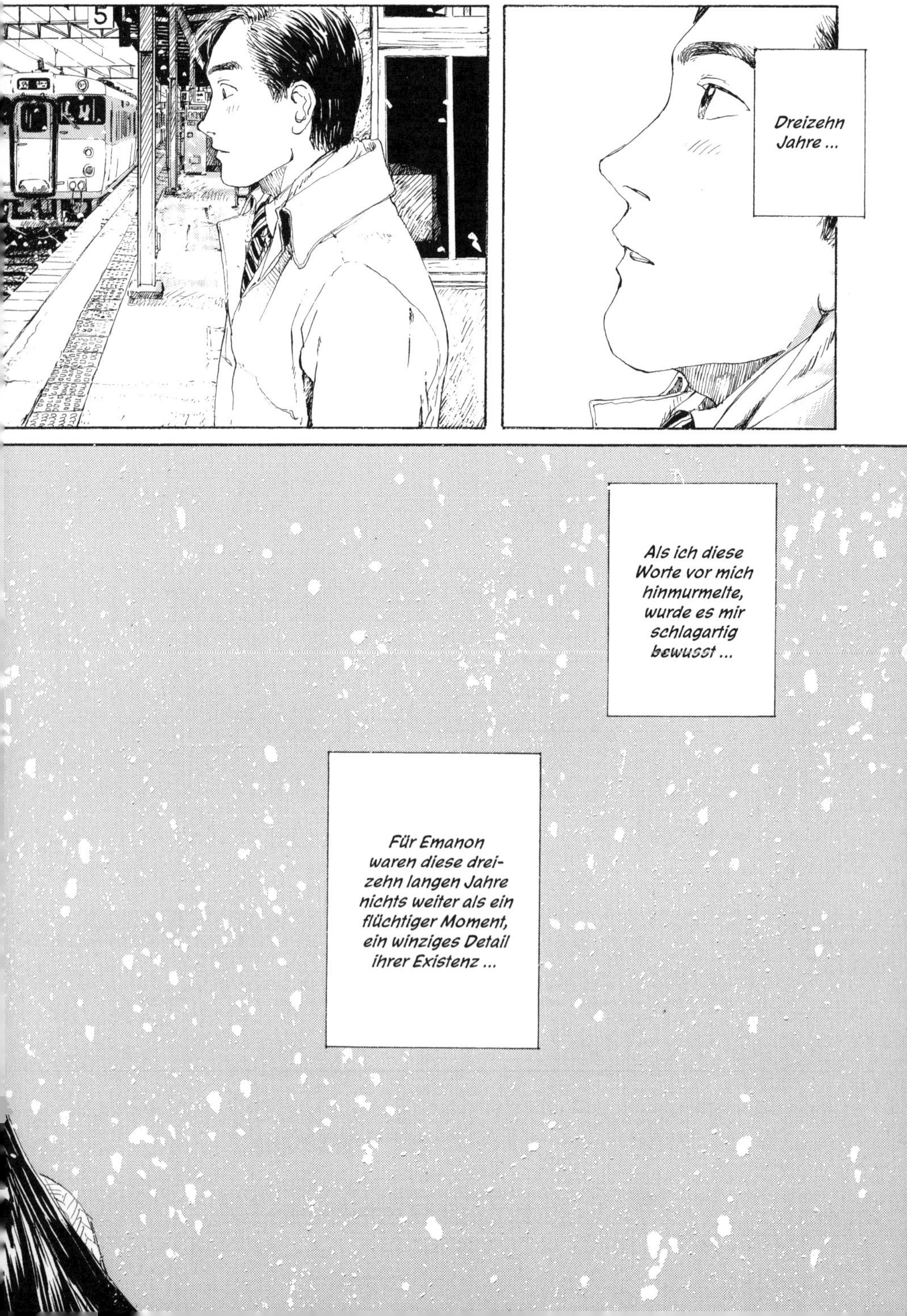
Dreizehn Jahre ...
Als ich diese Worte vor mich hinmurmelte, wurde es mir schlagartig bewusst ...
Für Emanon waren diese dreizehn langen Jahre nichts weiter als ein flüchtiger Moment, ein winziges Detail ihrer Existenz ...

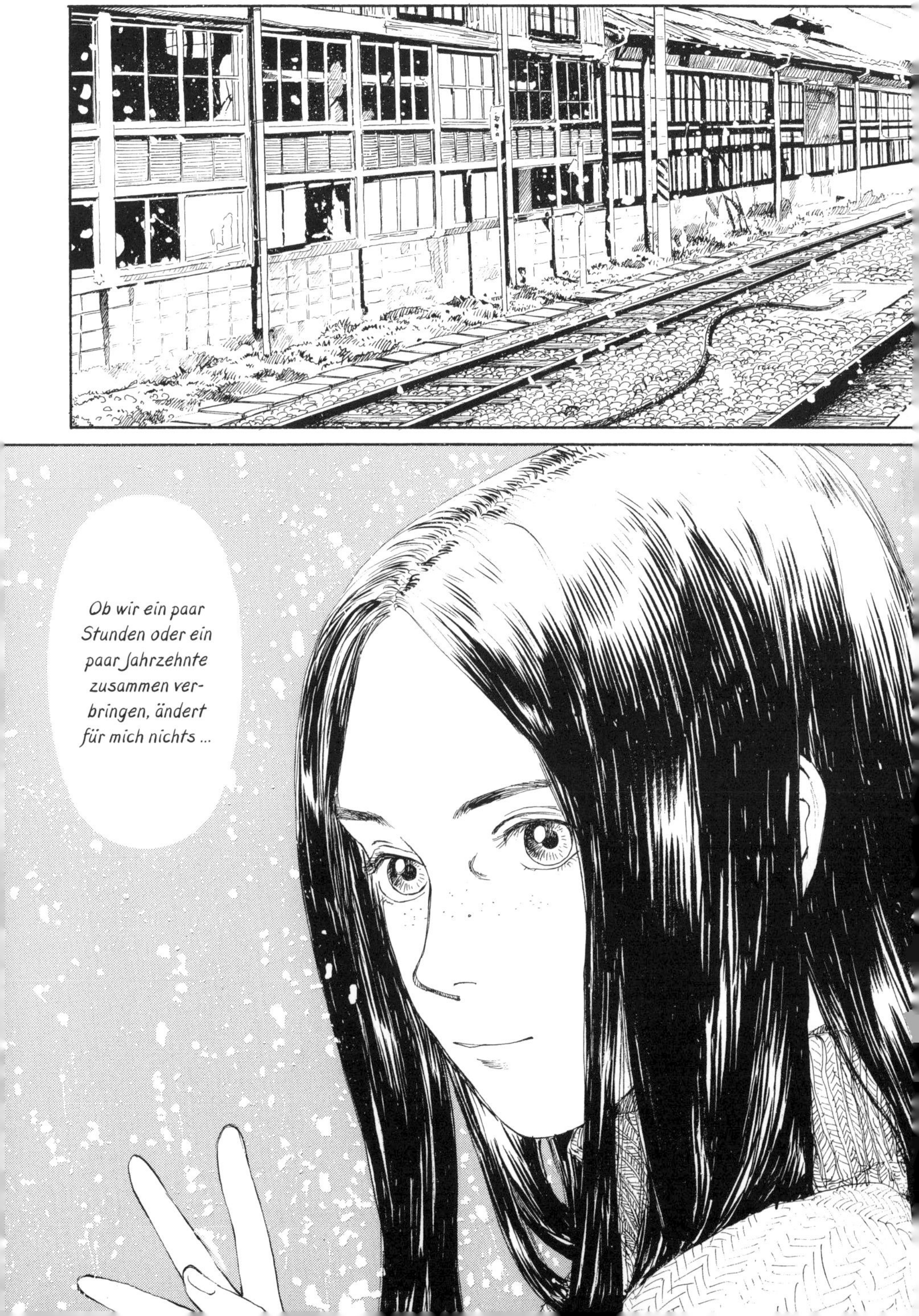
Ob wir ein paar Stunden oder ein paar Jahrzehnte zusammen verbringen, ändert für mich nichts ...

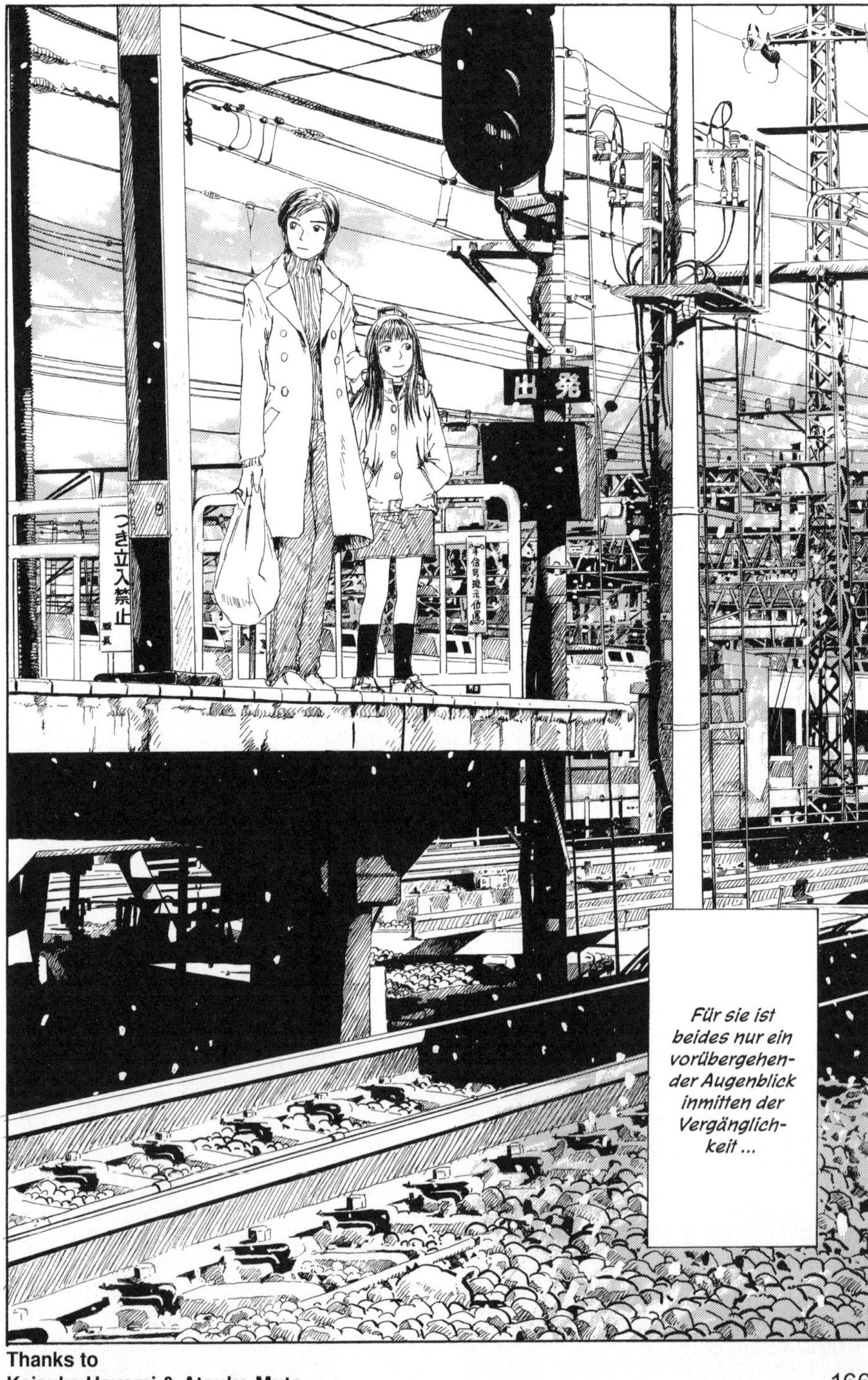

Thanks to
Keisuke Hayami & Atsuko Muto

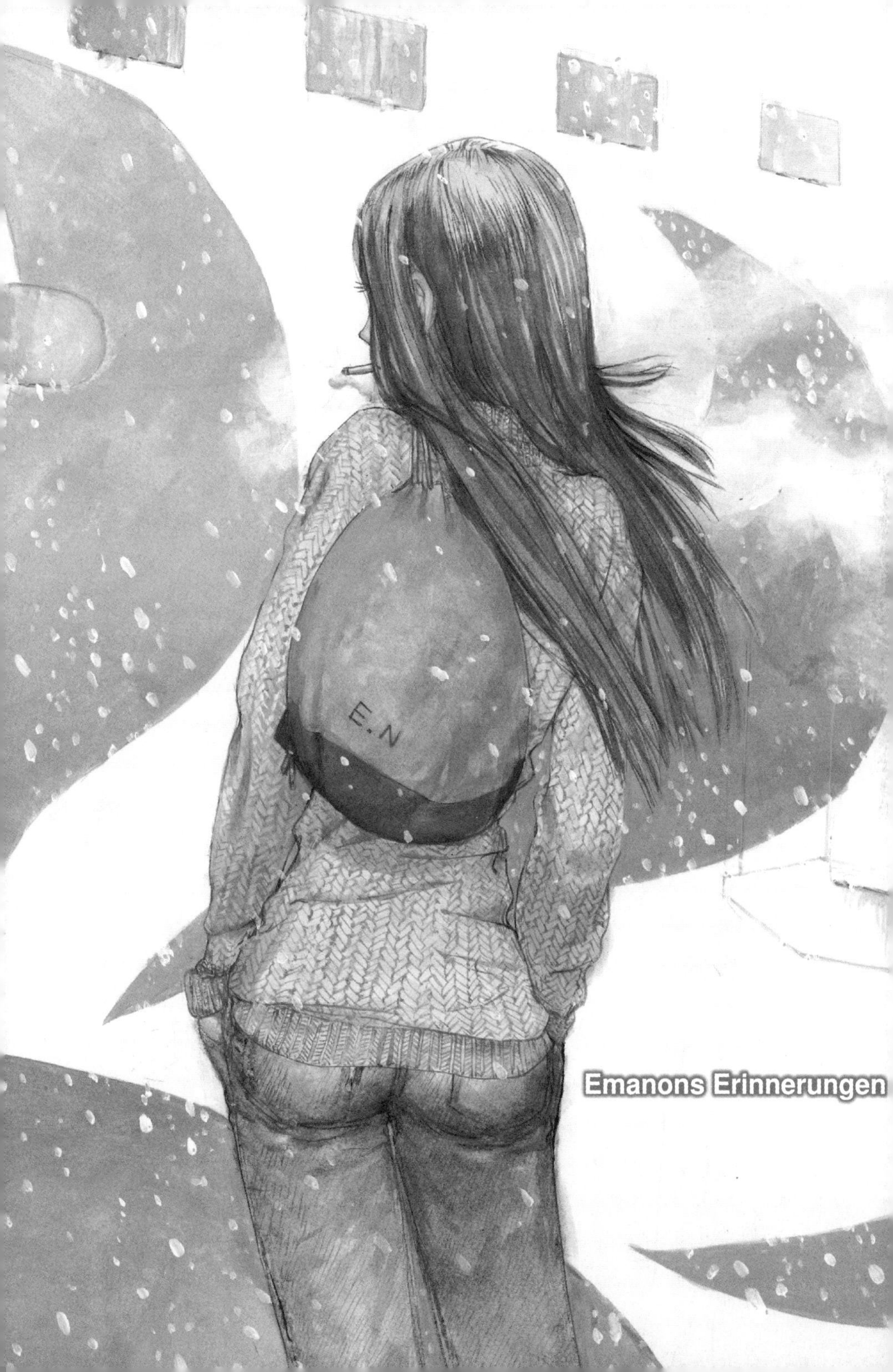

Emanons Erinnerungen

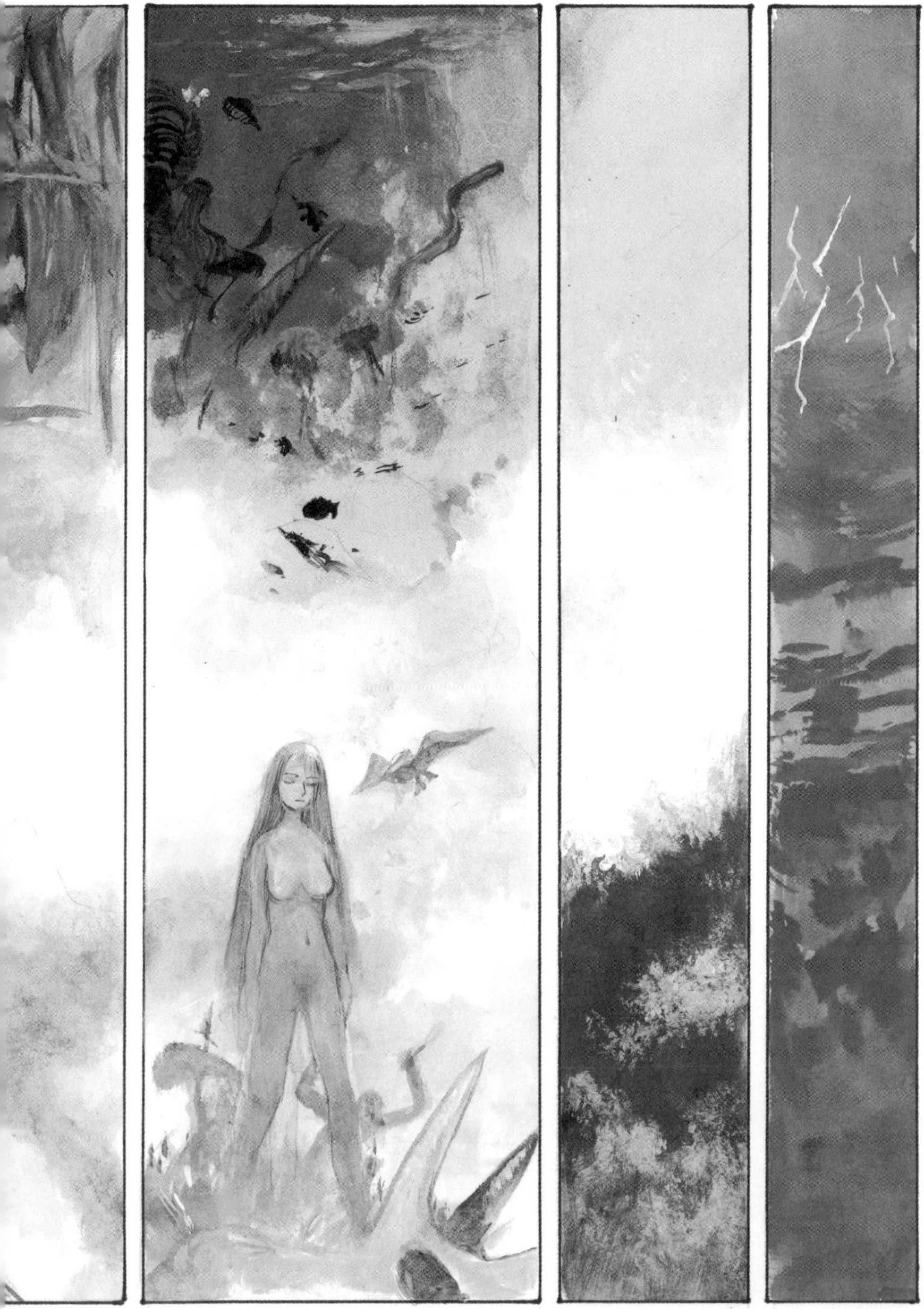

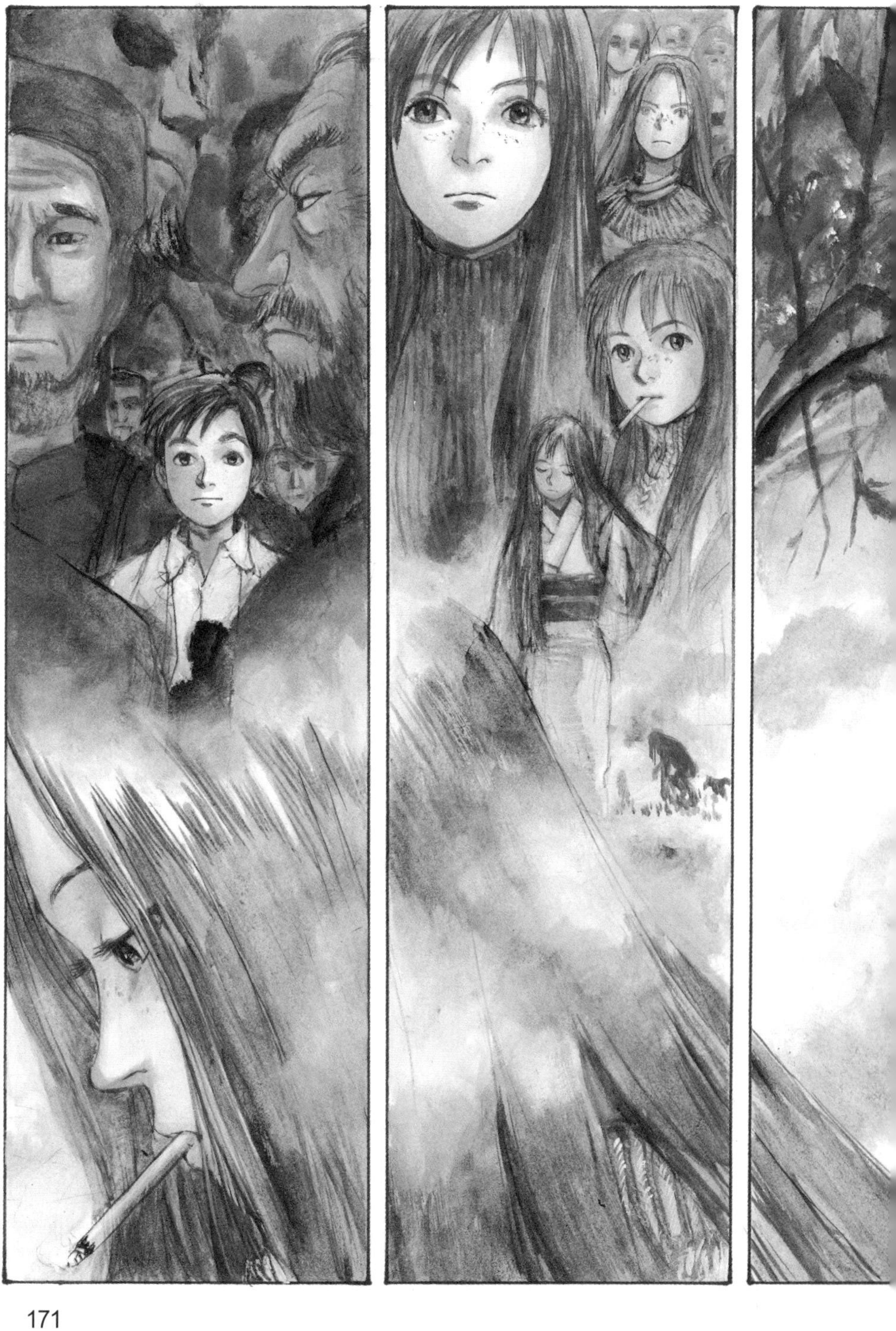

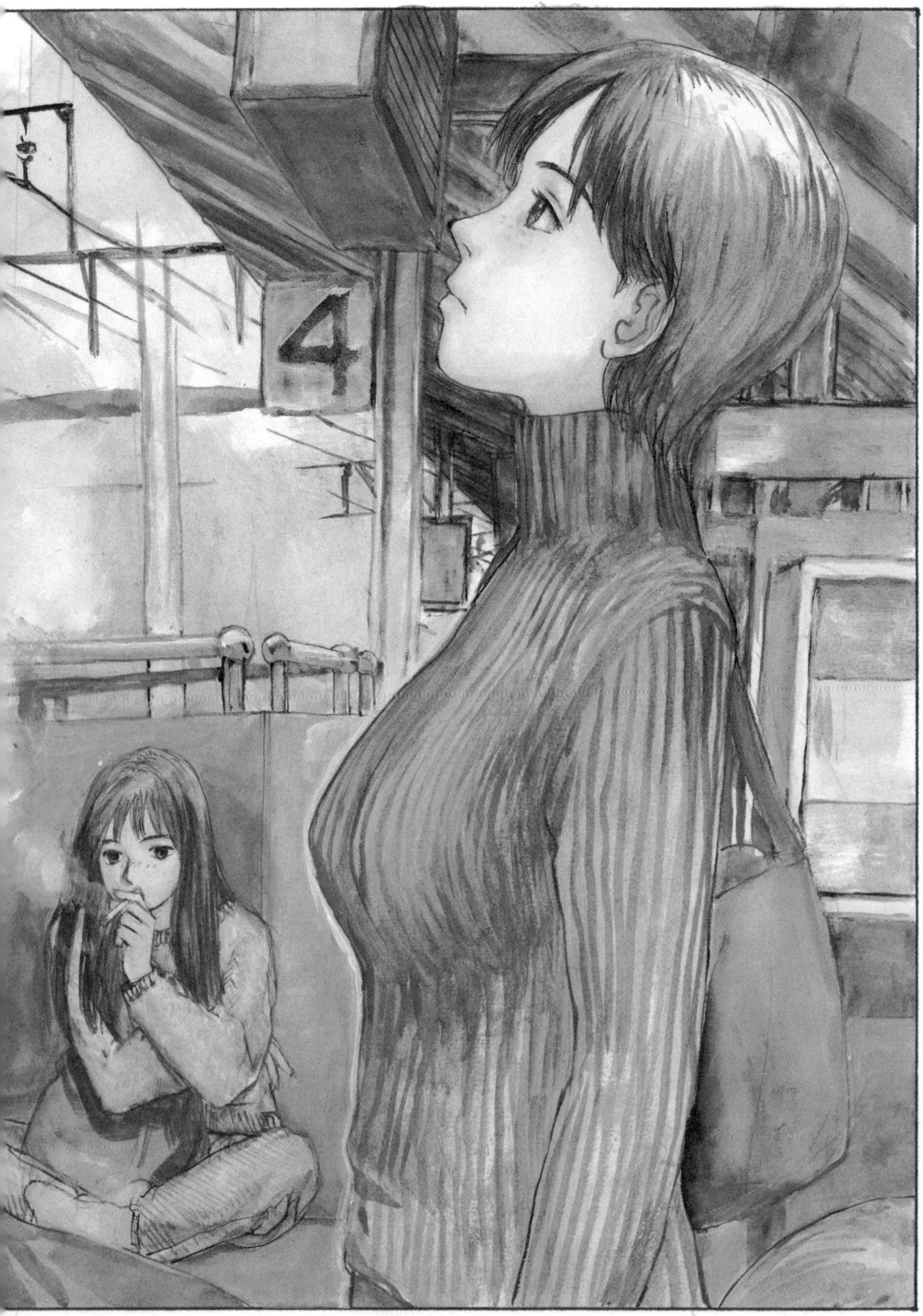
4

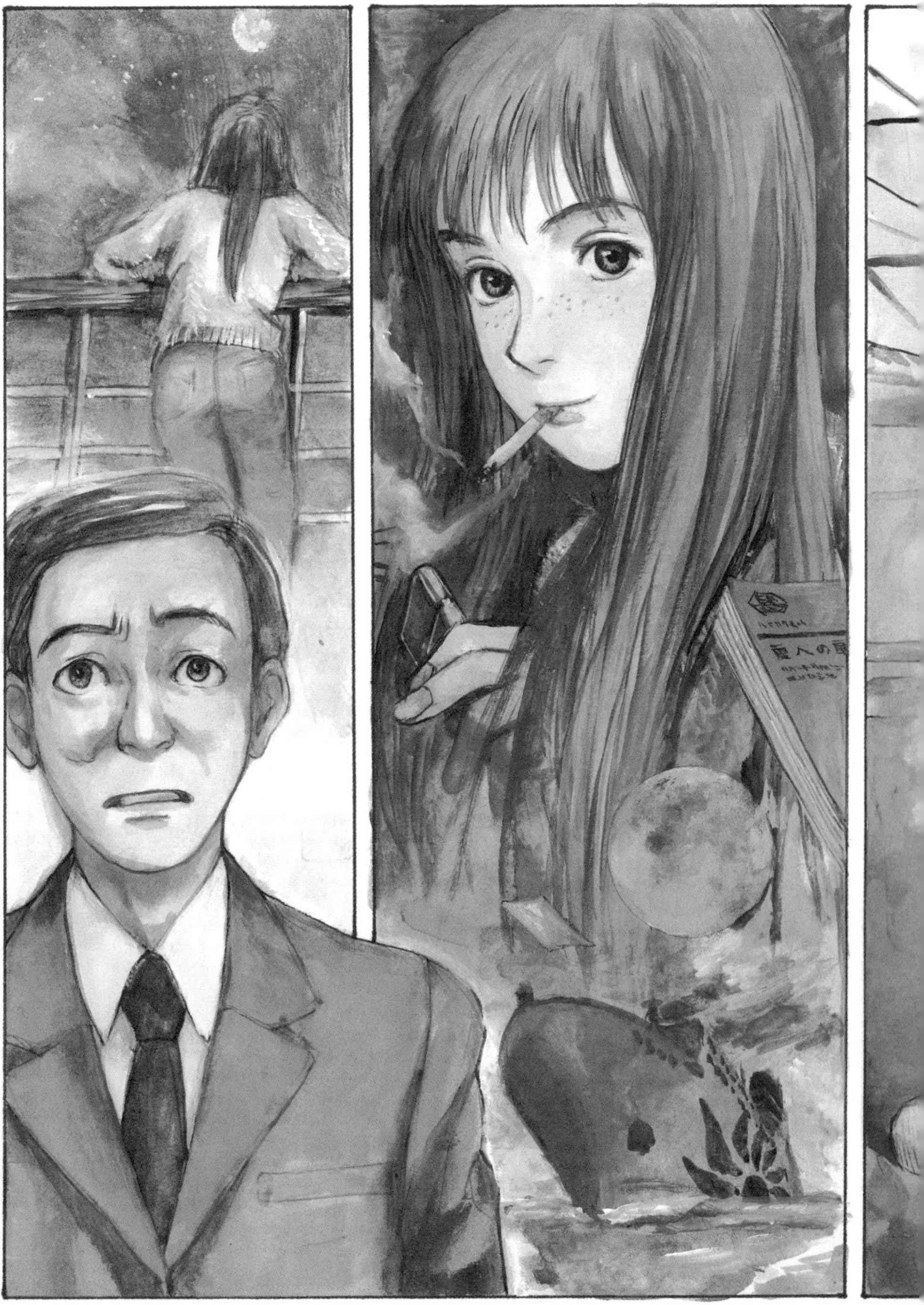

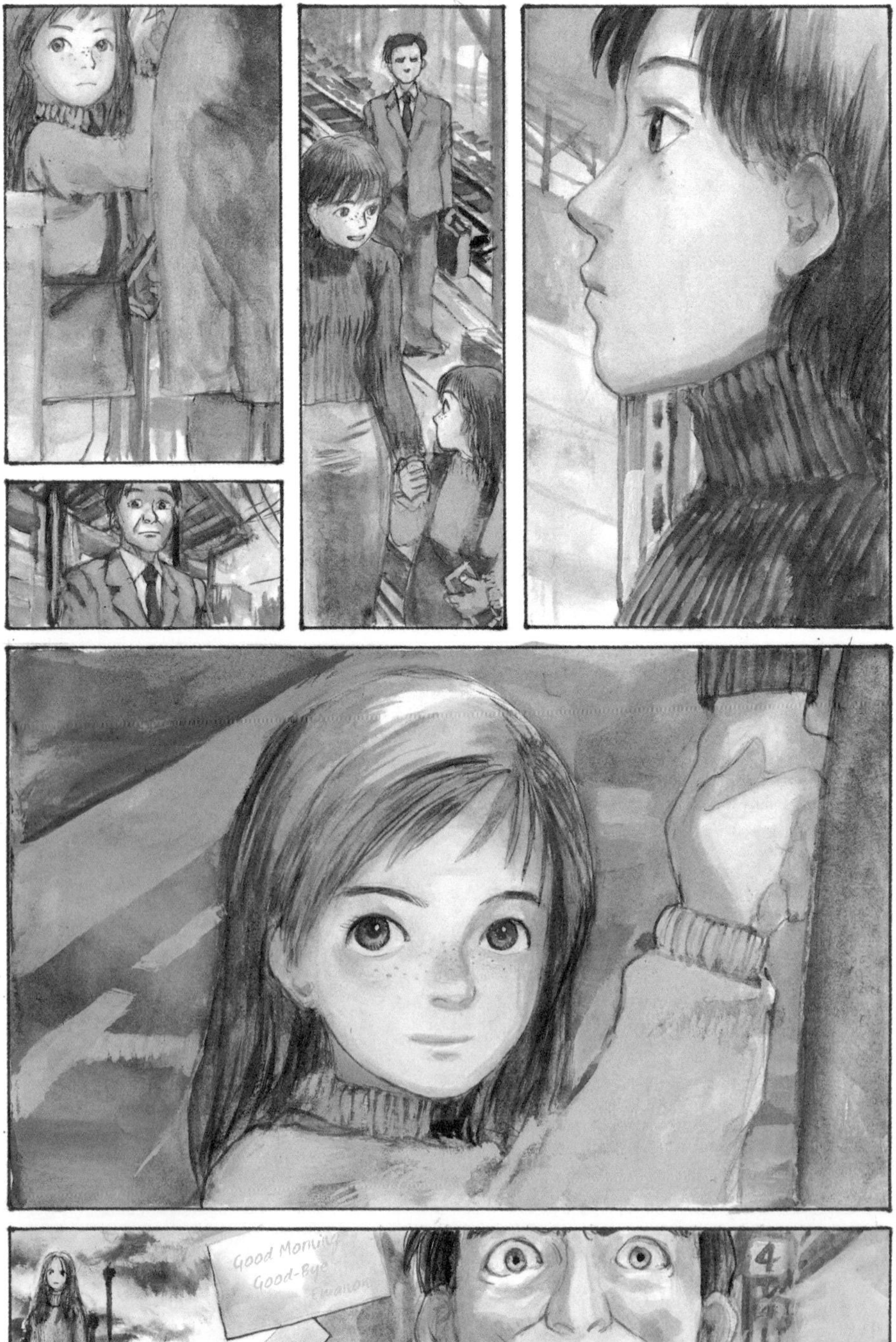
Good Morning
Good-Bye
4

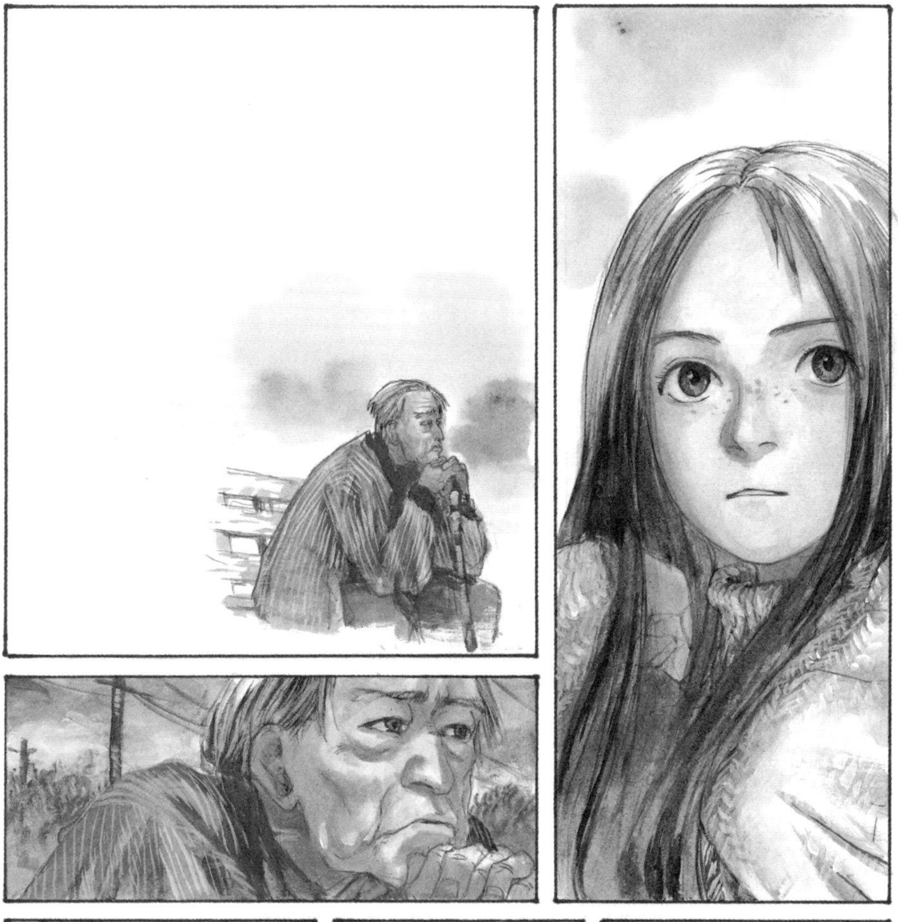

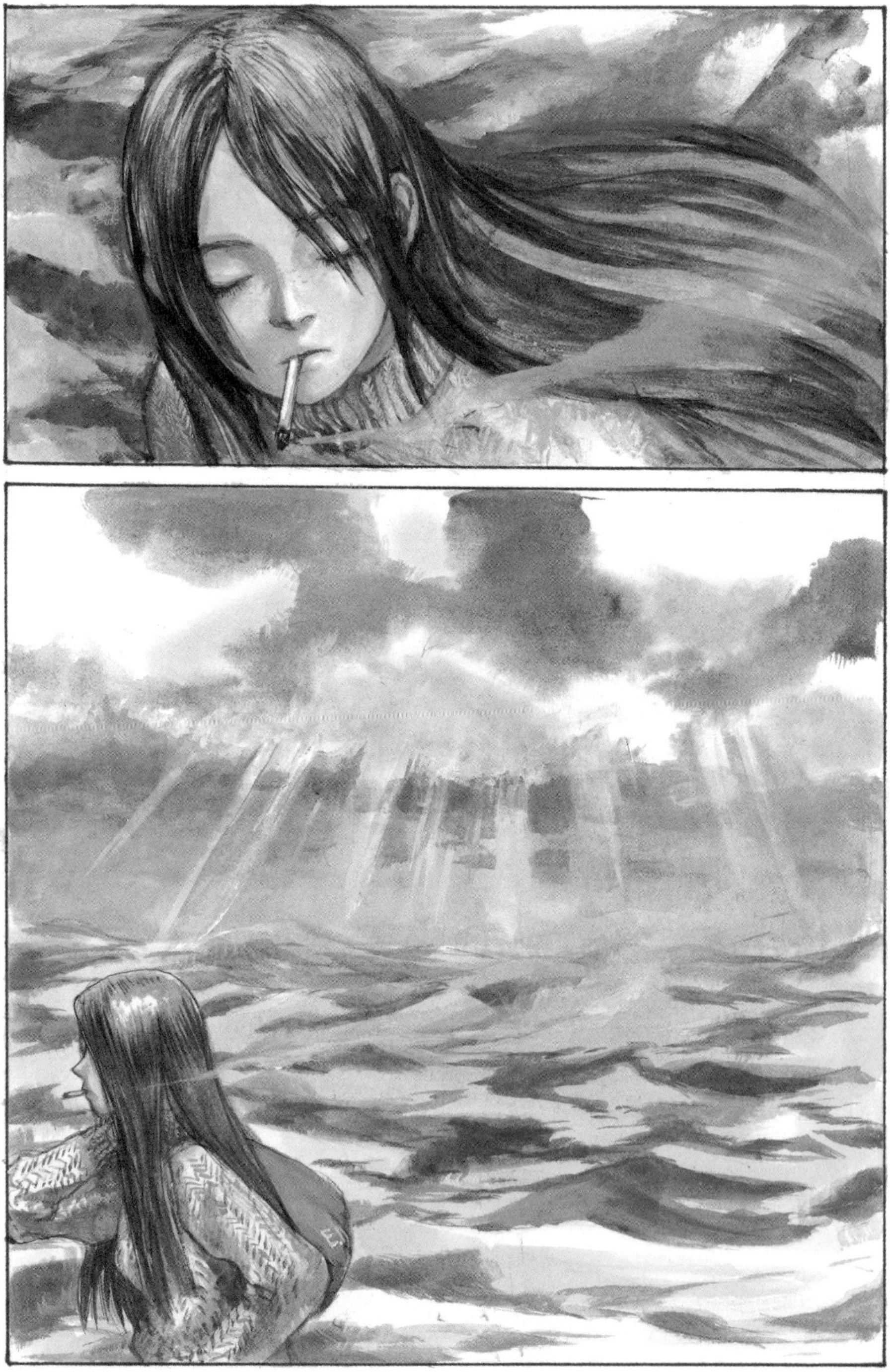

Emanons Wanderjahre

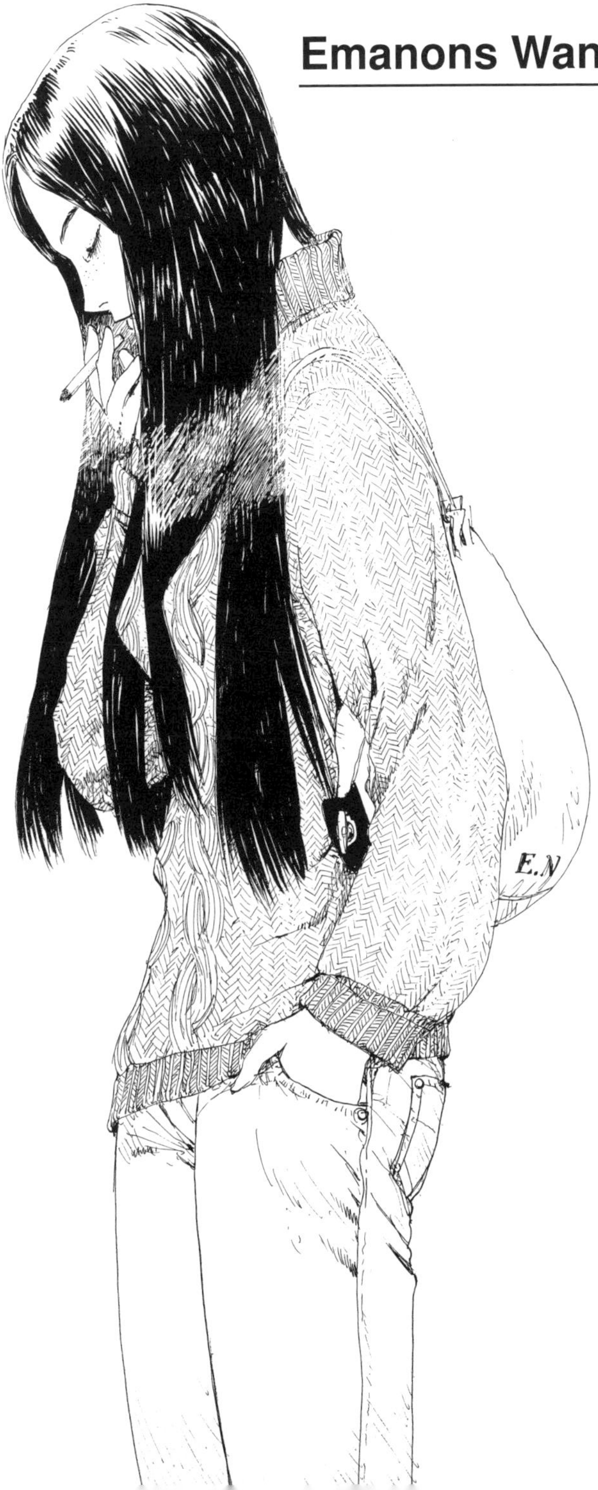

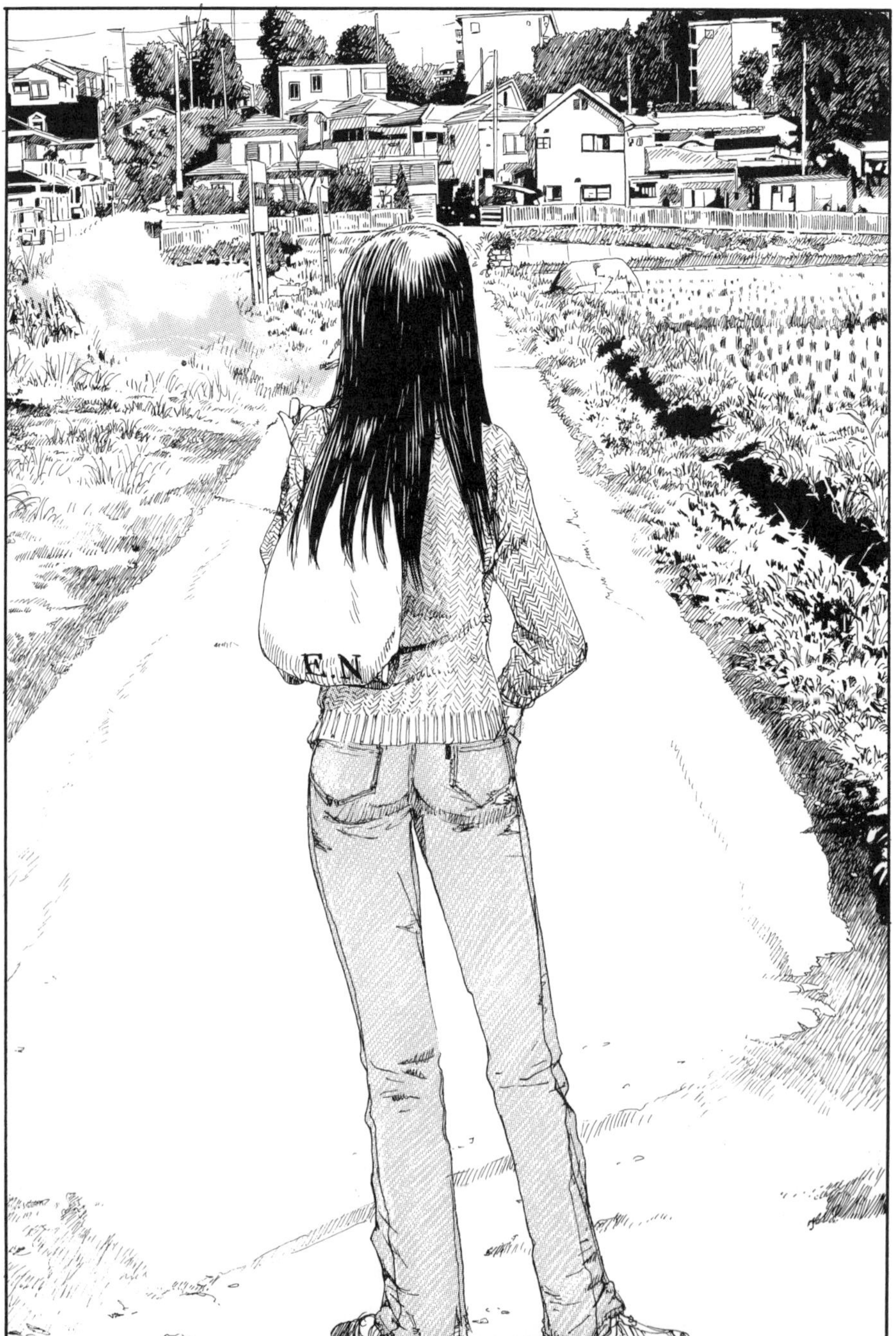
E.N

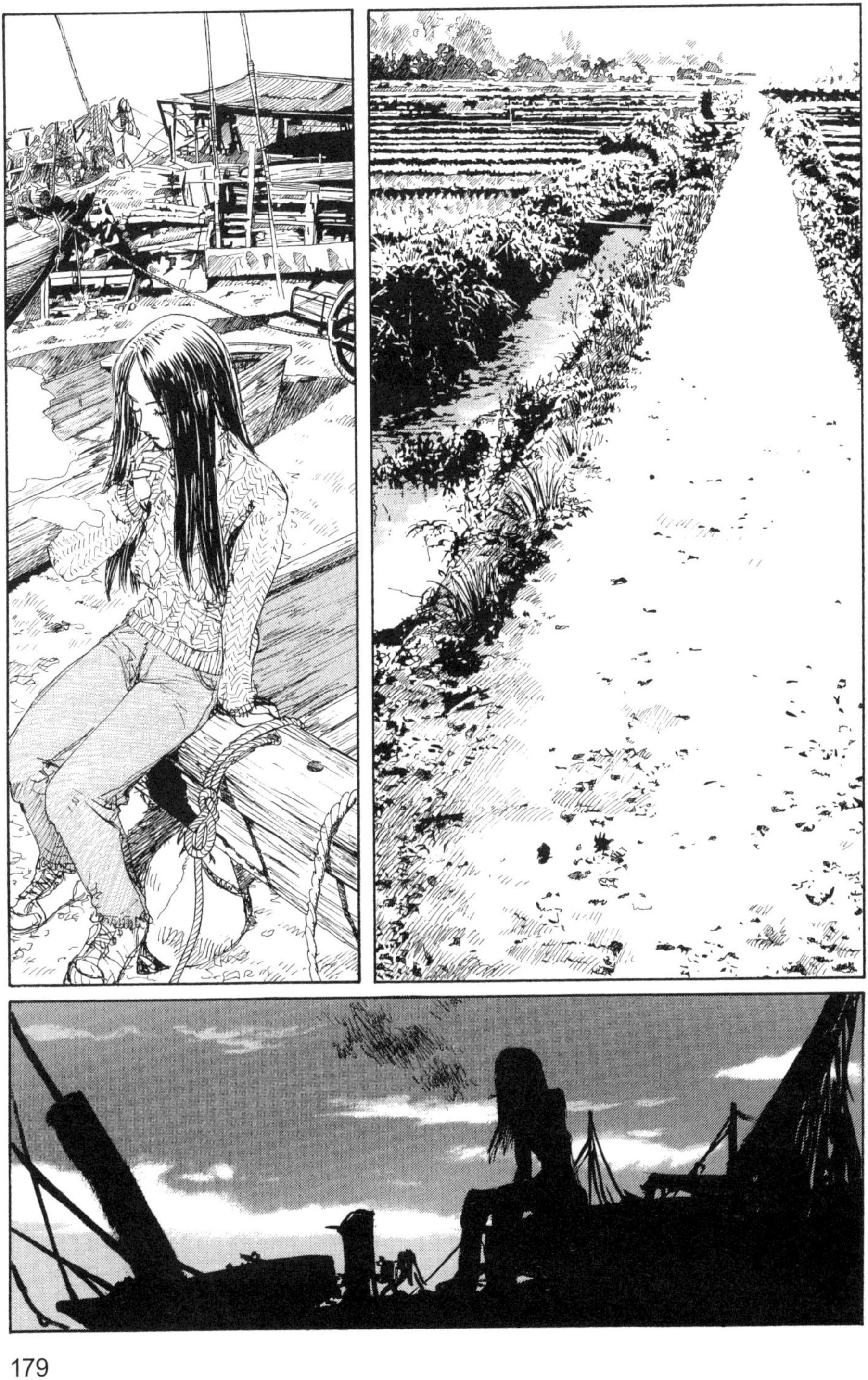

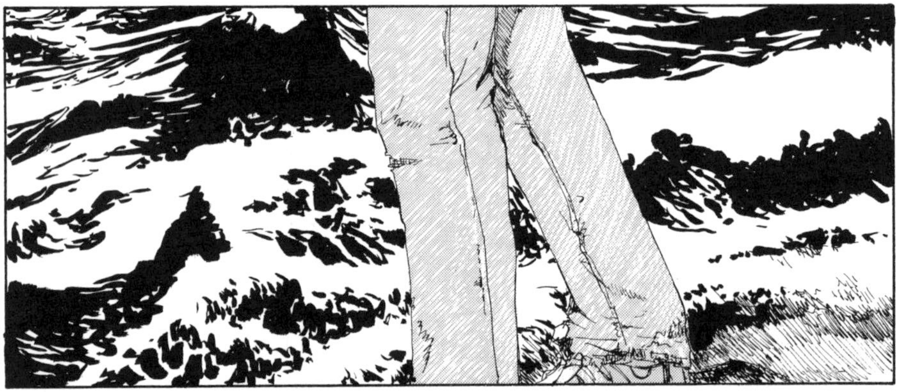

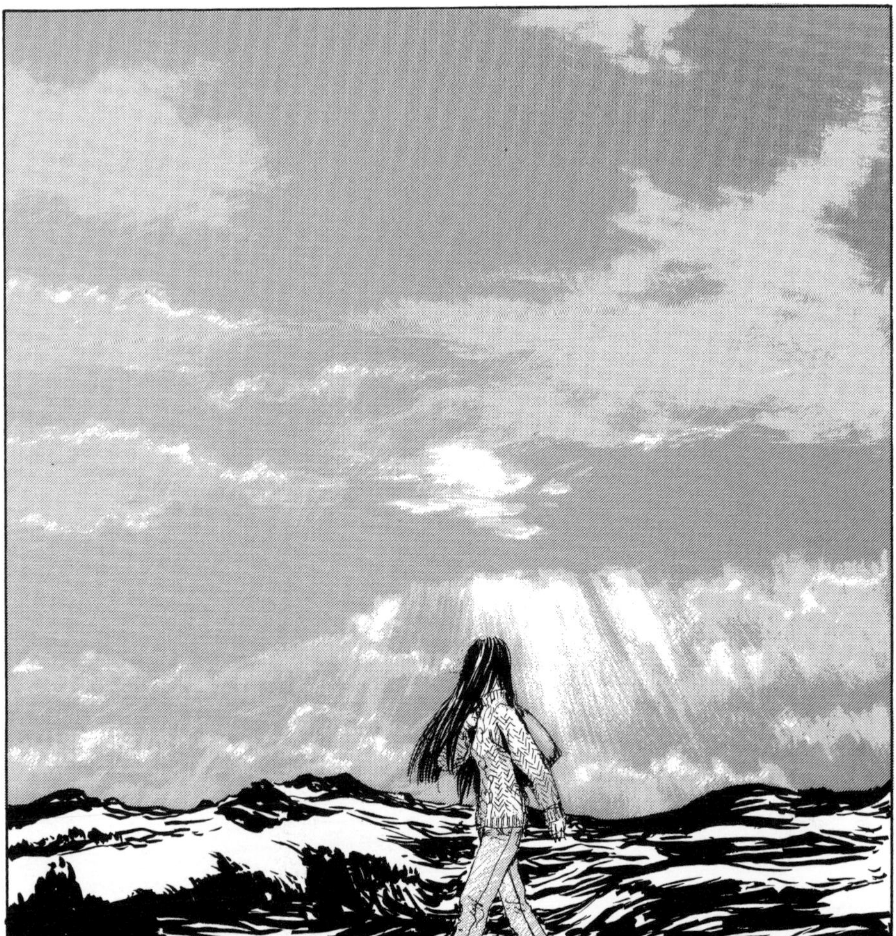

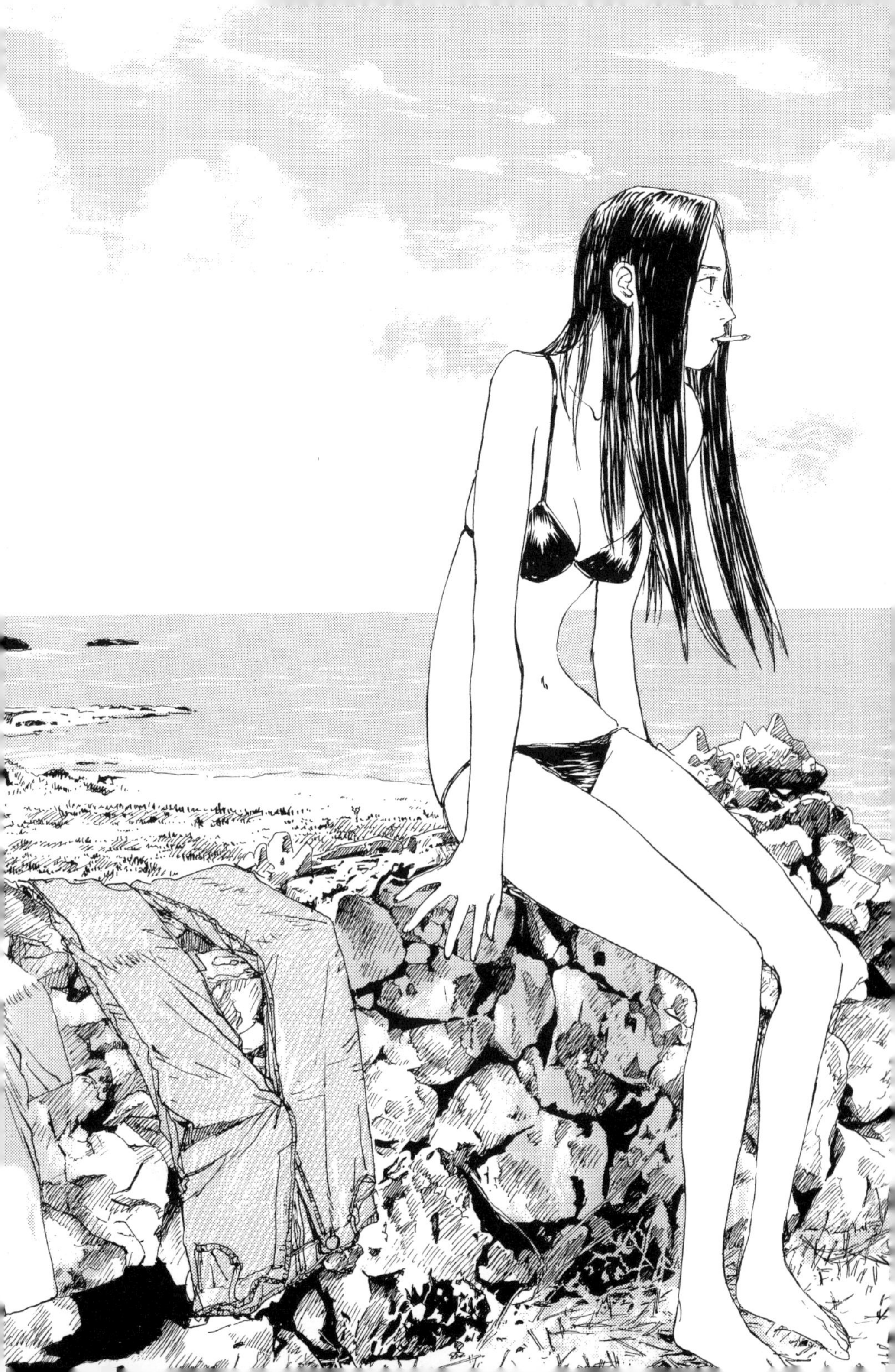

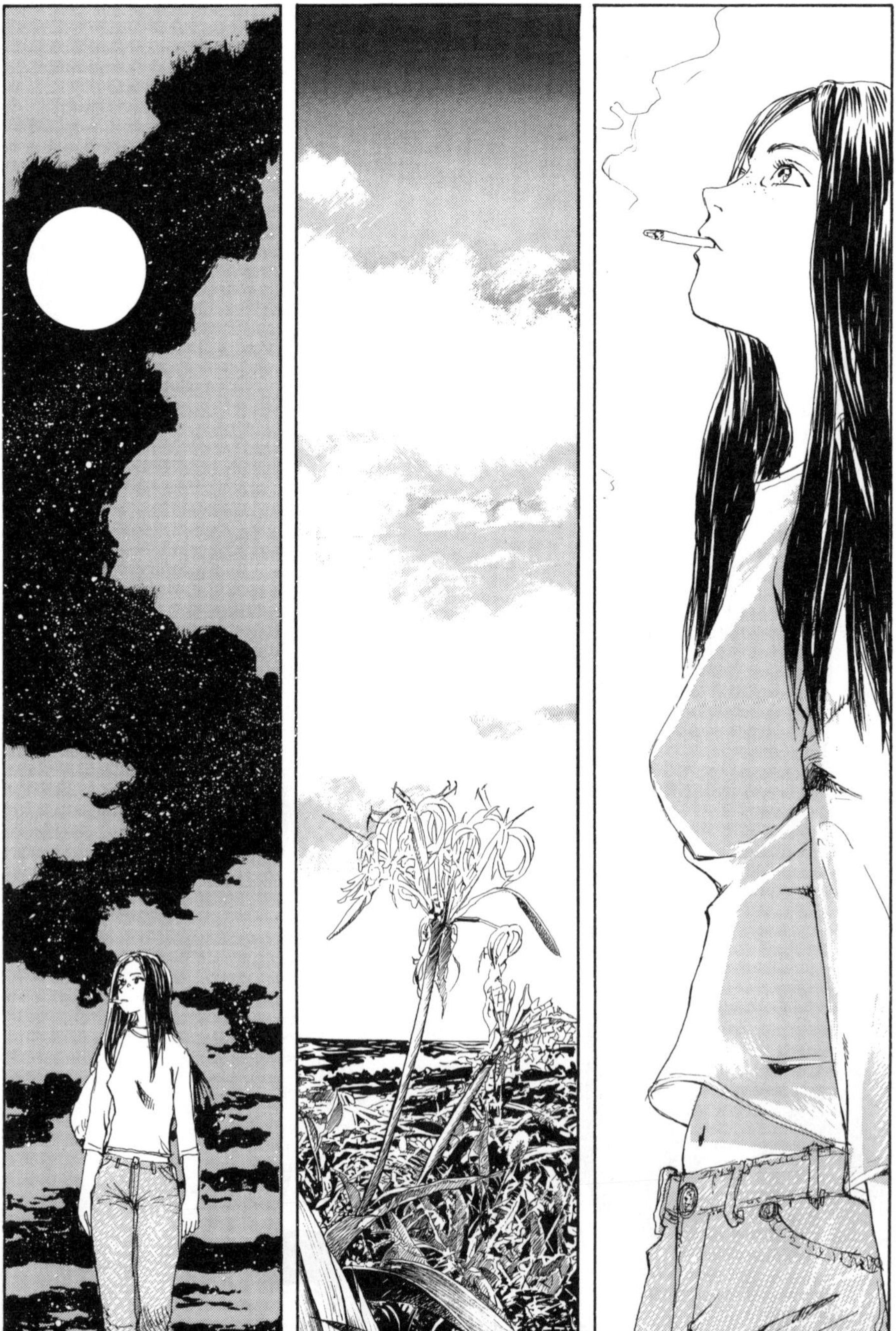

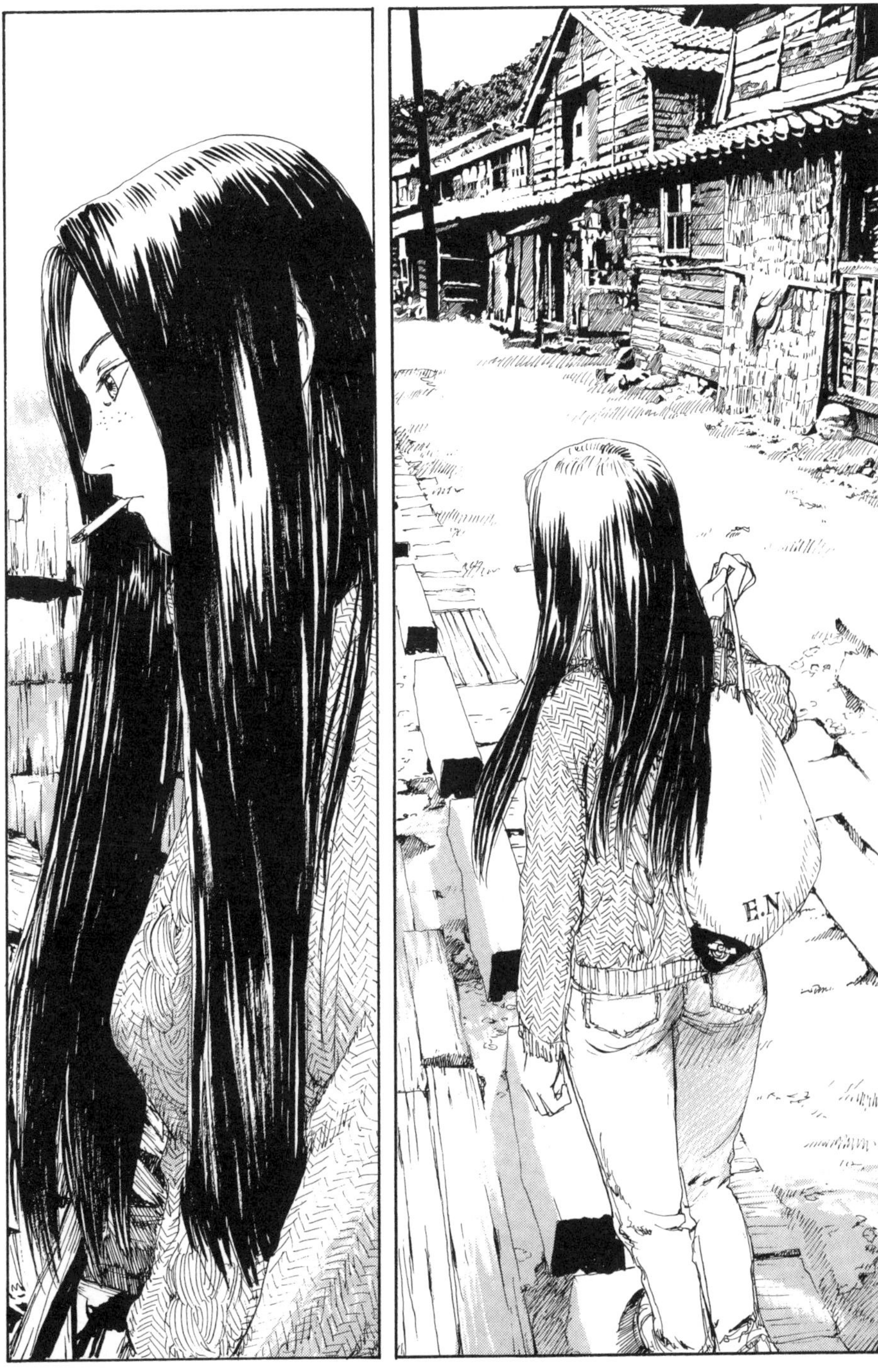
E.N

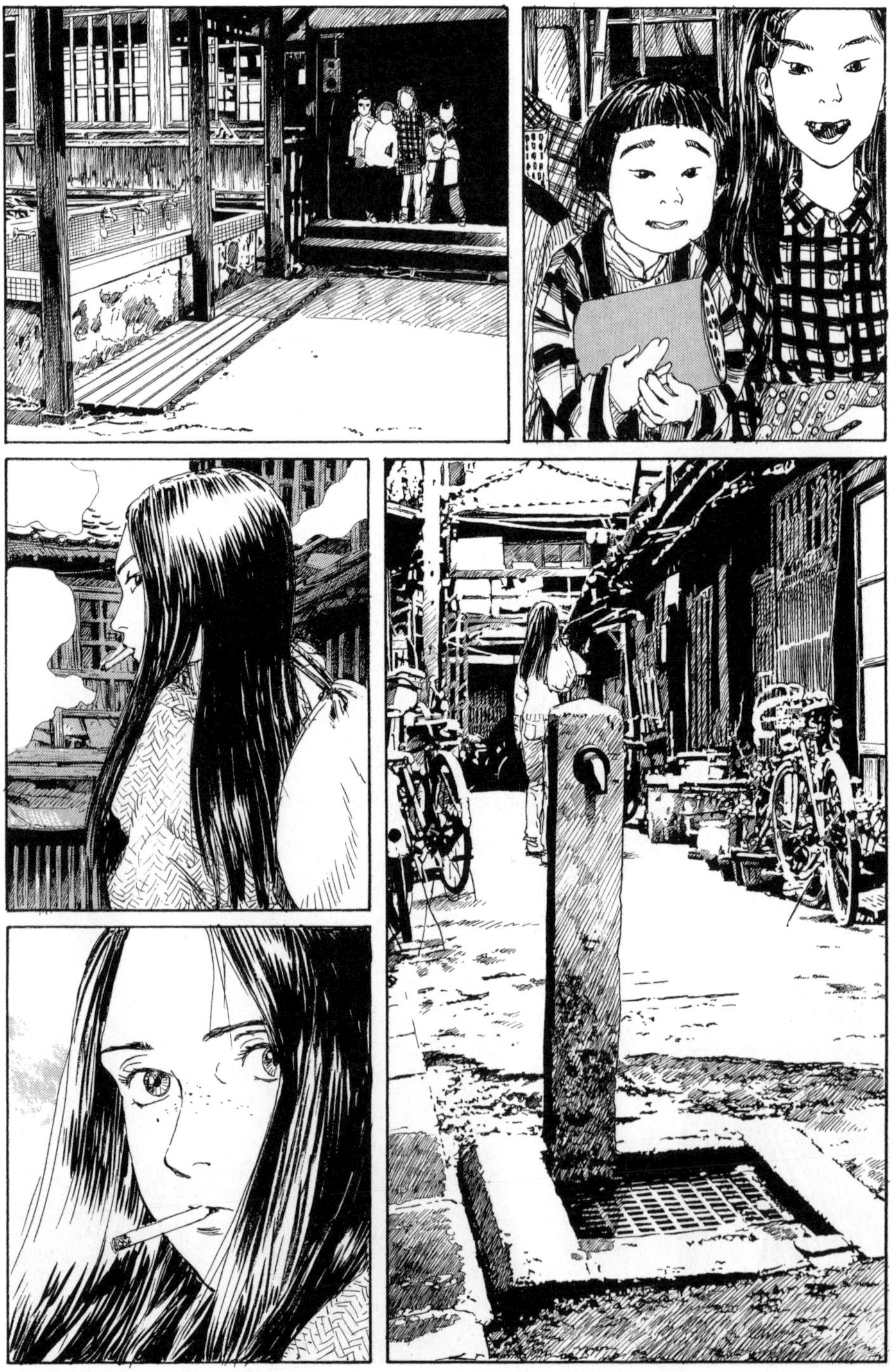

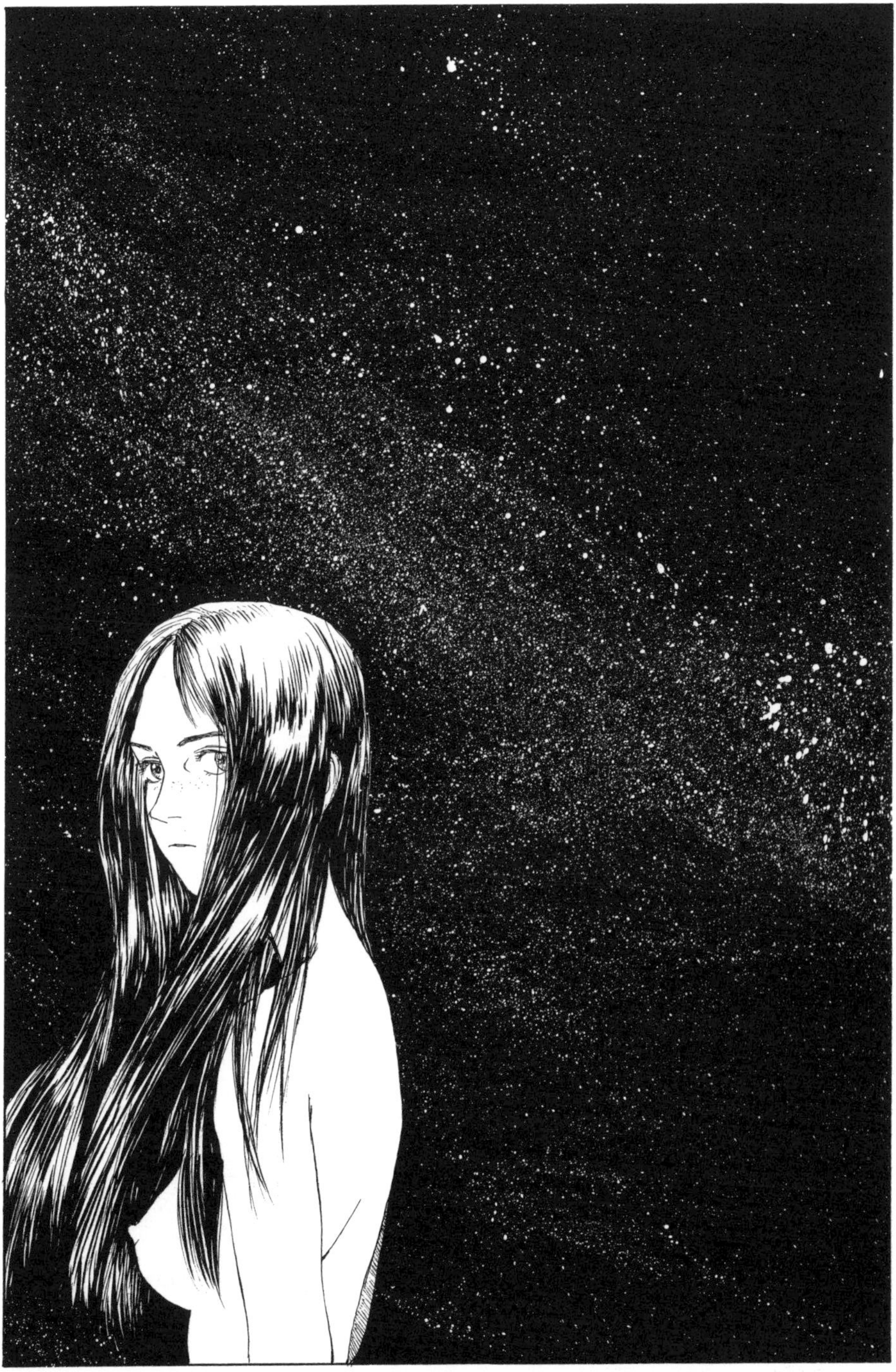

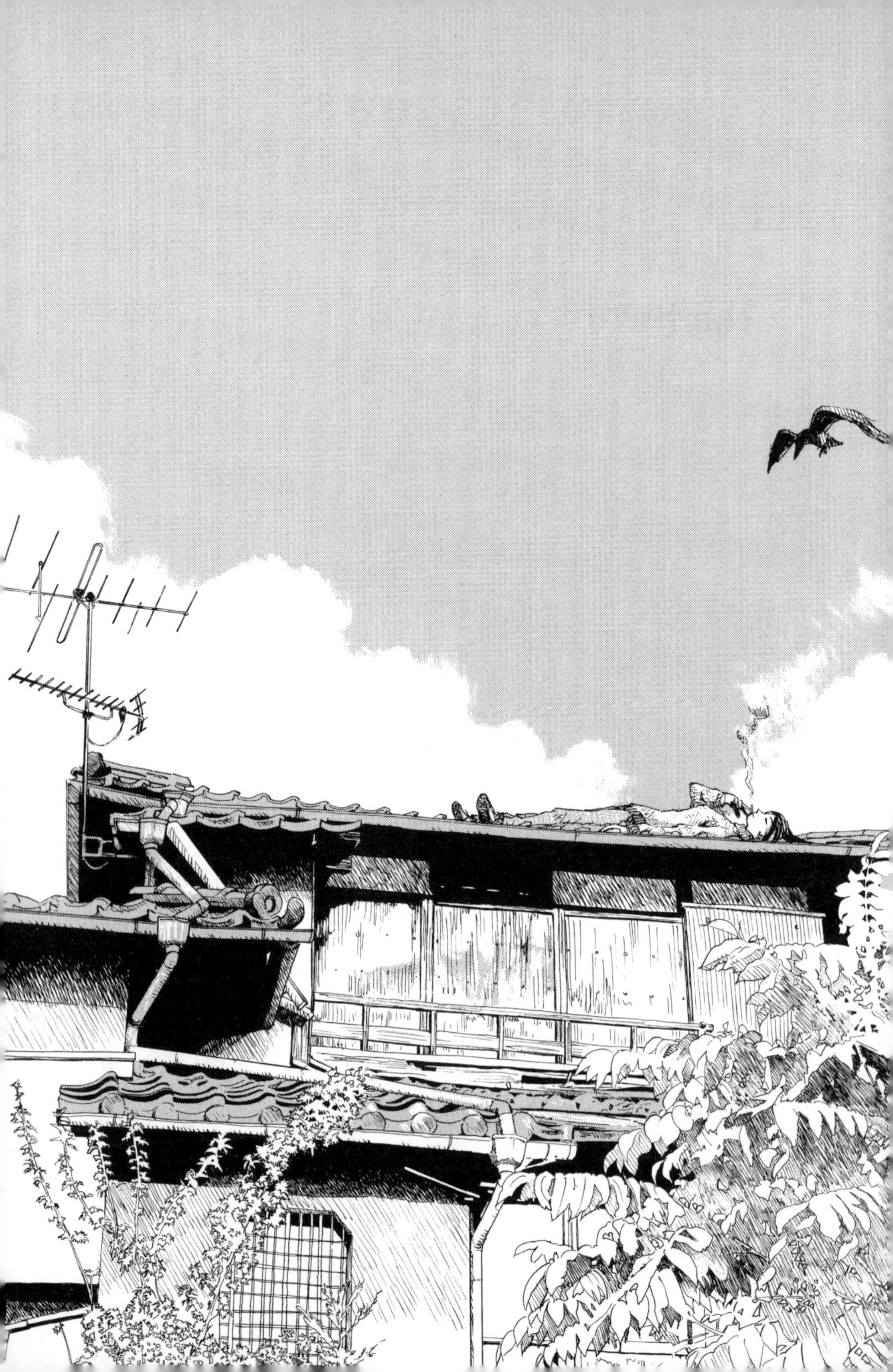

Nachwort

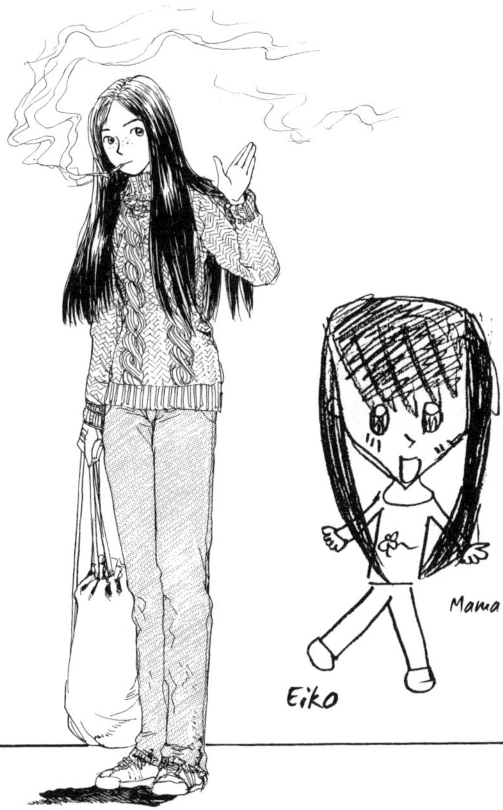

Shinji Kajio

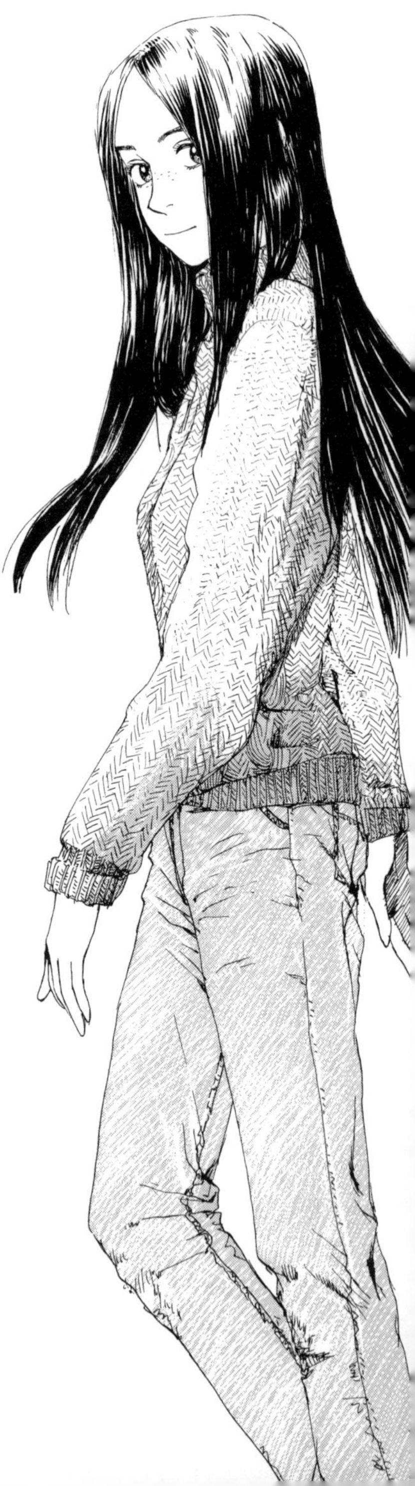

Die Figur der Emanon entstand ursprünglich nur in meiner Vorstellung. Wenn ich heute zurückblicke, war das vor knapp 40 Jahren, als ich allein mit der Fähre „Sunflower“ von Nagoya zurück in meine Heimat Kagoshima reiste. Die „Sunflower“ und der Fährenbetrieb für diese Strecke waren erst seit Kurzem in Betrieb, und in der großen Gemeinschaftskabine gab es kaum etwas zu tun, sodass ich die meiste Zeit über in meine Science-Fiction-Bücher versunken war oder anfing, in Tagträume oder meine Fantasie abzudriften. Ich stellte mir vor, wie es wohl wäre, „wenn jetzt ein unglaublich hübsches Mädchen vor mir auftauchen würde, und wir uns gemeinsam die Nacht um die Ohren schlagen, allerlei Schabernack treiben und stundenlang Blödsinn reden könnten. Wie es wohl wäre, mit dieser Figur aus meiner Vorstellung gemeinsam diese Reise anzutreten...“. In meiner Fantasie war dieses schöne Mädchen ein Mysterium, geheimnisvoll, unnahbar und wie ein Rätsel, das es zu lösen galt. Ich überlegte mir, was für eine Figur sie sein könnte, wie sie aussehen könnte und all diese Gedanken wurden schließlich zu meiner Geschichte über „Omoide Emanon“. Es war das Bild von einem Mädchen mit langen Haaren, das Jeans trug, die Zigarette zwischen den Lippen baumeln ließ und Sommersprossen im Gesicht hatte. Wenn ich jetzt so darüber nachdenke, bin ich überzeugt davon, dass mich die Hippiekultur und das Vagabundenleben der 70er Jahre beim Entwurf dieser Figur stark beeinflusst haben. Damals war ich von den Begriffen „yukizuri“ (zufällige, flüchtige Begegnungen) und „ichigo-ichie“ (eine einmalige Zusammenkunft zweier gleichgesinnter Seelen) äußerst fasziniert. Es war die Idee einer Person, die man nur einmal im Leben trifft und die sich dennoch ganz tief in das eigene Gedächtnis gräbt, weil die Begegnung mit diesem Menschen einen unauslöschlichen

Eindruck hinterlassen hat und man hinterher wusste, dass man einander wohl nie mehr begegnen würde. Als ich begann, über dieses Bild nachzudenken, wurde ich oft von einer unbeschreiblichen Traurigkeit überwältigt. Wenn all unsere Begegnungen nur ein flüchtiger Moment sind, etwas Endliches, und wir einander nie mehr wiedersehen ... Mit all diesen Bildern und Ideen im Kopf ging ich schließlich an Land, doch das besondere Mädchen aus meiner Fantasie sollte noch lange in mir weiterleben. Irgendwann erlangte sie in meiner Vorstellung die Eigenschaft, das perfekte Gedächtnis zu verkörpern, und „drei Milliarden Jahre Evolution in Form ihrer Erinnerungen" in sich zu tragen. Erst sieben oder acht Jahre später, als diese Fantasie noch immer wie ein Nachbild in meinem Kopf umherschwirrte, sollte die Idee die Form einer Kurzgeschichte annehmen und endlich zum Leben erwachen. Der Name für dieses Werk, „Emanon", entstand aus einem Anflug der Leidenschaft mitten aus dem Schreibprozess heraus. Nachdem ich die Kurzgeschichte „Omoide Emanon" geschrieben hatte, war die Figur der Emanon in meinem Kopf im Grunde fertig und ihre Geschichte abgeschlossen. Doch einige Monate später erhielt ich eine überraschende Anfrage von meinem damals zuständigen Redakteur. „Emanon" kam bei den Leserinnen und Lesern unheimlich gut an, und sie wollten, dass ich eine weitere Geschichte über sie schreibe, in der sie erneut die Hauptrolle spielen würde. Ich hatte mir nie ausgemalt, dass aus dieser Kurzgeschichte eines Tages eine Serie werden würde, darum kam diese Anfrage für mich sehr überraschend. So nahm die Anzahl der Emanon-Werke mit der Zeit immer weiter zu. Nach der Veröffentlichung von „Emanons Wanderjahren" (Sasurai no Emanon) 1992 allerdings kam ihre Erzählung vorerst wirklich zu einem Ende. Bis wiederum 2000, Tokuma ein vierteljährliches Science-Fiction-Magazin namens „SF Japan" ins Leben rief und Emanon noch einmal wie den Phönix aus der Asche aufsteigen ließ. Der damalige Chefredakteur, nennen wir ihn O., machte mich mit Kenji Tsuruta bekannt. Als ich seine Illustrationen der Emanon sah, war ich begeistert. Seine Bilder waren herausragend! Wann immer ich von da an weiter an der Geschichte von Emanon schrieb, hatte ich das Bild von Tsurutas Version meiner Figur vor Augen. Ich habe volles Vertrauen in Kenji Tsurutas Können, und auch wenn sein Pinsel sich etwas sanfter und langsamer über das Papier bewegt, sind es seine Zeichnungen und der unheimliche Charme in der Darstellung der Figur Emanon, die das Warten am Ende belohnen. Ich bin absolut sicher, dass diese Comicversion meines Werkes alle Facetten von Emanon virtuos zur Geltung bringt. „Omoide Emanon" ist die bisher glücklichste Zusammenarbeit von uns beiden. Es ist wirklich verdammt gut geworden. Jahrelang hegte ich diesen Traum, eines Tages die Tsuruta-Fassung der Emanon in Händen halten zu dürfen und nun endlich ist dieser Traum in Erfüllung gegangen. Es gibt also doch noch Wunder in dieser Welt, nicht wahr?

Kenji Tsuruta

Emanon war schon immer meine liebste Science-Fiction-Figur aller Zeiten. Das Schlüsselwort lautete damals „fuuten-musume", „Vagabundin" oder „Hippie-Mädchen". Das scheint mir eine gelungene Umschreibung für sie zu sein. Wie der Protagonist, lernte auch ich Emanon kennen, als ich noch Student war. Damals gab es auf halbem Weg zwischen meiner Studentenbude und der Universität eine kleine Buchhandlung mit einem sorgfältig ausgewählten Science-Fiction-Sortiment. Ich weiß nicht, wieso, aber aus irgendeinem Grund verbinde ich „Omoide Emanon" immer wieder mit dieser Buchhandlung. Jedes Mal, wenn ich das Werk lese, kommen mir all die Details und die lebhaftesten Erinnerungen wieder in den Sinn. Zum Beispiel die Form und die Struktur der Flecken auf den Sperrholzregalen an der Wand, oder das leise Geräusch der Schritte, wenn man die Stufen vor den Regalen der Hayakawa-Science-Fiction-Abteilung hinaufstieg. Szenen wie diese kommen im eigentlichen Werk natürlich nicht vor, aber mein Wunsch, aus „Omoide Emanon" einen Manga zu machen, entsprang zum Teil auch aus diesen Erinnerungen an die Buchhandlung, die ich irgendwo unbewusst in die Arbeit mit einfließen ließ. Gezeichnet habe ich die Buchhandlung natürlich nicht ... Wann war es überhaupt, als ich der echten Emanon begegnet bin, einem jungen Mädchen, dass 1:1 so aussah wie in meiner Vorstellung für diese Figur, im Schnellzug auf der Chuo-Hauptline? Das muss bestimmt schon zehn Jahre her sein. Die echte Emanon trug Jeans und einen roten Pullover, daher beschloss ich, sie genauso zu zeichnen, aber ja ...
Ich glaube, die Gespräche für eine Manga-Adaption begannen, als ich gerade einige Illustrationen für SF-Japan und die Taschenbuchausgabe der Dual-Bunko für den Verlag Tokuma gemacht hatte. Obwohl bis dato alle Vorschläge „Emanon" als Manga zu adaptieren, auf taube Ohren stießen, war der Chefredakteur von SF-Japan, Herr O., damals derart begeistert von der Idee, dass er sofort nach Kumamoto reiste, um mit der Erlaubnis von Kajio-sensei im Gepäck zurückzukommen. Die Idee war, mit „Omoide Emanon", dem Ausgangspunkt der Serie und originalgetreuen Geschichte zu beginnen, um danach selbst eine weitere Geschichte über Emanon auf meine Weise zu entwickeln und die beiden in einem Band zusammenzufassen. Allerdings wurde dann doch eine Manga-Adaption daraus, die sich vorerst auf die originalgetreue Kurzgeschichte beruft. Erst „nach und nach" wurde „Emanon" fertiggestellt. Aber gerade dieses

„nach und nach“ sollte mir noch zum Verhängnis werden. Da ich zu jener Zeit bereits etliche unfertige Projekte in der Pipeline hatte, gab ich zu verstehen, dass da ja noch „dies“ und „jenes“ und auch noch „dieses andere Projekt“ waren, die alle fertigwerden müssten – und dass „Emanon“ wohl ein oder zwei Jahre in Anspruch nehmen könnte, was in der Verlagswelt eine halbe Ewigkeit ist. Als ich endlich eines dieser Projekte abgeschlossen hatte, befand sich „Emanon“ leider immer noch in der Warteschleife. Dann in der Schwebe. Und schließlich war das Projekt fast aufgegeben und wurde liegengelassen. So vergingen ganze vier Jahre, während die Kurzgeschichten von Kajio-sensei über „Emanon“ immer zahlreicher wurden. Hätte mich der Chefredakteur O. damals nicht regelrecht dazu gezwungen, die Geschichte vorab schon mal in der Zeitschrift „ComicRyu“ zu publizieren, wäre „Omoide Emanon“ in dieser Form wohl heute noch immer nicht fertig, geschweige denn je angefangen worden. Chefredakteur O. hat in diesem Sinne ein echtes Wunder vollbracht. Und ja, ich möchte hier noch mal betonen, wie unendlich leid es mir tat, Kajio-sensei. „Omoide Emanon“ erschien zuerst als eine in sich geschlossene Erzählung in SF-Japan. Es handelte sich um eine Pilot-Version, wenn man so möchte, die ich 2002 gezeichnet hatte. Ich hatte Bedenken, da meiner Meinung nach die Figur nicht richtig getroffen war und auch die Geschichte noch vor sich hin mäanderte, aber ich habe es wieder und wieder versucht und auch aus Respekt vor der Entschlossenheit des Chefredakteurs O. wurde diese Version fortan immer wieder gedruckt. Noch heute, nachdem ich Emanon nun schon so oft gezeichnet habe, entgleitet sie mir immer wieder und ihr Bild verliert sich im Erzählen. Aber als ich mir das fertige Buch zur Hand nahm und durchblätterte, habe ich es wiederentdeckt. Mein Ideal. Genau auf Seite 7 ist das perfekte Bild der Emanon. (Oder nicht?)

SUTOPPU!

Koko wa kono manga no owari dayo.
Hantaigawa kara yomihajimete ne!
Dewa omatase shimashita!
Tanoshii hitotoki wo dozo!

Egmont-Manga-Chiimu

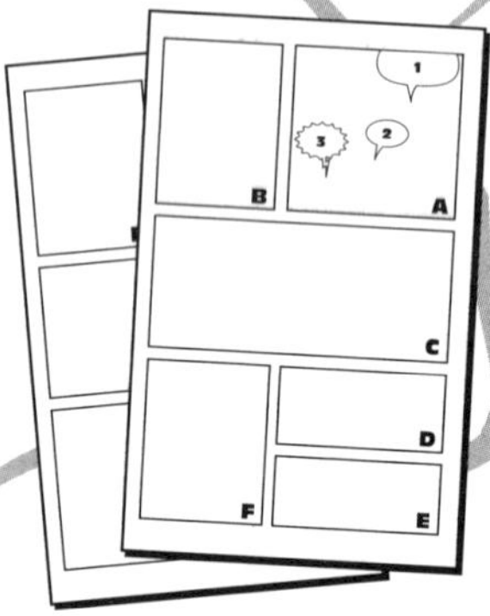

STOPP!

Das ist der Schluss des Mangas.
Fangt bitte am anderen Ende an!
Und nun genug der Vorrede,
viel Spaß beim Lesen!

Euer Egmont-Manga-Team

www.egmont-manga.de
Unsere Bücher findest Du im
Buch- und Fachhandel und auf

EGMONT Shop

www.egmont-shop.de

„Emanon" von Shinji Kajio und Kenji Tsuruta
Aus dem Japanischen von Martin Gericke
Originaltitel: „Omoide Emanon"

Originalausgabe:
OMOIDE EMANON
© Shinji KAJIO, Kenji TSURUTA 2008
Originally published in Japan in 2008
by TOKUMA SHOTEN PUBLISHING CO., LTD.,
Tokyo.
German translation rights arranged with TOKUMA
SHOTEN PUBLISHING CO., LTD., Tokyo,
through TOHAN CORPORATION, Tokyo.

Deutschsprachige Ausgabe:
Egmont Manga verlegt durch Egmont
Verlagsgesellschaften mbH,
Ritterstraße 26, 10969 Berlin
safety@egmont.de

3. Auflage 2025

Verantwortliche Redakteurin: Inga Wurzbach
Gestaltung: Sonnenfisch Production, Laura Bartels
Koordination: Angelika Schönhuber
Printed in the EU
ISBN 978-3-7555-0105-3

story house
EGMONT

Die Egmont Verlagsgesellschaften gehören als Teil der Egmont-Gruppe zur **Egmont Foundation** - einer gemeinnützigen Stiftung, deren Ziel es ist, die sozialen, kulturellen und gesundheitlichen Lebensumstände von Kindern und Jugendlichen zu verbessern. Weitere ausführliche Informationen zur Egmont Foundation unter **www.egmont.com**